Politics of Thinking

Taiwan Politics towards Democracy and Science

朝向民主與科學的
台灣政治學

思想－的－
政治學

王賀白——

著

目次
Contents

作者序

　　將英國工業革命與1789年法國大革命稱之為「雙元革命」，是霍布斯邦（E. Hobsbawm）在其《革命的年代》中提出的西方世界迅速變革的著名論述（Hobsbawm, 1996, p.4）。而這經濟與政治的雙元革命，十八世紀開始從歐洲席捲全世界。然歐洲還有一個、也是最寶貴的思想啟蒙運動，融合牛頓（I. Newton）科學與盧梭（J. Rousseau）民主的德語系康德（I. Kant）哲學大山，卻沒有跟著席捲全世界。

科學的真

　　「勇敢地使用你的理智，這是啟蒙的格言。」康德如是說。康德希望在實然認識上，勇敢地把光帶進來（en-lighten-ment），讓我們實事求是地思想人世間的萬事萬物。這是康德有感於牛頓在自然領域上的表現，所發出的求真科學心聲。

　　作者平常習慣聽古典音樂，但最愛的是搖滾樂。曾經還是博士生時回應台大政治系一位陳老師的提問，為什麼搖滾樂總是可以那樣撼動人心？當作者靈光乍現地說出，兩拍子的搖滾正是我們心臟律動的節奏、是原始生命的呼喚，陳老師深覺有理，然後拿出融合古典與搖滾的「文藝復興」（Renaissance）樂團在紐約卡內基音樂廳的表演 CD 借我，我們頓時成為音樂上的知己。而當

2004年陳維明與馬世芳譯出藍儂（J. Lennon）在1970年接受《滾石雜誌》專訪的書《藍儂回憶》，作者閱讀到書的第172-174頁，當看到藍儂與小野洋子共同說出搖滾樂是原始心跳聲音時，是何等的感動與鼓勵。

是的，我們理應勤於閱讀眾多前輩作品，但也不須妄自菲薄自己的理智。在閱讀與思想的過程中，讀者與作者理應平等對話。對此馬克思（K. Marx）曾轉述施密特（J. Schmidt）的話說：「偉大的人物之所以偉大，是因為我們跪著，站起來吧！」如果說2004年讓歐巴馬（Barack Obama）一夕成名的演說是「無畏的希望」（the audacity of hope），那麼本書前三章對亞里斯多德（Aristotle）、新自由主義的批判以及對歐巴馬重建美國公共領域的八年執政說明，就是作者努力求真的「無畏思想」。

民主的善

在康德心中，盧梭是道德世界的牛頓，而盧梭的畫像也是康德客廳中的唯一裝飾品。康德在1764年表示：牛頓完成了外界自然的詮釋，揭示其秩序與規律；而盧梭則是關於人的內在宇宙，他發現了人的內在本性。康德說：「我輕視無知的大眾，是盧梭糾正了我；我意想的優越感消失了，我學會了尊重人，認為自己遠不如尋常勞動者有用，除非我相信我的哲學能替一切人恢復其為人的共有權利」（李澤厚，1986，頁41）。事實上今天許多被封為聖者的，是昔日邁向他者的反叛者：悉達多太子將婆羅門教種性制度轉化為眾生皆平等的佛教，孔丘將王公貴族的教育特權轉化為有教無類的儒家，以及耶穌從猶太人的猶太教轉化為普世信仰的基督教。

康德拒斥功利主義「人可以成為最大多數人幸福的工具」，他認為每個人都應是目的。《實踐理性批判》最後，康德寫下他畢生認為最重要的話語：「位我上者燦爛星空，道德律令在我心中」（Kant, 1956, p.166）。本書中間的第四、五與六章分別論述了封建貴族托爾斯泰（Leo Tolstoy）如何從傳統走向大眾的開放貴族；美國新康德學派的羅爾斯（John Rawls）以「權利」為基礎，建構一國之內的公平正義，但在面對更大範圍的全球化他者卻捉襟見肘；最後則是詮釋韋依（Simone Weil）古希臘史詩精神的「義務宣言」理應取代「權利宣言」，才能走出當今新自由主義的困境。

民主不應只是每個人無窮盡的權利要求，同時也應想到自己理應善盡的義務，否則十個地球資源也不夠用。

人性化之美

回顧自己的學思歷程可以譬喻如下：早上八點在錢穆《國史大綱》；上午十點則來到殷海光《中國文化的展望》、穆勒（J. S. Mill）《論自由》與柏林（I. Berlin）《自由四論》等眾多自由主義思想；中午則讀起當時還是禁書的馬克思〈共產黨宣言〉與《資本論》以及威廉斯（R. Williams）《文化與社會》等英國文化研究作品；接著下午二點則轉至盧梭與康德，博士論文即是在羅爾斯《一種正義論》與《政治自由主義》的架構下完成的《政治理性批判》；而當抵達長庚大學教書時，則是帶著薩依德（Edward Said）《東方主義》與《文化帝國主義》以及國際主義者格瓦拉（Che Guevara）《革命前夕的摩托車之旅》與杭士基（N. Chomsky）、哈維（David Harvey）等眾多國際政治著作。

下午三點半後，俄羅斯的杜斯妥也夫斯基（Feodor Dostoevsky）

上排為2015年獲得諾貝爾文學獎的亞歷塞維奇。下排由左至右為2021年同獲諾貝爾和平獎的雷薩與穆拉托夫。

事實上,克萊恩並非特例。2015年諾貝爾文學獎頒給報導車諾比核事故的白俄羅斯記者亞歷塞維奇(Swetlana Alexievich);而2021年的諾貝爾和平獎則是由菲律賓調查記者雷薩(M. Ressa)與俄羅斯《新報》總編輯穆拉托夫(D. Muratov)共同獲獎。

與托爾斯泰思想小說再加韋伊思想成為主食,於是作者出版的第一本書即名為《思想的政治學》。因此本書後三章選擇杜斯妥也夫斯基、韋伊與薩依德等各自生命奮鬥的人性之美寫作。作者一邊描繪他們的畫像,同時也是對自己的期許勉勵。

美是歷史的加法。經濟學中的總體經濟學、西洋史裡的基督教各流派以及政治學諸多理論,這些曾經的體制教育作者不會忘記也不想忘記。上述複雜的學思歷程以及曾經多年的藝文記者工作經驗,似乎也都順其自然地轉化為,個人上課時與同學們天南

地北的即興教學題材。

　　隨著當今網際網路帶來的知識普及化，作者發現體制教育所能發揮的空間愈來愈有限。許多記者如克萊恩（Naomi Klein）的《No Logo》、《震撼主義》、《天翻地覆》與《不能光說 No》等，甚至如歐巴馬在現實與理想中如何政策取捨的回憶錄《應許之地》，其蘊含實踐的知識承載度，似乎已超越當前體制內學者所設定的框架。而這是否為十八世紀啓蒙運動法國哲士（philosophe）的再次回歸，作者想望著也期待著，有為者亦若是。

參考書目

李澤厚（1986）。《批判哲學的批判——康德述評》。台北：谷風。

陳維明等譯（2004）。《藍儂回憶》。台北：滾石文化。

Hobsbawm, E. (1996). *The Age of Revolution, 1-789-1848*. New York, NY: Vintage Books.

Kant, I. (1956). *Critique of Practical Reason*. (L. W. Beck, Trans.). New York, NY: The Liberal Arts Press, INC.

前言
思想中探尋永恆

韋依

透過大江健三郎的文字，作者得識韋依[1]，有一次她
對朋友這樣問：「你一天，有多少時間在沉思呢？」

一、《思想的政治學》內容說明

為了言行所信，甚至堅持完全自主的自由思想，在目前時空下，依然還是要付出一定代價。《思想的政治學》裡的文字，是近30年來不斷變化中的個人思想之作。前些日子若有所悟，原來心中許多知心朋友，大都是前幾個世代的人，甚至是很久很久以前的人。十七世紀的史賓諾莎（B. Spinoza）曾經這樣說：「人應該力求用自己的頭腦思索，盡可能在自己的思想中找到永恆。」

期望完成一本書果然與期刊論文寫作差異甚大[2]。書中第一章〈亞里斯多德德性優越意識批判〉與最近才完成的第三章〈美國歐巴馬總統的重建公共領域〉，時間軸竟綿延了超過25年。另外，由於作者曾經擔任新聞工作長達五年，所以這九篇文章雖是期刊論文寫作格式，但在書寫與發表的過程中，一直嘗試在學術體制要求與社會教育推廣之間，盡可能取得最大平衡。

大學唸經濟系，碩士唸西洋史，都是人生的機緣。經濟學是所有法政領域中最難以自修的學科，感謝大學階段讓我不自覺地艱苦學習；而西洋史則讓我跨出原本熟悉的範疇，從新儒家到西方自由主義，碩士論文題目是《從亞當斯密到穆勒——西方自由主

荷蘭阿姆斯特丹寬街水道橋，這裡曾經是史賓諾莎日常生活的地方，2008年終於立起了他的人像。

義轉化之研究》。還清楚記憶碩士指導老師郭博文先生曾對作者這樣說：「對法國大革命的理解，如果能詳讀托爾斯泰的《戰爭與和平》，那將會是更完整的脈絡掌握。」[3] 而在 2010 年下半年，竟能履行是碩士也是博士指導老師郭博文先生的提醒（另一位博士指導老師是幫助作者甚多的蔡明田先生），透過當時譯者草嬰從俄文直譯中文的極佳版本，第一次體會思想小說的獨特魅力。而接下來數年，有緣分在台中闊葉林書店進行俄羅斯文學讀書會。本書的第四章〈從傳統走向開放的貴族托爾斯泰〉與第七章〈走出地下室悲劇的卡拉馬助夫少年〉，正是那些日子以來，個人閱讀心得與眾多好友讀書會討論激盪下的產物。

　　2016 年前後當完成〈走出地下室悲劇的卡拉馬助夫少年〉之際，作者曾與一位好友這樣說著，鑒於個人心力的能力所及，本

---

1. 一位三歲小女孩就對親戚說，她不喜歡奢侈品；六歲就開始大量閱讀；七歲時就關心當時的第一次世界大戰如何；九歲就時常長時間觀賞日落。甚至 11 歲時，當失業者在巴黎街頭遊行時，她就跑到大街上找失業者，遊行去了。1909 年 2 月 3 日出生的韋依，她的同學就曾有感而發地說：「她好像是一個已經在世上活了很久的人。」韋依曾在《期待上帝》書中提及愛斯基摩人的故事。說這個世界剛形成時，大地上有烏鴉想啄食落於地面的豆子，但四周一片漆黑，於是牠想：「這世界若有光亮，那啄食起來會有多方便啊！」就在烏鴉這般想的瞬間，世界頓時充滿了亮光。韋依繼續這樣寫著：如果真的希望、期待與祈願，只要繼續地如此冀望，那麼所持的希望終將得以實現（Weil, 2009, p. 59）。大江健三郎為此深受啟發與鼓勵，於是將他那天生殘疾的兒子取名光。
2. 事實上，20 多年前的博士論文原本已與某出版社簽約並準備付印，但卻因為大樹好友的一席話（他說，像那樣的論文放在圖書館即可），於是臨時通知出版社請求終止出書，就這樣作者的第一本書延宕至今。
3. 1989 年作者將碩士班一門課的學期報告〈法國大革命的「當代詮釋」〉，向當時《當代》月刊完成投稿。

懷念台中闊葉林書店讀書會的那些日子。

來不可能再寫出比這篇文章更龐大與細緻的作品了。而確實接下來，第三章〈美國歐巴馬總統的重建公共領域〉、第六章〈走出新自由主義困境的韋依義務論〉與第九章〈真善美的人文主義者薩依德〉，雖是盡心盡力書寫、但也僅及於心嚮往之的致敬呈現。

另外，第二章〈從諾貝爾經濟學獎到新自由主義〉以及第三章〈美國歐巴馬總統的重建公共領域〉則是回應當代全球化時代之作。這兩篇充分呈現思想的政治學作用：嘗試從政治現象的變化過程中，識見其隱藏、深層的政治思想依據；並認為，唯有改變這背後的政治思想依據，我們才能改善當前的政治現象。作者認為，跨國資本家致力於摧毀各國公共領域所形成的新自由主義，是當今世界最難以承受之重。即使許多被失業或被提前退休的人，對於資本家們高喊以他們自己為主詞的提升國際競爭力依舊支持到底，這還真是應證了所謂被人家賣了，還在幫別人數自己到底被賣了多少錢。

另外，第八章〈古希臘史詩精神的韋依思想〉是本書九篇文章裡，第二篇關於韋依的思想介紹。誠如馬多勒（J. Madaule）所說：「能夠改變生活價值觀的書是很少的，而韋依的書就屬這類。在讀了她的書之後，讀者很難繼續保持閱讀前的狀況」（顧嘉琛等譯，1998，頁 xxiii）。一方面由於國人對她所知甚少，另一方面韋依思

想正是思想的政治學最重要參考座標，作者向讀者推薦，若時間有限可先閱讀這兩篇文章。而讓作者感到高興的是，2015年作者寫就國內第一篇韋依思想的期刊論文之後，2018與2021年國內台灣商務印書館分別出版了韋依著作《壓迫與自由》（楊依陵譯）與《扎根——人類義務宣言緒論》（梁家瑜等譯），盼望這兩本韋依思想的出版只是一個開始。

二、政治學五大領域

在美國哈佛大學政治學研究所的入學申請書簡介裡，將其政治學明列分為「美國政府」、「比較政治」、「國際關係」與「政治理論」；而在台灣，成立政治學科碩士班最悠久的政治大學政治研究所（1954年即有研究所畢業生）則分為「中國政府與政治」、「比較政府與政治」、「政治思想」、「經驗政治理論與方法」與「國際關係」。綜合哈佛大學與政治大學的分類，作者決定將台灣的政治學區分為五大領域，分別是：台灣政治、比較政治、經驗政治、政治思想與國際政治。

作者在博士班階段，選擇「政治思想」為主修，1998年完成的博士論文是《政治理性的批判與重建》（較精簡的書名是《政治理性批判》）。不過在長庚大學面對醫學院、工學院與管理學院等非法政領域的同學，政治學的通識教學裡，屬於政治思想的部分是極具挑戰的。2015年開始的多元選修課程「經典閱讀：羅爾斯正義論」即是經過十多年的努力準備後，到目前依舊持續開授的課程，課堂經營與同學回應，每學期都讓作者印象深刻。本書的第五章〈停留在單一民族國家的羅爾斯正義論〉，即是這超過五年教與學過程中的備課記錄。

另外第一章〈亞里斯多德德性優越意識批判〉則是博士班修課階段由一門課的學期報告改寫而來，1996年發表在《中央研究院社科所人文及社會科學集刊》上。這篇文章是作者主修政治思想的信心之作，也由於寫作階段正好三十而立，感性抒發時常流露在理性論述之中，作者盡可能保留原貌，讓這熱血年輕的起點隨時提醒自己不忘初衷。

而關於台灣政治部分，作者曾以2004年總統大選結果為研究內容，2008年發表〈2004年總統大選台灣南北對抗的主題與變奏〉，論文指出堪稱競選最激烈、選票差距最接近的2004年大選，南台灣與北台灣（加上東部與外島）的兩位候選人得票差距幾乎完全打平，北台灣輸多少南台灣就贏多少，最後由中台灣的中彰投以差距不到三萬票決定結果。而即使經過16年後的2020大選，中彰投依然是台灣政治的縮影，特別是這次的彰化縣。彰化縣總統選舉結果幾乎與全國結果一致：在彰化縣一號得票率4.59%、二號得票率38.23%、三號得票率57.16%，然後投票率是74.7%。而全國的結果是：一號得票率4.26%、二號得票率38.61%、三號得票率57.13%，然後投票率是74.9%。日本學者小笠原欣幸自知，他是第一個寫作與分析，台灣自1996年至2020年共七次總統大選的書籍作者（李彥樺譯，2021，頁6）。

三、蘇格拉底對雅典公民的大哉問

在柏拉圖（Plato）的普羅塔哥拉（Protagoras）對話錄（319b-d）中，敘述了蘇格拉底（Socrates）對人民大眾參與政治的否定：蘇格拉底對普羅塔哥拉說，雅典的議會如果要處理一項建築工程，就會請建築工人提供意見，要擴充海軍艦隊或商船隊，就請造船

2015年暑假尾聲來到巴塞隆納大學，這所大學創立於1450年，是西班牙最負盛名的大學。愈有實力的大學愈自由開放，連教室都可以自由參觀。那天，出了學校找地方吃飯，就在學校對面的這家餐廳，遮雨棚上標示著這家店1930年就創立了。

工人提供意見。這之中，如果有個非專家想對此發表意見，不論他長得多俊，多有錢，出身多好，開會的公民們必定嗤之以鼻。但是，蘇格拉底接著說，然而當他們開會討論政府的基本問題時，站起來提供意見的，卻是鐵匠、鞋匠、商人、船長、富人、窮人、出身好的，或者不好的通通都有，沒有人會責備這些人可能對正在討論的問題沒有受過訓練。

即使到今天，等到選課確定後，作者依然會以蘇格拉底自居，質疑同學們（包含社會大眾）對政治學的認知有限甚至可能是錯誤的，但為何大多數人總是高談闊論、甚至去投票？「無知的雅典公民民主投票決定公共事務該如何，無知的台灣公民民主投票決定他們不熟悉的公共事務該如何，這是多麼可怕的民主制度啊！」為什麼尊重專業的原則，到了政治學這邊就完全不適用了。在大

這是從巴塞隆納聖家堂「誕生立面」的其中一座高塔看出去的景象。高第（A. Gaudi）發現自然界並不存在純粹的直線。

學裡授課政治學的教師，為何去投票所投票時與平民百姓的票是一樣等值，學者專家的一票應該等同或超越班上所有同學的票⋯⋯。

蘇格拉底為此信念與雅典公民議會槓上，議會最後貝殼投票判蘇格拉底蠱惑年輕人而處以死刑。而蘇格拉底不願流放逃跑最後飲鴆而死。台灣社會現在也已位列民主國家之林，而蘇格拉底是個說道理的人，同學們是否能想出不是政治學的學者專家也能討論公共事務、甚至投票的說法，救救蘇格拉底，也救救「自詡為蘇格拉底」的老師？[4]

四、政治學：像音樂會般的合奏

在理想與現實的拉扯中，許多人對政治立下許多看法與定義。在這之中，鄂蘭（H. Arendt）表明政治應是如藝術般的音樂會合奏最為獨特。

巴勒斯坦裔知識分子薩依德曾在其《文化與帝國主義》陳述兩

---

4. 幾星期後作者會在課堂上如此回應：蘇格拉底並沒有理解「認識論」與「倫理學」這兩個領域的不相關，中國內聖外王的儒家思想也是如此。而劃分出這兩個領域的不相關，是西方啟蒙運動來到康德哲學非常重要的成果。康德哲學可說是盧梭思想的系統化，當康德閱讀盧梭《愛彌兒》中一段〈薩瓦省牧師信仰告白〉裡提及，人的主體良心意志是「使人形同上帝」，沒有如學者般的淵博知識也能好好做人（Rousseau, 1993, p. 304）。有知識的人不一定道德高尚；同樣地，有道德意識的人也可能一字不識。糟糕的是，我們卻常常將它們彼此聯繫起來，甚至是：用「認識論」的想法想提升道德；用「倫理學」的意志想增進知識。蘇格拉底所說的在「認識論」上的各種專家，應盡可能地提供各種想法；但究竟要不要造船，蓋房子或是公共決策如何等，則不應「倫理學」越位，忽視別人主體、想幫他人決定。

種思考形態：一為直線規約的（linear and subsuming），一為對位遊牧的（contrapuntal and nomadic）。薩依德並推崇第二種思考模式，是為理解人類歷史的較好角度（Said, 1994, p. xxv）。而所謂對位式的思考，指的是一種衍生自古老作曲風格的思考模式：它將兩個或兩個以上的旋律線重疊在一起，彼此跟隨又追逐，但卻呈現出和諧的美妙音符[5]。

最著名的對位法音樂曲目就是帕海貝爾（J. Pachelbel）的〈卡農‧D大調吉格舞曲〉。這首曲子先由低音樂器（通常由大提琴擔任）奏出兩小節頑固低音音型後，總共反覆十八次貫串全曲，成為樂曲主幹；接著由第一小提琴奏出主旋律，第二小提琴、第三小提琴分別相差兩小節依次加入，演奏與第一小提琴完全相同的曲譜，加上低音部不斷重複的頑固低音和弦，在看似反覆平常的進行中，交相共鳴出多種音色效果。這種看似單調平淡，卻又蘊藏彼此和諧共生的群體意識曲調，是巴洛克時代音樂的典型風格。這種從卡農發展到極致的賦格曲式，最後在巴哈（J. Bach）的音樂裡集大成。[6]

這種賦格曲式音樂，非常有別於後來浪漫派高潮起伏，包含呈示部、發展部與再現部三種對立元素的奏鳴曲式，強調個人主義的音樂風格（Barenboim & Said, 2004, p. 37-38, p. 41）。

原本舊有的權威是壓抑著個人的主體意志，這是前現代社會所共有的通病。然當每個人的個體主義又發展到極致時，其實又反過來成為另一種封閉的個人獨白主義。當今現代社會充斥著的，就是這樣「誰也不服誰」的獨白不和諧音：每個人都想獨唱，唱自己的調，不理會也不尊重他人，於是形成刺耳不堪的噪音。不同於直線的、比較個人主義式的「奏鳴曲式」，那種對位的、比較注重群體和諧的「賦格曲式」，正是今天個人主義過頭，每個人都應

反過來學習的音樂風格。此時，巴哈賦格曲式觀照他人的音樂模式，正是適當的解毒劑。

在個人自由得到解放之後，如何開始考量他者，特別是與自己觀點不同的他者、族群，是當前政治生活的難題。而理想的民主正就是政治上的賦格曲，在最初呈現每個人的主體自由之後，更重要的是後面的彼此包容尊重，服從多數尊重少數。

五、生命的意義是爵士樂團

伊格頓（T. Eagleton）在其《生命的意義是爵士樂團》的最後這麼說著：「想想看爵士樂團，把它當作美好人生的意象。當一個爵士樂團在即興演奏時，顯然跟交響樂團有所差異，因為每個樂手在一個很大的程度上都可以很自由地去表現他想要的自己。但他是對其他樂手的自我表現保持感受性的敏感度，才能做到這點。

---

5. 目前最嚴重難解的族群衝突應是以色列與巴勒斯坦問題。在1999年薩依德與猶太裔的指揮家巴倫波因（D. Barenboim）共組「西東詩篇管弦樂團」（West-Eastern Divan Orchestra），團員來自以色列與阿拉伯國家的年輕音樂家，希望藉「音樂會合奏」為彼此和解做出可能的貢獻（Barenboim & Said, 2004, p. 6-10）。作者在《世新大學通識教育與多元文化學報》發表的〈周遭暴虐的無言見證——從「西東詩篇管弦樂團」看以色列與巴勒斯坦的衝突〉是對此較完整的論述。

6. 巴哈的前衛作風少有人詳知：他曾和聖歌隊員打群架、不滿女人被排除在聖樂演唱，並違禁將「陌生女人」帶進聖歌隊席以及常以漫長的即興和新穎的轉調手法演奏聖詠前奏曲，讓純樸的信眾不知所措（林勝儀譯，2000，頁12-13）。但晚年的巴哈深刻體會到，年輕一代已急於表達自我中心情感，時代已經開始改變。理解新風潮的巴哈，在充分思考後依然站在傳統這一邊，對即將可能沒落的對位法藝術有意識地整理匯集，並充分展現在他最後未完成的〈賦格藝術〉。

他們所形成的複雜和諧，並不是因為他們都演奏同一套總譜，而是因為每位成員的自由演奏都是其他成員的自由演奏的基礎。隨著每位樂手的演奏愈見精采，其他成員則從中獲得靈感，激勵自己達到更高的表現程度」（方佳俊譯，2009，頁188）。

　　古巴的「遠景俱樂部」（Buena Vista Social Club）樂團，1998年分別在阿姆斯特丹卡雷劇院與紐約卡內基音樂廳的現場演唱紀錄片《樂士浮生錄》，應就是這美好人生意象的爵士樂團。因為每位演唱者與每位演奏者都有一個屬於自己的自由表現，並獲得樂團其他成員的充分配合。謝謝音樂製作人庫德（R. Cooder）與導演溫德斯（W. Wenders），沒有他們的極力尋找與促成，這群老樂手或許就無法如此為世人所知。

參考書目

方佳俊譯（2009）。《生命的意義是爵士樂團》。台北：商周。

王賀白（1989）。〈法國大革命的「當代詮釋」〉，《當代》月刊，39:48-54。

王賀白（2008）。〈2004年總統大選台灣南北對抗的主題與變奏〉，《台灣人文生態研究》，10（1），頁29-56。

王賀白（2011）。〈周遭暴虐的無言見證——從「西東詩篇管弦樂團」看以色列與巴勒斯坦的衝突〉，《世新大學通識教育與多元文化學報》，2:81-102。

李彥樺譯（2021）。《台灣總統選舉——台灣認同的成長與爭奪》。台北：大家。

林勝儀譯（2000）。《J. S. 巴赫》。台北：美樂。

梁家瑜等譯（2021）。《扎根——人類義務宣言緒論》。台北：台灣商務印書館。

楊依陵譯（2018）。《壓迫與自由》。台北：台灣商務印書館。

顧嘉琛等譯（1998）。《重負與神恩》。香港：漢語基督教文化研究所。

Barenboim, D. & E. Said, (2004). *Parallels and Paradoxes: Explorations in Music and Society.* New York, NY: Vintage Books.

Rousseau, J. (1993). *Emile.* (B. Foxley, Trans.). London, UK: Everyman.

Said, E. (1994). *Culture and imperialism.* New York, NY: Vintage Books.

Weil, S. (2009). *Waiting for God.* (E. Craufurd, Trans.). New York, NY: Harper Perennial Modern Classics.

壹｜每學期開學的音樂播放

思想音樂家貝多芬。

每學期開學的第一天上課前，我都會象徵性地選擇一首曲子播放，表示正式「開工」了。曾有一學期是選擇貝多芬（L. Beethoven）的第四號交響曲第一樂章，是巴倫波因的指揮版本。巴倫波因曾經與薩依德對談時，特別提及這樂章的一開始是「從無序到有序、從悲傷到喜悅的過程」。

　　2021年9月考量疫情控制，長庚大學改成開學前三週視訊教學，同時也延後一週開學，於是決定選擇近30分鐘的理查·史特勞斯（R. Strauss）的〈泛雅典進行曲〉。史特勞斯雖然出身音樂世家，但大學唸的是哲學與美學。這首〈泛雅典進行曲〉在台灣幾乎找不到中文介紹。這是史特勞斯1927年作曲完成，為單一左手鋼琴家（意思是沒有了右手）所做的協奏曲。更明確的故事是，史特勞斯為哲學家維根斯坦（L. Wittgenstein）的哥哥鋼琴演奏家保羅·維根斯坦（P. Wittgenstein）所作，因為他在第一次世界大戰中失去了右臂。進行的曲調是沉重的，是那種即使時代再艱難，我們依然必須如何好好生活下去的學習。在曲中進行約六分鐘時，鋼琴與管弦樂團合奏出一段如超越凡間的甜美旋律，像是為接下來的艱難前進做對比或蓄積能量。薩依德在《音樂的極境》中引述加拿大鋼琴家顧爾德（G. Gould）評論史特勞斯的話說：「他以不屬於他的時代來使那個時代更豐富，他不屬於任何時代，卻是為所有世代發聲」（彭淮棟譯，2010，頁19）。

參考書目

彭淮棟譯（2010）。《音樂的極境》。台北：太陽社。

第一章
亞里斯多德德性優越意識批判

拉菲爾（Raphael）在梵蒂岡西斯汀教堂中創作的「雅典學園」壁畫。其中柏拉圖指天「為所應為」，亞里斯多德按地「得所應得」，師徒兩人的觀點其實天差地遠。韋依甚至稱，亞里斯多德是古希臘文明中的壞果子。

一、緒論

一個人，非常易於將自己優視於眾人之上，尤其是那些擁有權力、金錢與知識優勢的人，更是沾沾自喜於自己才華出眾。一個文化，也非常易於將自己文化優視於其他文化之上，將自己的文化視為最優秀的種族文化，並認為其他種族為劣等人、野蠻人。

從個人優越放大至種族優越，實由個人自我中心偏見，由個體以至整體的一氣呵成。而亞里斯多德的學說，可說是以上人類優越意識的典型縮影，白種人優越意識的源頭。

詮釋並致力批判亞里斯多德的德性優越意識（the superiority complex of virtue）[1]，從《倫理學》的「德性之人」、《政治學》「德性之公民」、「德性之希臘公民」以至到《天界論》、《自然學》、《形上學》的「德性宇宙觀」。從政治人類學[2] 角度看，當亞里斯多德將此德性優越意識運用到政治領域時，那無所謂善、惡的「自然狀態」便一去不復返，而可怕的宰制、奴役、剝削便如影隨形地與人類歷史常在。

無可掩飾的是，當亞里斯多德頌揚少數希臘公民可以獲得「政治參與砥礪種種美德，以共同促進幸福美好生活」時，其代價是非公民、奴隸、外邦人被宰制、奴役、剝削的悲哀。

二、如此偉大的德性之夢

（一）《倫理學》的「自重之人」

亞里斯多德在《倫理學》第一書中，認為人的善就是幸福，所有的人都追求幸福美好的生活，同時幸福的定義是靈魂順乎全德的活動（EN. 1102a5）。因此，亞里斯多德認為，了解人的德性，

1. 優越意識是心理學精神分析的專有名詞，它指的是一種優越感、自尊情結，是一種自我中心論。如此之自我中心依主體不同有個人的，如認為自己比別人優秀；也有群體的，如白種人認為比其他種族人優秀。而依類別不同有所謂德性優越意識與營利優越意識（the superiority complex of commerce），前者以德性高而優越，後者以會賺錢而優越。而不管主體或類別不同，優越意識者傾向將自己目前的優勢地位，解釋為先天稟賦，亦即天縱英明。

2. 從人類學（不以文字記載為限）的角度看政治比從歷史學（限於文字記載）看政治，視界更寬廣。克拉斯特（P. Clastres）在《社會優於國家》一書中，不靠文字記載傑出地分析出原始部落的政治運作情形，從而使人們更了解政治領域的原點從何而來。而作者的政治人類學觀認為：人類社會從最初初民社會的「無政治」（non-political）狀態，轉變為市民社會的「反政治」（anti-political）狀態，以迄我們在未來國際社會中所必須發展的「政治的」（political）狀態。初民社會是一以血緣為基礎，「無政治」狀態的氏族組織社會。市民社會則是因人口增加、地域穩定而漸脫離初民社會而形成（Cohen & Middleton, 1967, p. xi-xii）。但為何這是一種「反政治」狀態？則是因市民社會以德性優越意識與營利優越意識，做為政治統治的基礎。亞里斯多德的政治學說是德性優越意識的典型代表，而營利優越意識則是盛行於當今的資本主義社會。國際社會「政治的」狀態則是一現在進行式，它將以民主平凡意識取代德性優越意識與營利優越意識，成就一合理的「政治的」狀態。何以特別強調是國際社會？主要是要彌補過去對民主思考太偏重國內，造成許多國家的民主是以他國的貧困、不民主為代價，如今天歐美等國的民主是建立在第三世界經濟被剝削的不平等基礎上。作者此政治人類學觀較於弗列德（M. Fried）的看法是樂觀的，弗列德在《政治社會演進》書中哀嘆政治社會形成是愈來愈多的不平等與宰制，從平等社會、等級社會、階層化社會終至國家形成。不過，摩爾根（L. Morgan）與作者一樣是傾向樂觀的。摩爾根認為雅典人創立了以地域和財產為基礎的政治組織取代了以血緣為基礎的氏族組織（楊東蒓等譯，1977，頁270-271）。縱然上述發展對雅典人來說變成一種無法控制的力量，人類的智慧在自己的創造物面前感到迷惘而不知所措了。但他還是滿懷信心地說，「政治上的民主、社會中的博愛、權利的平等和普及的教育，將揭開社會的下一個更高的階段，經驗、理智和知識正在不斷向這個階段努力。這將是古代氏族的自由、平等和博愛的復活，但卻是在更高級形式上的復活」（楊東蒓等譯，1977，頁556）。

並進而實踐，是人的善、也是幸福。

《倫理學》全書的主軸很大部分在詮釋德性，亞里斯多德將之區分為倫理德性與理智德性：倫理德性是實踐的，在眾多過與不及中尋求中庸，比如在浪費與鄙吝之中是慷慨，在放縱與怯懦之間是節制；而理智德性不是實踐的，它只有真和假，而不造成善與惡，靈魂透過五種方式取得真理：技藝、知識、明智、智慧與理智。

以上亞里斯多德對德性的詮釋，其實充滿了主觀的期望，最大的問題在於德性的標準難定，不管是倫理德性的中庸或是理智德性的真理，都是見仁見智，不可能有定於一尊的標準。

事實上，亞里斯多德的主觀期望，正反映他貴族階級的優越意識。獲得理性必須要有閒暇，而城邦中的工匠終日汲汲營生沒有閒暇，是難能培養他所謂的德性。在談及倫理德性的大方，亞里斯多德更不避言地指出「這類大方德性只適合於那樣一些人，他們的產業是由自身掙得，或從祖先親朋那裡取得；只適合於那些出身高貴、德高望重的人物，因為所有這一切都具有巨大的價值。只有這樣的人才能成為大方的人……」（EN. 1122b30-35）。

亞里斯多德的御醫家庭出身，使他無法理解出身寒微的人，也會有高尚的情操、德性。

亞里斯多德貴族階級的德性優越意識，在他對自重的詮釋時，徹底表露無遺，「自重顧名思義，是與重大事物有關的品質……倘若一個人把自己看作很重要而高大，而實際上也是重要而高大的，那麼他就是真的重大」（EN. 1123a35-1123b4）。亞里斯多德認為自重彷彿是德性中的一顆明珠，它必須是高尚與善良俱全。

自重的人非常重視榮譽，除非有光榮偉大的事業他不著手，他很少忙忙碌碌，而只做一些巨大而有名聲的事情；同時他也是

最有價值與最善良的人。亞里斯多德也清楚這樣的人是孤芳自賞、難與人相處的，「對於那些俗流之輩和細微末節的讚揚則報以輕蔑，認爲這是毫無價值的」（EN. 1124a10-11）。

然而，如果有其他人也以自己一套標準自視甚高，怎麼辦呢？所幸亞里斯多德認爲幸運對自重是重要的（EN. 1124a21），幸運包括出身高貴、權貴等，這使擁有幸運的自重之人可以超越他人之上。雖然，亞里斯多德沒有直言幸運就是自重的標準，然亞里斯多德的權貴門檻在此不言可喻。

（二）《政治學》的「才德出衆之人」

雖然自重之人可說是德性發揮到極致的縮影，然亞里斯多德認爲多數一般希臘公民並不可能有如此高的德性。

因此，在《倫理學》最後，亞里斯多德感慨地說「但德性卻沒有能力促使大多數人去追求善與美。這些人在天性上就是不顧羞恥，只知恐懼。他們避開邪惡並不是由於羞恥，而是懲罰……理論怎樣來塑造這類人呢」（EN. 1179b10-17）？

亞里斯多德不如蘇格拉底那般樂觀，不認爲「德性即知識」，即知曉知識不一定等於擁有德性。尤其在倫理學著作中有關自制與不自制的分析，亞里斯多德比蘇格拉底對人性有更深刻的了解。人性是脆弱的，稍不留意，便會走向中庸的兩端，過或不及。

亞里斯多德爲此開始展開他《政治學》的構築，「顯然，對德性的共同關心要通過法律才能出現」（EN. 1180a35）。最好的辦法是建立一個關於公共規則的正確制度，因爲法律不僅是出於思考和理智，同時也有強制力，稍後，亞里斯多德便開始講演《政治學》。因此，我們有理由相信，亞里斯多德的《政治學》是源於他對倫理學在適應眾人時之不足而思予以補足。

然《政治學》的目的是從屬於《倫理學》的，亞里斯多德一再強調「政治團體的存在並不由於社會生活，而是爲了美善的行爲。」據此，我們可以推論亞里斯多德的政治生活，不是爲社會整體的福祉，而是要維護少數有德性之公民的良善生活。至於那些沒有德性之非公民，思考如何使他們安於其「應有」的職分。

　　所以在《政治學》中，亞里斯多德認爲政治上的善就是正義，而其意義是「政治權利的分配，必須以人們對於構成城邦各要素的貢獻大小爲依據。」亞里斯多德認爲德性高的人對城邦貢獻大是自然的，因此最好的政體就是共和政體，權利的分配按照其貢獻大小合理分配，彼此互不侵犯。

　　依先前《倫理學》的假設，權貴者人數少但德性高、平民人數多但德性低，在權利均分的情況下，每一個權貴的發言權遠比每一個平民的發言權爲高。因此說亞里斯多德的正義是確保提高那些自認德性高之公民的權益，一點也不爲過。

　　亞里斯多德政治生活的德性優越意識，在對「才德出眾之人」的詮釋時達到頂峰。才德出眾之人是德性極高的公民，共和政體不適合於他，其他平庸之人皆應聽命於他，其德性特出只有《倫理學》的「自重之人」可與之比擬[3]。

　　假如現在有一個人——或若干人，而其數只是城邦的一部分，不足以組成城邦的全部體系——德性巍然，全邦其他的人於個人的品德以及所表現的政治才能而論，誰也比不上他或他們，這樣的人或若干人就不能被圍於城邦一隅之內；他或他們的德性才能既超越於其他所有的人，如果使他或他們同其餘的人享有同等的權利，這對他或他們就不公平了。這樣卓絕的人物就好像人群中的神祇。法制只應該限制出身和能力相等的眾人。對於這樣的人物，就不是律例所能約束的了。他們本身自成其爲律例。誰要企圖以

法制來籠絡這樣的人物，可說是愚蠢的……（Pol. 1284a4-14）。

「才德出眾的人」因其德性巍然，眾人皆比不上，所以亞里斯多德認為所有政治權力皆應歸於他，「唯一的解決方式，而且也是順乎自然的方式，只有讓全邦的人服從於這樣的統治者：於是，他便成為城邦的終身君王」（Pol. 1284b32-33）。然而究竟由誰來認定誰是「才德出眾之人」，往後的人類歷史顯示，幾乎都是自認德性高超、天縱英明的人，認定自己才是「才德出眾之人」。

□

《倫理學》中出現「自重之人」，我們可以說亞里斯多德有自己的權利認定誰是自重之人，即使是出身貴族的亞里斯多德認定權貴是自重的必要條件也無妨。因為各人有各人的價值判斷，只要不要妨害到他人的公共權利。但在《政治學》這門處理公眾之事的範疇中，亞里斯多德仍一如在《倫理學》時般主觀認定、自說自話，以個人成見之私論斷公眾之事，那麼公眾自然不必理睬亞里斯多德之所言。況且，誰對城邦貢獻大，其衡量的標準也是有問題，如果沒有工匠的勞動付出，那才德出眾的哲學家怎能安心沉思？

三、如此殘酷的種族偏見

在亞里斯多德的德性概念中，一個城邦之中，有德性高超的

---

3. 柏拉圖的哲學家皇帝、亞里斯多德的才德出眾之人與儒家所言之聖王，雖然語彙不同，但都描繪同一種人。這種人自認德性高超，生來便是要來統治百姓，「為百姓造福」。

少數公民與德性低劣的多數非公民。因此，依亞里斯多德理路推演，當他目光移向城邦之外，很自然地，他會認為其他外族應是野蠻人、沒有德性之人，那成為奴隸是再恰當不過了。

（一）希臘公民不願當奴隸

亞里斯多德引述當時希臘公民普遍想法，希臘公民不僅在邦內優於其他非公民，在邦外也是天生優越於外邦人。「希臘人誰都不樂意稱優良的希臘種人為奴隸，他們寧願將奴隸這個名稱侷限於野蠻人（外邦人）……」（Pol. 1255a28-30）。甚至當時的希臘詩人為詩寫道：「野蠻人應該由希臘人為之治理」（Pol. 1252b8）。在詩人們看來，野蠻民族天然都是奴隸。把外邦人皆看成野蠻人，而野蠻人天然都是奴隸，這一連串強詞奪理的推論，表面上是希臘公民自認德性優越，實際上卻是希臘公民希望這些外邦奴隸，能成為其良善生活目的的工具。

希臘此優越意識與中國古代王朝有極高的相似性，也就是以自己文化為標準，評斷四周民族皆是野蠻人。然而，希臘卻比中國更具侵略性，中國僅希望夷狄不要犯邊、維持和平，而希臘則希望將四周的野蠻人拿來當生產工具。

（二）奴隸的目的

亞里斯多德基本上不把應當奴隸的野蠻人當人看，因此他會說「沒有人去給奴隸以幸福，而只給他一條命」（EN. 1177a6）。「奴隸是有靈魂的工具……」（EN. 1161b3），甚至「奴隸是一宗有生命的財產……」（Pol. 1253b33）。以上這些對奴隸的評述，更加證明馬克思批評希臘、羅馬社會是奴隸社會的有效性，奴隸的目的是為了奴隸主而存在。

而奴隸的性質與本分是什麼？亞里斯多德做了清楚的解說：

1. 任何人在本性上不屬於自己的人格而從屬於別人，則自然而為奴隸；
2. 任何人既然成為一筆財產（一件用品），就應當成為別人的所有物；
3. 這筆財產就在生活行為上被當作一件工具，這種工具是和其所有者可以分離的（Pol. 1254a14-17）。

亞里斯多德認為奴隸的目的是為了奴隸主的目的而存在，奴隸本身是別人的工具，不具有本身的目的。亞里斯多德此觀點，後來的盧梭、康德致力反駁，盧梭與康德認為人生而自由平等，每一人皆自成目的[4]。

（三）奴隸的正義

然希臘社會早有反對奴隸制度的主張，西元前五世紀的歐里庇得斯（Euripides）的劇本有反對奴隸制度的明顯主張，認為「在所有其他方面，奴隸並不劣於自由人，所以他也有個公正的靈魂」（吳壽彭譯，1981，頁 vi）。因此，亞里斯多德曾對奴隸制的正反

---

4. 盧梭在《社會契約論》中批評奴隸制，認為「放棄自己的自由，就是放棄人類的權利，甚至放棄自己的義務。對於一個放棄了一切的人，是無法加以補償的。這樣一種棄權是不符合人性的；而且取消了自己意志的一切自由，也就是取消了自己行為的一切道德性。最後，規定一方是絕對的權威，另一方是無限的服從，這本身就是一項無效的而且自相矛盾的約定（Rousseau, 1978, p. 50）。而康德則認為，每一人應以自己為目的，而不應將此目的作為工具（Kant, 1970, p. 226）。

意見進行考察，究竟主奴關係是否源於強權、違反自然，甚至是不合正義的。

在考察過程中，亞里斯多德區分奴隸爲法定奴隸與天然奴隸。

法定奴隸的形成是由於戰爭，許多戰敗者成爲戰勝者的法定奴隸。亞里斯多德對法定奴隸的正義多所保留：贊成法定奴隸的理由是，戰勝者擁有法定奴隸是應該的，因爲「勝利的人，應該是具有優良品德的」（Pol. 1255a14-15）。戰敗者則是品德較差，自當爲戰勝者法定奴隸；而反對的意見是，即使最優良的氏族也有可能戰敗，若成爲奴隸豈不悲慘。由於亞里斯多德認爲希臘人有可能戰敗給外邦人，淪爲法定奴隸，因此，對法定奴隸多所保留，最後又推到模糊不清的「尚善宗旨」（Pol. 1255a21）。

自然奴隸的形成是天性使然，亞里斯多德百分之百贊成，他認爲「凡自己缺乏理智，僅能感應別人的理智，就可以成爲而且確實成爲別人的財產，這種人就是天然奴隸」（Pol. 1254b20-22）。而自然奴隸是利於主奴雙方的，因爲「兩者各盡自己的職分，這就存在著友愛和共同利益」（Pol. 1255b12-13）。亞里斯多德認爲人類確實存在自然奴隸與自然自由人的區別，前者爲奴，後者爲主，各隨其天賦的本分而成爲從屬者與統治者，這當然是有益且合乎正義。

以上亞里斯多德的奴隸正義觀，關鍵在天賦德性多寡：法定奴隸品德太差，當奴隸可；而自然奴隸沒有德性，成爲奴隸不僅應當而且符合正義。

□

於是，我們從以上有關亞里斯多德的論述，作一簡要評論：

亞里斯多德，一個當時代自認為盡可能的知識廣博者，環顧當時世界，頗以己為不世出的英雄。「我，為什麼是我呢？」想必亞里斯多德內心中必定有幾多次自我嘆問。「應該是個自重、才德出眾的希臘公民吧！」亞里斯多德的德性優越意識，使他在城邦內區分公民與非公民、城邦外區分出希臘人與野蠻人，甚至到人與自然界其他生物的不同，這一連串可說是亞里斯多德自我中心的一氣呵成。難怪波柏（K. Popper）要直斥他與柏拉圖為開放社會的敵人[5]。

亞里斯多德的目的論（teleology）是為狹義特定人的目的，而將非我族類者皆視為工具。非我「類」的，如工匠生產者不得為公民（Pol. 1278a8）；非我「族」的外邦人理應為奴隸。而這些非我族類不但沒有為自己自身存在的目的，同時他們的善是為了使那些狹義特定人「擺脫家務的繁瑣而從事於政治業務或哲學研究」（Pol. 1255b35）的工具。亞里斯多德說得更清楚的是「倘使每一個梭都能不假手於人力而自動地織布，每一琴都能自動彈弦，匠師才用不到從屬，奴隸主才可放棄奴隸」（Pol. 1253b39-41）。

因此，亞里斯多德論德性的最大問題在於無法把自己看成是與其他族類平起平坐的平凡人，以致他的想法「自重之人」、「才德出眾之人」以及「幸福美好的生活」，全都建築在非我族類人的痛苦上。所以，亞里斯多德論德性基本上是反政治的，非大家所誠心願意遵循，而僅是個人優越意識的自我想像，甚至是成為強權者弱肉強食的合理化藉口。

---

5. 波柏甚至認為亞里斯多德與柏拉圖相似比相異多，柏拉圖的觀念與亞里斯多德的善，前者是最原初、最完美，而後者是發展其目的，二者途徑雖異，但卻殊途同歸（Popper, 1950, p. 199-206）。

四、亞里斯多德德性優越意識之批判

本節將集中批判前兩節亞里斯多德德性優越意識，「德性之人」將檢討亞里斯多德德性理論自身的矛盾；「德性之公民」將以羅爾斯的觀點批判；而「德性之希臘公民」則以麥克尼爾（W. McNeill）的史實研究反駁。

（一）「德性之人」

亞里斯多德的德性理論有部分是批評柏拉圖（及其筆下蘇格拉底）而來（EN. 1144b-1151b）。柏拉圖認為知識才是善（Republic 505b），因此全部的德性就是知識，最高的「德性之人」就是愛知識的哲學家。蘇格拉底與雅典公民的不適應，主要在於他認為那些公民的看法僅是意見，而不是真理般的知識，而真理般的知識就是德性，人只要懂得知識，德性便水到渠成[6]。

亞里斯多德對上述看法不以為然。前面提過亞里斯多德將德性分為「理智德性」與「倫理德性」，「理智德性」約略與蘇格拉底的知識相當，但「倫理德性」則是對蘇格拉底看法的修正。「倫理德性」主要追求中庸（EN. 1106b26），避免過與不及。亞里斯多德認為人有慾望與理性，而慾望通常會超過理性（EN. 1119b10），也就是走向不自制，明知錯而仍然去做。因此，亞里斯多德批評蘇格拉底不了解不自制，以及不了解明知故犯的緣由（EN. 1145b24），他希望再加上「中庸之道」以補足蘇格拉底的德性理論。

然而亞里斯多德的「中庸之道」與前面「自重之人」概念卻是格格不入的，原因是既了解人易走向不自制，又怎會出現「自重之人」？亞里斯多德的德性實存在著矛盾。為了解釋亞里斯多德的矛盾，描述兩個亞里斯多德是必要的：一是批評柏拉圖，了解人

的脆弱，期走向中庸的亞里斯多德；二是深受柏拉圖影響與自身的權貴背景，推崇「自重之人」的亞里斯多德[7]。然以亞里斯多德後來推崇的「德性之公民」與「德性之希臘公民」理路，第二個亞里斯多德顯然較佔上風。

而批判第二個亞里斯多德的德性優越意識，將從兩方面著手：第一，表面上社會各層面人的德性似有優劣之分，但若將此優劣歸因於先天德性稟賦的多寡，則有太多的例外足以使此說法站不住腳，尤其在今天多元社會中，實沒有一價值標準足以論斷德性

---

6. 蘇格拉底、柏拉圖將德性與知識等同，認為無或缺乏德性的人是不了解知識，只要了解知識自然會產生德性。亞里斯多德明顯地不像他們天真，認為人當慾望超過理性時會明知故犯。但亞里斯多德的經驗取向僅是一小步，亞里斯多德與蘇格拉底、柏拉圖相同比相異多。德性是永恆，知識當然也是永恆。柯林烏（R. Collingwood）在《歷史的理念》一書中，指出希臘人執著於永恆不變的知識，是一種反歷史傾向，對於變動不羈無法確定的歷史「意見」則予以輕視。柯林烏並認為希羅多德（Herodotus）的歷史傾向是突出的，它把訪問眾人的「意見」整理成歷史知識（Collingwood, 1946, p. 20-31）。然而柯林烏卻只同列希羅多德與蘇格拉底不同知識傳統的偉大，並沒有去正視兩人潛在的尖銳衝突（Collingwood, 1946, p. 28）。希羅多德認為知識從意見來，而蘇格拉底卻極端藐視意見。希羅多德後繼無人，蘇格拉底卻從柏拉圖、亞里斯多德，以至士林哲學得傳，如此之消長令人嘆息。

7. 亞里斯多德德性理論的矛盾，使得羅爾斯在批評亞里斯多德時有所保留，羅爾斯認為他所批評的是「亞里斯多德主義原則」（Aristotelian Principle）而不是「亞里斯多德原則」（Rawls, 1971, p. 426）。而對亞里斯多德研究有傑出成就的耶格（W. Jaeger）以發展過程概念成功地化解亞里斯多德思想中諸多矛盾。他認為亞里斯多德的哲學不是一個概念的靜止系統，而是一個不斷發展的過程：由捨棄柏拉圖主義到經驗論的成長（郭實渝譯，1984，頁13-14）。據此，強調思想一致的「亞里斯多德主義原則」顯然已難以自圓其說。然而，即使是強調發展過程的「亞里斯多德原則」，其晚年較多的中庸經驗取向，仍無法申明亞里斯多德已徹底與柏拉圖劃清界限。本章認為其後期的《政治學》著作中的「才德出眾之人」仍有極強烈的柏拉圖傾向。

高低。與其堅持虛妄的德性標準，倒不如假設每個人皆是多樣獨立的個體，在發展過程中環境使之產生各自的不同。第二，若有明顯的優劣，也不應把此優劣歸因於個人稟賦，而是由社會整體視之。事實上德性高超的人也是由於社會整體的襯托比較，才有所謂德性高超，若脫離人類社會至另一外星人的星球上，那德性再高超也可能被外星人視爲野蠻人。所以，評定德性優劣高低根本就是一廂情願，威廉斯引述紐曼（J. Newman）的話更是說得好：

> 準此，德性既然只是一種美，則，何謂德性，決定的就不是良心，而是品味（taste）了（Williams, 1993, p.126）。

從現實的人類歷史看，多數所謂德性高超、聰明才力高的人並不以社會整體視之，而盡可能歸諸於個人稟賦，以爲自己奪取更多的名利富貴合理化。孫文曾在民權主義演講稿第三講中提及這種歸之於個人稟賦的利己思想是專制時代政治不平等的源頭，爲此他極力推崇以社會整體的利人思想，是爲民權之眞精神、平等的精義：

> 人類的思想可說一種是利己的，一種是利人的。重於利己的人每每出於害人，也有所不惜。由於這種思想發達，於是有聰明才力的人就專用彼之才能去奪取人家的利益，漸漸積成專制的階級，生出政治上之不平等了。這是民權革命以前的世界。重於利人的人只要是與人家有益的事，每每至於犧牲自己亦樂而爲之。這種思想發達，於是有聰明才力的人就專用彼之才能以謀他人的幸福，漸漸積成博愛的宗教和諸慈善事業。不過宗教之力有時而窮，慈善之事

有時不濟，就不得不為根本上的解決，來實行革命，推翻專制，主張民權，以平人事之不平了。從此之後，要調和三種的人（作者按：孫文指依人類天賦才能可分三種人，分別是先知先覺、後知後覺、不知不覺。）使之平等，則人人應該以服務為目的，不當以奪取為目的。聰明才力愈大的人，當盡其能力而服千萬人之務，造千萬人之福。聰明才力略小的人，當盡其能力以服十百人之務，造十百人之福，所謂巧者拙之奴，就是這個道理（崔書琴，1985，頁154-156）。

（二）「德性之公民」

把公民界定為必須有德性，正是亞里斯多德以《倫理學》指導《政治學》的有力證據。但德性的客觀標準何在？抑或是根本沒有一客觀的德性標準？這是亞里斯多德論述政治學的根本疑難[8]。

---

8. 中國儒家傳統的內聖外王思路也是倫理學與政治學不分。陳弱水認為孔、孟對政治系統的性質與政治領導者的行為採取了特殊的理解，他們認為政治行動本身具有自發的道德性。而這就造成了儒家思想的根本疑難，因為他們對個人的自我實現（倫理學範疇）與政治行為的性質（政治學範疇）混而不清（陳弱水，1981，頁107-111）。另一方面，朱學勤雖然對希臘哲學誤解（誤解其已擺脫倫理與政治不分），但他對儒家批評的語言極具破壞力。「儒家哲學雖經千年發展，始終未能劃清倫理學對政治學的邊際界限，政治學始終未能突破倫理學的母胎，發展成為一門獨立學科。儒家哲學表面上呈倫理－政治的寬廣面貌，內裡卻陷於道德語言的無邊際討論」（朱學勤，1992，頁119）。而這種道德語言的無邊際討論，甚至權力鬥爭，在明末的東林運動達到最高峰。漢學家哈克爾（C. Hucker）悲歡地指出，東林人士所從事的權力鬥爭中，除了共同想「排除非善類」以外，別無任何有系統的計劃。以致無法正視真正的政治敗壞原因——明代政治權力結構問題（張永堂等譯，1976，頁210）。

亞里斯多德認為政治學上的善就是正義，而其意義是政治權利的分配，必須以人們對於構成城邦各要素的貢獻大小為依據，貢獻大者應得之政治權利份額高，反之則低。羅爾斯評論亞里斯多德這種以貢獻高低評斷公民的應得份額是預先假定的，經不起客觀檢證，而他認為正義應考量到社會基本結構問題（Rawls, 1971, p. 10）。

　　由於亞里斯多德的預先假定，是建立在少數「德性之公民」的認定上，其建立的社會並無法長治久安，因為被排斥在外的非公民，會認為德性認定與貢獻認定過於主觀不公平，因此不會認同亞里斯多德的看法。

　　而羅爾斯便是希望以每一人皆為主體的本務論（deontology）為基礎的正義觀取代亞里斯多德以德性優越為首要的目的論為基礎的正義觀[9]，期望建立一公平且人人皆願遵守的社會整體正義觀，如此社會才可擺脫弱肉強食，達到長治久安。

　　羅爾斯摒棄亞里斯多德的德性優越意識，認為人的德性來自「道德學習」，他區分道德學習為三階段，分別是 1. 兒童階段的「權威道德」，此時父母是兒童學習的權威標準；2. 開始與他人相處的「社團道德」，此時強調一群意氣相投的團體，其成員間彼此誠信、友愛；3. 公民階段的「原則道德」，此時強調社會全體公民必須遵守共同制定的憲政規範。而 1.、2.、3. 階段是依序發展的，「原則道德包括了權威道德與社團道德。它規定著道德發展的最後階段……」（Rawls, 1971, p. 478）。

　　羅爾斯認為許多社會仍停留在「權威道德」或「社團道德」，前者如神權國家的「權威道德」，後者如亞里斯多德的「社團道德」（Rawls, 1971, p. 471）。

　　亞里斯多德認為只有有德性的公民，才是雅典城邦的主人，

「德性之公民」間，彼此強調公平正義、誠信以及無私等美德。然亞里斯多德以其主觀德性標準，排除他認為沒有德性的非公民，至此，亞里斯多德所言的「德性之公民」的城邦整體，實是一群意氣相投、利益共同的「社團」，也就如同今天民主社會的「利益團體」。亞里斯多德把自己所屬的「利益團體」當成社會整體，將「利益團體」之私當社會整體之公，自然會使社會上其他的「利益團體」不信服。

羅爾斯認為亞里斯多德的「社團道德」不可能推演至「原則道德」，朋友的情感聯繫不可能推演至公民間規範聯繫，「儘管每一個公民都是另一些公民的朋友，但卻沒有任何一個公民是所有公民的朋友」（Rawls, 1971, p. 474）。[10]

羅爾斯的公民概念，期望其政治學意涵超過倫理學意涵，也就是憲政規範代替德性要求。甚而，羅爾斯在後期著作則致力於將倫理與政治嚴格區分，主張把正義概念界定為一純粹政治上的概念，而不去理會它與道德或宗教的關聯與爭議（Rawls, 1993, p. xv）。

對於倫理道德與政治社會必須區分的經典論述，是尼布爾（R. Niebuhr）的著作《道德的人與不道德的社會》。他認為在社會中，各方看法不同必然導致價值利益衝突，所以我們不應冀望在政治

---

9. 本務論的正義觀，強調每一人皆自由平等，有共同平等的基本權利，而基本權利的保障通常透過契約，如各國憲法；而目的論的正義觀，則是強調社會整體的最大目的、意義以及功效，天縱英明者由於對社會貢獻較大，因此必須享有較高的基本權利，反之則較低。

10. 儘管羅爾斯的著作年代（1971）早於社群主義（communitarianism）提倡者麥金泰爾（A. MacIntyre）的著作年代（1984），但麥金泰爾對政治的思考模式、範圍，卻仍停留在強調德性的「權威道德」與強調友愛的「社團道德」。

領域中出現合乎道德原理的理性正義，而應祈求於權力平衡的政治正義（Niebuhr, 1953, p. 31-32）。

就政治學上的公民概念，因為不可能有一客觀的德性標準，所以不必對公民課以德性要求，讓倫理學的留給倫理學本身。但是如此，政治學是否就會流於沒有德性，成為政客活躍的場域？答案正好相反，期望建立一彼此可和平共處的憲政共識、原則，本身就是一可大書特書的公共理性。至於公共理性是否為一種德性，羅爾斯可能認為這樣的問法不恰當且沒有必要[11]。

所以，由兩個不同範疇的「德性」（倫理學）與「公民」（政治學），組合而成的「德性之公民」基本上是一個矛盾的命題。

（三）「德性之希臘公民」

從「德性之人」到「德性之公民」，亞里斯多德的視界中只有希臘城邦，並沒有今天的國際法觀點，這一點與中國人視自己為「中國」的心態是相同的。早期中國王朝不認為他國是國的原因，是認為他國的文化水準不及華夏文明；而亞里斯多德則認為他國是沒有德性的野蠻外邦人。

而亞里斯多德比中國人更可怕的是，他將他國人視為奴隸，抓來當生產工具。顯然，亞里斯多德一定常疑惑，為何外邦野蠻人沒有如希臘公民們有德性？這樣的疑問與十九世紀末英國諾貝爾文學獎得主吉卜林（Rudyard Kipling）的辭彙——白種人的負擔，是相呼應的。

不管是亞里斯多德的希臘公民，或是吉卜林的白種人，皆認為外邦人或非白種人皆是劣於自己。而評定的標準，同樣都是以自己的文化觀點認定。人類學者李維史陀（C. Levi-Strauss）致力否定種族天生不平等的說法，消極方面他質疑評定者的尺有問題，

積極方面他更提倡種族文化的多樣性（Levi-Strauss, 1958, p. 11），並希望人文主義不要繼續在人群中找尋或培養德性（Levi-Strauss, 1983, p. 41）。

歷史學家麥克尼爾對希臘文化則有一段相當「唯物」的歷史詮釋：雅典公民的自由與平等，託付在為雅典生產穀類糧食的遠方耕種者的勞力上。像世界其他地區被排斥的農民一樣，這些遠方的生產人民，並未直接地或間接地分享到城市產生的高等文化，而它們的勞力有助於高等文化的維持和發展（劉景輝譯，1977，頁48）。

麥克尼爾的主要論點是：希臘文明的優勢是建立在其特殊的經濟作物上。在西元前五世紀，葡萄樹與橄欖樹首先在希臘城邦廣泛種植，由於它們新穎且受歡迎，希臘人以此高價位的經濟作物，換取其他周圍民族的低價位糧食。希臘人從中賺取了高額利潤，並因此比其他民族多了閒暇。而這閒暇正是亞里斯多德所言「德性之希臘公民」的必要條件。

而希臘文明的沒落，麥克尼爾認為主因是，其他地區民族慢慢學會了種植葡萄樹與橄欖樹，使得希臘城邦獨佔利潤不再，文明隨著經濟優勢不再漸成昨日黃花。

麥克尼爾如此將希臘文明成就，「唯物化」解釋成經濟壟斷剝削的現實，雖然亞里斯多德以閒暇為培養德性的必要條件默認了一半，但另一半希臘人靠經濟優勢而不是靠德性天生優越，亞里斯多德顯然不願意承認。

---

11. 羅爾斯在《一種正義論》中曾說：「正義是社會制度的首要德性」（Rawls, 1971, p. 586）。而在 1993 年的《政治自由主義》已修正此一說法，強調道德與政治的區分（Rawls, 1993, p. xv）。

如果承認希臘人與其他民族一樣，那麼希臘人高高在上，剝削奴役其他民族，不就連表面的口實也沒有了。亞里斯多德深深了解維持這表面口實的必要，因此怎麼樣也要說其他民族沒有德性。

十九世紀歐洲人的顧慮和亞里斯多德的考量如出一轍，李維史陀與懷特（L. White）因此認為，西方文化較優越說穿了不過是西方人希望繼續剝削殖民地經濟利益的口實，並藉此提高每一個西方人的能源供應（Levi-Strauss, 1958, p. 30; White, 1969, p. 363-393）。

亞里斯多德的種族偏見使他無法了解往後歷史發展的意義。亞里斯多德至死都未能了解其學生亞歷山大大帝（Alexander the Great）的軍事行動所帶來當時西方世界的變動意義。亞歷山大大帝使希臘人的視界從單民族的城邦擴大成多民族帝國，並由於帝國內強調各民族一律平等，各文化交流的結果，使成新生的希臘化文化。但當時亞里斯多德卻仍嚴希臘人與非希臘人之防，將其德性優越意識建立在虛幻的海市蜃樓上。

□

至此，我們可以說蘇格拉底、柏拉圖、亞里斯多德三人的德性優越意識，正代表人類社會有閒時初獲文字、知識的喜悅，而喜悅轉為優越的關鍵在於，個人有限生命的所知所言以為是絕對永恆的全部真理。而從少數的自重之「德性之人」出發，漸漸擴大至才德出眾之「德性之公民」以迄「德性之希臘公民」。

第一個強化中庸的亞里斯多德本有可能轉化此優越意識，但這對一個自認有滿腹經綸的人來說，承認自己的有限、脆弱、平

凡，的確是相當困難的。

　　盧梭是少數對此優越意識有反省能力的人，「這樣，人第一次對自己做了一番觀察以後，便產生了最初的自尊的感覺。這樣，在他還不大會分別等級的時候，在他想把自己那一類看作第一等的時候，他老早就準備把他個人列爲同類中的第一等了」（Rousseau, 1978, p. 144）。

　　事實上，獲取知識的可貴在於其過程的開放與包容，透過這過程，不斷改正錯誤，使之趨向眞理。而這過程可說是最科學的（不堅持成見），也是最民主的（不排斥任何人提供改進意見）。

　　而亞里斯多德等人雖然博學多聞，但卻走到知識的反面，不認爲過程重要而執著於知識的結果——眞理。亞里斯多德等人清楚地告訴眾人，眞理已在他們心中，眾人只有片面接受他們教育的份。然而這種堅持只有自己知道結果的優越心態，卻是最不科學的（固執己見），也是最不民主的（眾人無權置喙）。

　　因此，當亞里斯多德窮究天文地理之後，認定太陽繞著地球轉時，他肯定他是發現了永恆眞理，「理之既明，長在我心」，亞里斯多德肯定是這麼想的。

五、亞里斯多德德性宇宙觀之詮釋與批判

　　亞里斯多德的德性優越意識並未在「德性之希臘公民」打住，他更進一步將此優越意識擴充到人類所知的極限——整個宇宙。

　　亞里斯多德所言的「自重之人」、「才德出眾之人」是德性最優越的人，由於他們沉思最多、至福最多，「這樣卓絕的人物就好像人群中的神祇」（Pol. 1284a10）；另一方面，亞里斯多德將宇宙的最後原因（目的因）歸爲最初推動者神時，並認爲神的本質是永

恆的、最好的沉思活動（Met. 1072b13-19）。至此，亞里斯多德的德性優越意識在起點——「自重之人」、「才德出眾之人」，與終點——神，共同以「沉思活動」爲聯結，終成一圓滿的封閉循環。

（一）其德性宇宙觀之詮釋

對亞里斯多德德性宇宙觀的詮釋，將從其著作中分兩部分討論：1.《天界論》（*On the Heavens*）中對宇宙元素的討論，以及2.《自然學》（*Physics*）與《形上學》（*Metaphysics*）中對宇宙活動之源的討論。

1.《天界論》

亞里斯多德將宇宙分爲截然不同的兩部分：月亮以下的地界由四元素構成，分別是地、水、氣與火，火與氣直線上升，地與水直線下降；月亮以上的氣體是由能做循環活動的元素乙太（aether）構成（Hea. 270b23），乙太是比其他四元素更神聖、更寶貴的元素。地界的四元素是不能延續、有限的，而天體的乙太是循環永恆的。

2.《自然學》與《形上學》

亞里斯多德將天體的乙太神聖化，實有他宗教上的考量，即推出宇宙活動之源的存在。爲此，他更明白表示考慮這存在的本質，不是自然學的一部分（Phys. 184b27-185a4）。天體的活動是乙太元素循環永恆，但這活動的源頭在哪？亞里斯多德回答這問題時，由於其宗教考慮，放棄動力因的解釋，而以目的因取代，即認爲有一不動的推動者（the unmoved mover）推動循環，而祂就是宇宙的最後原因。從以上對亞里斯多德三部著作的解釋中，我們可以對其德性宇宙觀做以下三個層面推論：

(1)由於宇宙的最後原因、最後目的是神，而祂又是最神聖的

第一因，不動的推動者。因此，宇宙的萬事萬物莫不以彰顯祂為主要目的，萬事萬物的善皆是要成就祂的本質——永恆的、最好的沉思活動。

(2)有德性的希臘公民猶如上帝的選民，其中德性最高的「自重之人」或「才德出眾之人」，由於他們能進行如神般最高尚哲學沉思活動，因此，他們最接近神。他們甚至是世間的神，萬事萬物也應以他們為目的。

(3)世間的萬事萬物，包括那些無德性之人，沒有其本身存在的目的，他們存在的意義，只不過是成全德性之希臘公民培養德性、哲學沉思的工具，並藉此可彰顯神的最後目的。至此，以上推論實可把亞里斯多德的德性宇宙觀視為一宗教學說，因為從(1)→(2)→(3)的過程，皆是不容懷疑的主觀認定。因此，當歐洲中世紀基督教神學家阿奎那（T. Aquinas）融合亞里斯多德學說發展成士林哲學時，便再契合不過了。

（二）其德性宇宙觀之批判

1. 其宇宙觀之批判

不管是宇宙元素或宇宙活動之源的討論，亞里斯多德的看法，今天看來是相當荒謬的。關於宇宙元素的討論，將天體與地界做不同元素的區分，在牛頓時被推翻，牛頓認為天體與地界之運行活動都受同一法則支配。另一方面，今天的外太空探險也早已證實牛頓的說法，月亮之上與之下沒有區分，更沒有所謂的乙太元素，亞里斯多德的乙太元素之說是受當時天文科技所限，以及他個人的宗教考量。

而宇宙活動之源，也就是不動的推動者討論，康德在1755年的《自然通史和天體論》著作，不僅反對目的因，也反對動力因。

康德甚至是將這第一次推動問題取消，以逐漸生成（developing）取代永恆存在（being），他說地球和整個太陽系表現為某種在時間的進程中逐漸生成的東西（Kant, 1969, p. 25）。以今天天文學家普遍接受的「大霹靂理論」，即宇宙最初是一大爆炸，往後是不斷擴張的歷史歷程。我們可以說，今天的天文學是證實康德的說法[12]。

2. 其德性宇宙觀之批判

由於全能的、不動的推動者神是宇宙的最後目的，而最接近神的是「德性之希臘公民」，尤其是「自重之人」與「才德出眾之人」。而這些世間的上帝選民，由於他們最接近神、最了解神，因此他們有權決定世間的萬事萬物，甚至主宰那些不可能了解神的無德性之人，而這一切決定與主宰，其最終目的，就是要彰顯神的偉大。

□

至此，我們可以說，亞里斯多德的德性宇宙觀實是舊約聖經的哲學翻版，只是猶太人換成「德性之希臘公民」罷了。

如果說，猶太教是人類宗教心靈上，從泛神論到一神論的最大心理革命；那麼亞里斯多德的德性宇宙觀則是西方人知識思考上，最原初優越意識的根源。透過「彰顯神偉大」如此不容置喙的藉口，本國非公民、奴隸、外邦人，甚至是地球環境，成為這群自認德性優越的人，實踐德性的必要工具[13]。

因此當亞里斯多德說，大自然生長著豐富的植物，繁育眾多動物，而「天生一切動物應該都可以供給人類的服用」（Pol. 1256b20-21），我們一點也不驚奇，甚至可以說，今天的生態保護

者實可以從西元前四世紀亞里斯多德的德性宇宙觀中尋找到其神聖憎恨之源。而如此以人（而且是少數自認有德性之人）爲主的德性宇宙觀實是今天地球生態危機的最早淵源[14]。

六、結論

本章的原始構想來自盧梭著作《論人類不平等的起源》中的人類優越意識起源討論與羅爾斯著作《政治自由主義》中的文句「我們凡人的世界」（our ordinary human world）[15]。

目前這個由西方文化主導的世界，俯首皆是亞里斯多德德性優越意識的影子：對弱勢者的歧視、對職業的歧視、對種族的歧

---

12. 「大霹靂理論」認為宇宙為全無初始之擴張與收縮的無止息循環（郭中一等譯，1990，頁118）。

13. 十九世紀法國社會主義者勒魯（P. Leroux）認為，耶穌反對排除奴隸的公共用餐，與柏拉圖、亞里斯多德的排除奴隸公共用餐恰恰成鮮明對比。「耶穌是西方的菩薩，是社會等級的摧毀人……世界在十八個世紀中雖然崇拜他，但並不理解他，而只有當人們對他不再迷信的時候，他才真正被理解」（王允道譯，1988，頁125）。而作者認為耶穌將上帝的恩寵，從上帝選民猶太人擴大到包括奴隸的所有人，是希望四海之內皆兄弟，這和本章的主旨消解優越意識是完全一致的。

14. 懷特在《生態危機的歷史根源》中指出，猶太基督教的傳統是生態危機的根源，因為它首先將泛靈論取代，繼之以上帝的影像創造出來的人來控制海裡的魚、空中的鳥及地上所有會動的生物，把人與自然二元化了。懷特強調亞伯拉罕（Abraham）擊碎偶像，戰勝泛靈論的異教徒是西方文化歷史上最大的心理革命（Gruen & Jamieson, 1994, p. 5-14）。這裡同時參考林俊義（1984）的資料。

15. 「這個合理的社會既不是聖人的社會，也不是自私的社會。它是我們凡人世界的一部分，不是我們認為有很多德性的地方，事實上，我們將可能永遠無法找到德性」（Rawls, 1993, p. 54）。

視以及對自然理所當然的劫掠。作者平凡的企圖旨在期望消解亞里斯多德及所有社會優勢者的德性優越意識，事實上，我們短暫的一生實只是宇宙的蜉蝣、滄海之一粟。

忙亂於書堆之際，手邊李維史陀的《憂鬱的熱帶》末章，對基督教、伊斯蘭教男性般優越意識的批評，與對佛教女性般消解優越意識的推崇，內心感受之豐沛，幾使文句幾次頓挫嘆息。

書寫至後半段，才知本章的主旨是想拆解人類最原初想構築的偉大德性之夢，並說明那個夢在今天早已不再甜美如初。或許正如李維史陀所言：

> 這個世界開始的時候，人類並不存在，這個世界結束的時候，人類也不會存在。我將要用一生的生命加以描述，設法要了解的人類制度、道德與習俗，只不過是一閃即逝的光輝花朵，對整個世界而言，這些光輝花朵不具任何意義，如果有意義的話，也只不過是整個世界生滅的過程中允許人類扮演人類所扮演的那份角色罷了（王志明譯，1989，頁586）。

亞里斯多德只是亞里斯多德，當他要證明自己有多偉大時，其實正返照顯示出自己有多渺小。

參考書目

亞里斯多德著作部分：
吳壽彭譯（1981）。《政治學》。北京：商務。

苗力田譯（1990）。《尼各馬科倫理學》。北京：中國社會科學。

EN. :Nicomachean Ethics, trans. by W. D. Ross, revised by J. Urmson

Hea.:On The Heaven, trans. by J. Stocks

Met.:Metaphysics, trans. by W. Ross

Phy.:Physics, trans. by R. Hardie & R. Gaye

Pol.:Politics, trans. by B. Jowett

1984 The Complete Work of Aristotle: the Revised Oxford Translation, ed. by J. Barnes. Princeton, NJ: Princeton University Press.

其他著作：

王允道譯（1988）。《論平等》。北京：商務印書館。

王志明譯（1989）。《憂鬱的熱帶》。台北：聯經。

朱學勤（1992）。〈老內聖開不出新外王——評新儒家的政治哲學〉，《二十一世紀》二月號。

李澤厚（1986）。《批判哲學的批判——康德述評》。台北：谷風。

林俊義（1984）。《科技文明的反省》。台北：帕米爾書店。

張永堂等譯（1976）。〈明末的東林運動〉，《中國思想與制度論集》。台北：聯經。

侯健譯（1980）。《理想國》。台北：聯經。

劉景輝譯（1977）。《歐洲史新論》。台北：學生書局。

陳弱水（1981）。〈「內聖外王」觀念的原始糾結與儒家政治思想的根本疑難〉，《史學評論》第三期。

崔書琴（1985）。《三民主義新論》。台北：台灣商務印書館。

郭中一等譯（1990）。《最初三分鐘》。台北：聯經。

郭實渝譯（1984）。《亞里斯多德思想的成長與結構》。台北：聯經。

楊東蓀等譯（1977）。《古代社會》。北京：商務印書館。

Clastres, P. (1987). *Society Against State.* New York, NY: Zone Book.

Cohen, R. & J. Middleton. (1967). *Comparative Political System: Studies in the Politics of Pre-industrial Societies.* New York, NY: The Natural History Press.

Collingwood, R. (1946). *The Idea of History.* London, UK: Oxford University Press.

Fried, M. (1967). *The Evolution of Political Society: An Essay in Political Anthropology*. New York, NY: Random House.

Gruen, L. & D. Jamieson. (1994). *Reflection on Nature: Reading in Environmental Philosophy*. New York, NY: Oxford University Press.

Kant, I. (1969). *Universal Natural History and Theory of the Heavens*. (W. Hastie, Trans.). Ann Arbor, MI: the University of Michigan Press.

Kant, I. (1970). *Kant's Political Writing*. (H. Nisbet, Trans.). Cambridge, UK: Cambridge University Press.

Levi-Strauss, C. (1958). *Race and History*. Paris: UNESCO.

Levi-Strauss, C. (1983). *Structural Anthropology Volume 2*. (M. Layton, Trans.). Chicago, IL: The University of chicago Press.

MacIntyre, A. (1984). *After Virtue: A Study in Moral Theory*. Notre Dame, IN: University of Notre Dame Press.

Niebuhr, R. (1953). *Moral Man and Immoral Society: A Study in Ethics and Politics*. New York, NY: Charles Scriber's Sons.

Plato (1993). *Republic*. (R. Waterfield, Trans.). Oxford, UK: Oxford University Press.

Popper, K. (1950). *The Open Society and Its Enemies*. Princeton, NJ: Princeton University Press.

Rousseau, J. (1964). *The First and Second Discourses*. (R. Masters, Trans.). New York, NY: St Martin's Press.

Rousseau, J. (1978). *On the Social Contract*. (J. Masters, Trans.). New York, NY: St Martin's Press.

Rawls, J. (1971). *A Theory of Justice*. Cambridge, MA: The Belknap Press of Harvard University Press.

Rawls, J. (1993). *Political Liberalism*. New York, NY: Columbia University Press.

Williams, R. (1993). *Culture and Society*. London, UK: The Hogarth Press.

White, L. (1969). *The Science of Culture: A Study of Man and Civilization*. New York, NY: Grove Press.

第二章
從諾貝爾經濟學獎到新自由主義

諾貝爾（A. Nobel）生前只決定設立物理、化學、生理學或醫學、文學與和平等五個獎項，60多年來並無經濟學的獎項。1968年瑞典中央銀行決定新設「瑞典銀行紀念諾貝爾經濟科學獎」，並直接通稱「諾貝爾經濟學獎」。

當代公共知識分子哈維。

2.1

一、致力摧毀公共領域的新自由主義

在2005年的《新自由主義簡史》的導論裡，哈維對新自由主義（Neo-Liberalism）有接近定義式的描述，作者整理如下：

> 新自由主義是一種政治經濟實踐理論，其制度框架是穩固個人財產權、自由市場與自由貿易，其中個體企業可以完全充分發揮其潛能，達到功利主義裡的最大多數人的最大幸福理想。而國家的角色則是致力於上述制度框架的創造與維護。新自由主義認為透過市場的透明買賣交易，社會的公益才能達到真正極大化，因此試圖將人類社會的所有行為納入市場領域。而由於訊息技術的高度提升，進入二十一世紀之後，新自由主義呈現出一個由資本主導的全球化時空壓縮歷程，而且愈來愈快速地整合成一體。這個時空壓縮是產品製造的地理空間分布愈大愈好、勞工的市場契約愈短愈好，於是工業製品、農產品以至人力服務業的全球化自由貿易增長，被視為人類文明的進步開放指標。

有意味的是：1970年代初，美國共和黨的總統尼克森（R. Nixon）在民主黨主導的國會中，一邊簽署一系列調控改革措施一邊說著「我們現在都是凱因斯主義（Keynesianism）者」；而竟然到1990年代後期，美國民主黨總統柯林頓（B. Clinton）與英國工黨首相布萊爾（T. Blair）卻顛倒先前尼克森的話，共同說著「我們現在都是新自由主義者」。這20多年來，世界運作的主要政治經濟邏輯到底發生了什麼事，產生這麼巨大的變動？

　　凱因斯主義是二戰結束後資本家與勞工的階級妥協，透過財政與貨幣政策抑制經濟衰退週期，以確保合理的充分就業。國家力量會積極干預產業政策，透過建立福利體系（醫療衛生、教育等）為社會工資制定標準，也因此被稱為鑲嵌型自由主義。而新自由主義則是資本家把被控制的資本脫崁出來：釋放個體企業的自由並嘗試將人類一切行為都納入市場領域，政府的角色是如何維護市場效率與推動自由貿易，勞工的權益則是臨時契約取代長期制度，認為如此可以達到最大多數人的最大幸福。

二、芝加哥學派主導的諾貝爾經濟學獎

　　由於1960年代平權運動造成許多國家的一般社會大眾對公共事物的普遍參與，並且積極表達他們對權貴菁英主導原有公共政策的不滿。這種情況對權貴菁英來說，是「無知民眾」過度參與的民主危機，而這危機如不有效遏止將會在全世界蔓延。因此權貴們甌思，如何讓這些無知民眾重新回到原來對政治的漠不關心，於是往後的發展是「全世界資產階級聯合起來」重建資本的力量，而非馬克思在〈共產黨宣言〉所期待的「全世界無產階級聯合起

來」。

　　依時序看，讓新自由主義可以成為眾所仰慕的主導思想，是這文化霸權建立的最早起手勢。1968年由瑞典中央銀行出資創立的諾貝爾經濟學獎（其正式名稱為「瑞典中央銀行紀念阿爾弗雷德‧諾貝爾經濟學獎」）1969年首次頒發，而50多年的獲獎者來自倡導新自由主義最力的美國芝加哥大學經濟學派，遠超過其他學術機構。這之中1974年海耶克（F. Hayek）與1976年弗里德曼（M. Friedman）兩人的獲獎，是這思想霸權確立的重要關鍵。自此之後，由眾多企業資助的智庫與基金會，從芝加哥大學開始，歷經對史丹佛與哈佛大學商學院的加持，在1990年左右英美絕大多數主流大學的經濟院系與商學院都成了倡導新自由主義的大本營。這些學術機構更是培養了眾多來自世界各地的留學生，這些畢業學生回到自己國家後從事公職，便自然地成為推動新自由主義的重要官員。事實上，這一套新自由主義的經濟學思潮，正是設計來攻打公共領域政策的思想武器：如曾擔任英國首相的柴契爾夫人（M. Thatcher）說的「沒有社會這種東西」（There is no such thing as society）；以及美國前總統雷根（R. Reagan）的名言「英文最恐怖的九個字是：政府派我來幫你（I'm from the government and I'm here to help）」。

　　在1972年被尼克森升任最高法院大法官的鮑威爾（L. Powell），前一年8月他遞送給美國商會的機密文件裡直言：「是時候調度美國企業的智慧、精明和資源來反對那些要摧毀它的人」（Harvey, 2005, p. 43）。鮑威爾指出，個體行動是不夠的，力量在於組織，在於仔細的長遠規劃和執行。鮑威爾明確建議國家商會應該對以下機構發動反擊，包括大學、中小學、媒體、出版社與法院，以改變社會大眾對於企業、法律、文化和個人的看法。而關鍵是鮑威

爾認為，美國企業並不缺乏這些反擊努力所缺的資源，是大家要聯合起來的時候了。

正是在這樣的集體認知下，以美國大資本家洛克菲勒（D. Rockefeller）為首，由哈佛大學學者杭廷頓（S. Huntington）主導發起「三邊委員會」，召集美國、歐洲與日本三邊的保守派菁英，學習1916年美國總統威爾遜（W. Wilson）的「克里爾（G. Creel）委員會」細膩宣傳守法，嘗試化解這一波民主危機。三邊委員會後來研擬出新的具體作法是：增加企業遊說力量與成立眾多右翼智庫，以此讓國會議員與國會法案依循其所設定的議題方向走。果然1976年美國最高法院針對「巴克利訴瓦利奧」（Buckley v. Valeo）的判決中[1]，即展現了企業遊說實力。美國最高法院最後裁定這個判決違憲，理由是立法機關設定政治獻金上限，會削弱美國憲法第一修正案所保障的言論自由。

羅爾斯對上述判決深感不滿，認為最高法院把言論自由的一個邊際性權利，賦予其核心地位，而如此，則等於把民主看成是一種不同的經濟階級和利益團體間受控制的競爭，其結果則相當

---

1. 1975年1月2日，由原告美國參議員巴克利（J. Buckley）對代表美國聯邦選舉委員會（FEC）的成員瓦利奧（F. Valeo）提告，這個訴訟的主要內容是，參議員巴克利對於聯邦政府通過的對政治獻金設定上限的法律，主張是違反美國《憲法第一修正案》的言論自由權，無法「確保為實現人民所期望的政治和社會變革而進行的思想交流不受限制」。這個提告在初審法院與上訴法院都遭到駁回，認為聯邦政府對政治獻金設定上限不會影響「思想交流」。然而美國最高法院的最後裁定是該設定政治獻金上限的法律違憲，理由是立法機關設定政治獻金上限，會削弱美國憲法第一修正案所保障的言論自由，理由是「鑑於捐款在資助政治運動中的重要作用，如果捐款限制限制了候選人和政治委員會無法積聚有效宣傳所需的資源，則捐款限制可能會對政治對話產生嚴重影響。」

程度上取決於每一方運用其金融資源和手段，讓人們了解其欲求的那種能力和意願。而若無對於維護背景正義的公共認知，公民們便會傾向於變得忿忿不平、玩世不恭和麻木不仁（Rawls, 1996, p. 361-363）。美國權貴們終於達到他們設定的目標，超過一半以上的美國人民對公共事物無從關心起，「無知民眾」果然重新回到對政治的漠不關心。為此，1996年德沃金（R. Dworkin）在紐約時報書評雜誌上發表評論，稱此判決是「美國政治的詛咒」。

結果自此之後，美國的民主選舉成了政治獻金多寡的擂台賽，愈來愈多美國選民感受到，民主與共和兩黨主要都受到大企業獻金影響，一般升斗小民對政策法案根本無緣置喙，忿忿不平之後的結果是投票率日益下降。以致四年一次的總統大選投票率逐年降低到六成以下，而中間的期中國會選舉甚至低到四成以下。1996年的總統大選投票率甚至低於五成。

事實上，在台灣我們也看到這樣的知識與權力運作。從2011年開始，美國社群主義中捍衛亞里斯多德學說的桑德爾（Michael Sandel）著作與教學影片大量在台灣出版，並普獲好評。2012年12月11日桑德爾在台大綜合體育館的演講〈錢買不到的東西〉，是台灣社會對桑德爾熱潮的最高峰。其中桑德爾的《為什麼我們需要公共哲學：政治中的道德問題》，寫於小布希（G. Bush II）連任總統後的2005年，廣泛論及美國當今許多的重大公共政策議題。然而桑德爾卻從不討論「巴克利訴瓦利奧」的判決結果，他甚至以《錢買不到的東西》批評金錢在當今社會的不當影響，但卻隻字不提「巴克利訴瓦利奧」這個「錢買到很多東西」的關鍵判決。

三、智利、蘇聯、南非與南韓的震撼主義

（一）智利

美洲有兩個911，可怕的2001年紐約911眾所周知，然而1973年的智利911卻如同1982年獲諾貝爾文學獎的馬奎斯（G. Marquez）在瑞典斯德哥爾摩演說〈拉丁美洲的孤獨〉一般「繼續孤寂」[2]。1970年智利大選主張國有化礦產的阿葉德（S. Allende）當選總統，目前解密文件已經證實由美國中情局主導的1973年軍事政變，上台的皮諾契特（A. Pinochet）將芝加哥學派弗里德曼奉爲國師，實行新自由主義的政策。[3]而在政變當下，當阿葉德看到坦克包圍總統府時，他發出的最後一通無線電、充滿頑強不屈，說：「我確信我們在成千上萬智利人的良知播下的種籽，絕不可能被根除。」事實上，新自由主義支撐下的軍事政府非常清楚阿葉德所說的種籽是什麼，那是經歷1960年代之後，才剛成形的拉丁美洲主流文化：是聶魯達（P. Neruda）的詩，哈拉（V. Jara）和索莎（M. Sosa）的民歌，天主教在第三世界的解放神學，波瓦（A. Boal）的解放劇場，弗雷勒（P. Freire）掃除文盲的受壓迫者教育學行動，以及加萊亞諾（E. Galeano）和華殊（R. Walsh）的革命新聞報導。而這種籽的根是，從阿蒂加斯（J. Artigas）、玻利瓦（S. Bolivar）到格瓦拉等傳奇英雄反抗歐美殖民主義所寫下的歷史（Klein, 2007, p. 104）。

---

2. 馬奎斯的《百年孤寂》在台灣有許多譯本，但他的諾貝爾獎得獎演說〈拉丁美洲的孤獨〉內容，卻仍未有繁體中譯。

3. 早在1956年芝加哥大學就與智利天主教大學達成合作，互派訪問學者與深造學生。政變後的皮諾契特邀請弗里德曼親赴智利，在一場僅有45分鐘的會面之後，著名的休克療法逐漸成型。此後，至少25位有著芝加哥學派背景的經濟學家先後為智利政府效力，占據了經濟部長、財政部長等要職，這些人被稱為「芝加哥男孩」，他們開展了世界上第一場新自由主義實驗。

休克療法也就是後來被稱為趁火打劫的震撼主義（shock doctrine），是新自由主義在智利的第一次國家實驗。自此，智利再次向西方強權與跨國企業敞開大門，過去毫無修飾的殖民主義對智利國家財富的掠奪，如今轉變為合乎潮流經濟政策的另類侵略。以美國政府為後盾的拉丁美洲跨國企業，重新定義了1959年古巴革命成功、那種命運可以掌握在自己手裡，僅是特例、不切實際的幻想。英國柴契爾夫人與美國雷根的國內政策，蛻變為普世皆然的新自由主義，並反過來強化英美兩國的朝野政黨一致共識，再加上柏林圍牆倒塌、蘇聯崩解與中國鄧小平改革開放下提供龐大廉價的數億勞動力，全球化的地理政治學在人類歷史上首次整合為一。

（二）蘇聯

在蘇聯當戈巴契夫（M. Gorbachev） 帶領蘇聯艱難地進行民主化時，1991 年的 G7 高峰會進一步要求戈巴契夫對蘇聯採用激進的

戈巴契夫的改革，如今看來猶如一場夢。

經濟震撼治療。然而緊接著八一九政變加速蘇聯解體後，葉爾欽（B. Yeltsin）成爲俄羅斯總統取代戈巴契夫。1991年10月28日葉爾欽立即宣布解除價格管制的經濟震撼治療，把22.5萬家國營公司迅速私有化。一年後，震撼治療卻造成災難性的經濟破壞，包括貨幣貶值、物價上漲以及補貼被削減，人均消費大幅下降，以致三分之一的人落入貧窮線以下。當俄羅斯人開始要求終止這種經濟冒險，國會期望建立民主國家應有程序、取消對葉爾欽的授權時，葉爾欽卻突然宣布進入緊急狀態，並與國會爆發武裝衝突。震撼治療的變化如此之快，以致俄羅斯民眾根本來不及反應；而所謂經濟自由化的結果卻是少數寡頭受惠，他們大多是原來共黨高官。於是原來蘇聯體制轉換成一個少數政商財團掌控的集團，加深俄羅斯的貧富差距，普丁（V. Putin）在接替葉爾欽之後成爲這個寡頭集團的頭頭，極少數人的權力凌駕於絕大多數人的權利。

（三）南非

　　另外，當南非1990年代結束種族隔離後，重建過程被區分爲政治與經濟兩方面。在政治方面非洲民族議會明顯取得勝利，而

曼德拉出獄後，能改變的只是黑人當政，但實質民生大權卻依然由南非白人主控。

2.2

南非白人的國民黨則自知弱勢無力回天，於是將力氣投注在經濟談判上。而在經濟談判過程中，國民黨巧妙地將經濟問題包裝為「技術」、「行政」性質，並將國家經濟方面的核心規劃轉給抱持市場至上的芝加哥學派專家決定，而這些所謂的專家卻沒有任何一位是非洲民族議會的成員。

曼德拉（N. Mandela）在他即將出獄時，曾堅定地說：「提升黑人經濟力量是我們完全支持和鼓勵的目標，以我們的情況看，國家控制經濟的某些部門是不可避免的。」在種族隔離時代，黑人居於經濟弱勢地位，而資產大都被白人政府、企業家握在手中。想要使黑人不受白人綁架，將財產收歸國有再分配是必要的手段，而這是《自由憲章》的共識：「不重新分配就不會有自由」。然殘酷的現實是，從曼德拉出獄的那一刻開始，南非股市就急遽崩盤、蘭德貨幣也劇貶近10%。市場不喜歡新政府，跨國企業更深怕新政策制定將會改變他們的既得利益。

即使經濟困難，民族議會上任初期仍試著堅持履行重分配政策，如各項公共投資如國宅、水電供應等。然當經濟下滑讓這樣的政策無以為繼後，政府接下來只能提高價格，此舉讓許多民眾無力支付而繼續過著無水無電的生活。當時身為曼德拉左右手的姆貝基（T. Mbeki）坦言：「市場的怪獸已被放出，沒有方法可以馴服牠，只能餵牠想要的東西：成長和更多成長。」為了經濟可以平順運作，南非政府不得不迎合大企業。然當和解委員會提出「加大企業稅以作為黑人和解賠償金」的想法時，政府只能拒絕，因為他們擔心此舉又會再次引發撤資潮。因此南非至今僅獲得表面的人民參政權，但實質經濟方面卻成了最不平等的國家之一，苦澀的現實是「白人過著加州般的生活，而黑人則繼續過著像剛果般的生活。」

（四）南韓

　　甚至來到1997年的南韓，象徵公權力的政府公部門幾乎完全被新自由主義主導的國際貨幣基金（以下簡稱 IMF）全然掌控。當時南韓正在進行總統大選，其中有兩位候選人以反 IMF 的政見競選（稍後當選的金大中是其一）。於是 IMF 採取非比尋常干預主權國家政治程序的運作，要求四位主要候選人必須承諾，當選後會堅持剛談妥的協議，否則將拒絕撥款而南韓財政將會破產。

　　南韓實際上變成待贖的人質，IMF 可以予取予求，結果每個總統候選人都以書面保證支持 IMF 的方案。「芝加哥學派保護經濟事務不受民主干擾的核心使命，從未表現得如此明白：IMF 告訴南韓人，你們可以投票，但你們的選票影響不到對經濟的管理和組織」（Klein, 2007, p. 270）。事實上，南韓與 IMF 簽訂協議的那一天，很快就被他們稱之為國恥日。

1997年金大中雖然實現了南韓首度的政黨輪替，但他上台時施政的空間非常有限。

2.3

參考書目

吳國卿等譯（2015）。《震撼主義》。台北：時報。

Harvey, D. (2005). *A Brief History of Neoliberalism*. Oxford, UK: Oxford University Press.

Klein, N. (2007). *The Shock Doctrine: the Rise of Disaster Capitalism*. New York, NY: Metropolitan Books.

網路與影像資源

1. 描述智利自1973年以來的電影《NO》：
   https://www.youtube.com/watch?v=N0czlYLRawY
2. 曼德拉1990年2月走出監獄後發表的演說：
   https://www.youtube.com/watch?v=6lQAc6Y_A48

第三章
美國歐巴馬總統的重建公共領域

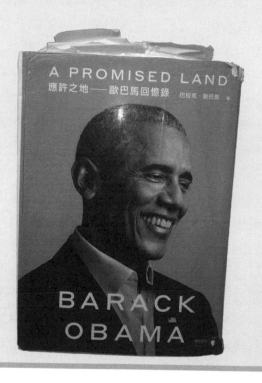

歐巴馬回憶錄《應許之地》，從青年時代寫起，涵蓋贏得愛荷華初選、入主白宮、金融危機、歐巴馬健保、墨西哥灣漏油事件等，以及2011年賓拉登（O. bin Laden）之死結尾。而本書雖尚未寫至中國習近平上台，但書中提及美中互動，歐巴馬對胡錦濤和溫家寶的評論，以及詳述商務部長駱家輝返回飯店房間驚見中方情報人員出入。這些情節敘述，造成《應許之地》簡體中文版上市困難。不過商周出版的繁體字版，除了省略原文書的「索引」（Index）外，也發現其中有部分錯譯[1]。

一、黑暗與光明的美國

　　美國在1965年投票權法案正式保障非白人的民權後，共和黨進行南方策略訴諸白人至上意識形態，原本南方民主黨的鐵票倉轉屬共和黨。不過民主黨雖失去南方票源，但靠早期羅斯福（F. Roosevelt）總統的新政已取得全美一定支持，而在簽署民權法案後則正式確定爲偏向平權政黨。自此之後美國兩大政黨意識形態和投票意向大勢底定，成爲今天我們所熟悉的民主共和兩黨。

　　另外，美國在1974年尼克森總統水門案辭職與1976年美國最高法院「巴克利訴瓦利奧」政治獻金無上限之後，1976年卡特（J. Carter）當選總統後的民主黨發展與1980年雷根當選總統後的共和黨發展，更加涇渭分明。民主黨從卡特、柯林頓、歐巴馬與現在的拜登（J. Biden）對於改善貧富差距、生態環境與約束跨國企業課以責任是遠大於雷根、布希父子與川普（D. Trump）。特別是卡特、前副總統高爾（A. Gore）與歐巴馬在2002年、2007年與2009年，分別以致力解決國際紛爭、關注氣候變遷與促進無核世界獲得當年度的諾貝爾和平獎，而他們三人同時也是2003年英美聯軍攻打伊拉克的公開反對者。

　　薩依德曾在《文化與帝國主義》中表示：「美國不是普通大國，是一個具有巨大影響力的最後超級強國，在全世界幾乎每個地方經常行使干預權的國家。美國公民與知識分子對美國和世界其餘部分之間關係的發展，具有一種特殊責任……」（Said, 1994, p. 54）。事實上在蘇聯瓦解後，美國成爲世界史上第一個需要定期改選的超強國家。在政治與軍事上，聯合國安理會擁有國際政治的否決權與軍事武器超強，不須多說。但很少人知道，美國也是國際經濟上的唯一強權。原因是國際貨幣基金與世界銀行這兩個聯

合國附屬的最重要金融機構，其組織運作並非每一國都票票等值，而是以其經濟實力等比增加。這兩個機構的決議都需要85%的多數，而單單美國在這兩個機構就分別享有17%左右的權值票，如此等於讓美國單獨擁有國際經濟政策的否決權。2005年歐巴馬成為伊利諾州聯邦參議員之後，在出訪烏克蘭銷毀核彈頭之旅中，更深刻體會到美國的許多決定對全世界影響極為深遠。

愛爾蘭搖滾團體U2的1987年專輯《約書亞樹》，其原本名稱是「兩個美國」，專輯中的歌曲述說著美國對拉丁美洲的黑暗與光明。而今面對數位極權的中國崛起，很難想像如果沒有歐巴馬的八年執政，扭轉近50年新自由主義所造成的全世界公共部門的嚴重弱化；我們實在懷疑，今天的美國有何其正當性論述，聯合世界相對自由民主國家對抗中國的專制資本主義。

---

1. 在中譯本頁488，寫著卡特批評歐巴馬的文字：「到了九月，關於本土主義和種族主義如何解釋茶黨崛起這個問題，已經成為有線電台節目辯論的主要話題，尤其是在前總統和終身南方人吉米・卡特對我提出極端辛辣的批評後，而卡特的這番言論也多半是基於種族主義觀點。」作者理解卡特與歐巴馬都是反對種族主義的美國總統，經查原文後發現，果然中譯有誤。此處引述這段原文如下：By September, the question of how much nativism and racism explained the Tea Party's rise had become a major topic of debate on the cable shows- especially after former president and lifelong southerner Jimmy Carter offered up the opinion that the extreme vitriol directed toward me was at least in part spawned by racist views. 然瑕不掩瑜，商周出版的該中譯本，是少數與國際重要作品同步上市出版的譯作。本章以下關於《應許之地》的譯文，雖僅標示原版出處，但作者大量參考商周出版的翻譯成果，在此特地說明。

二、新自由主義肆虐下的美國民主重生

克萊恩在2000年《No Logo》書中，初步描繪了新自由主義的真實運作圖像，那是全然排除企業社會責任的「超級品牌」行銷管理學。而到2007年，克萊恩則將新自由主義在世界各地進行公營事業私有化的休克療法，清楚描述爲趁火打劫的《震撼主義》，書中同時也陳述美國如何弱化自己的公共部門。此書某種程度預示了隔年2008年的美國金融海嘯與第一位美國黑人總統的誕生。

歐巴馬當選讓美國民主得以重生，不過這個契機則早在四年前就已醞釀。2004年7月歐巴馬在民主黨全國黨代表大會上的17分鐘專題演講一夕成名，他意在言外地要重建美國公共領域。當歐巴馬說到美國是所有不同種族共同的美國，以及最後揭示美國人必須永遠懷抱希望以至是「無畏的希望」（the audacity of hope），歐巴馬眞摯情感讓現場一萬五千多名觀眾爲之動容，那是政治集會演說的「歐巴馬時刻」[2]。歐巴馬說出新時代美國的新聲音，他訴諸希望的美國夢：今晚我要對過去的美國說，未來沒有

《震撼主義》作者，1970年出生的當代公共知識分子克萊恩。

3.1

所謂的自由美國與保守美國，只有美利堅合眾國。沒有什麼黑人美國、白人美國、拉丁裔美國、亞裔美國，只有美利堅合眾國。

這樣的時刻，我們甚至可以聯結一百多年前林肯（A. Lincoln）[3]解放黑奴，終於到了歐巴馬這裡開花結果。而當歐巴馬八年任期過程，某種程度團結了多元分歧的美國與全世界，拆解了種族、階級與宗教的圍牆隔離，重建美國公共部門的運作，是我們今天賴以前進的基礎。[4]

（一）美國公部門弱化到2008年金融海嘯

從1960年代平權運動中，我們看到爭取平等權利時，其應盡的義務則被視為次要。然而要人們在獲得權利同時，也學會相對義務對等付出，一直以來都艱難地考驗著人性，不管是王公貴族、資本家或多數平民百姓都一樣。如同我們觀察到當前民主運作的主要邏輯「各政黨候選人在競選時，只會詢問並反映選民所需要的

---

2. 歐巴馬自己描述那是神奇夜晚的魔力時刻，而蜜雪兒（M. Obama）在《成為這樣的我》這樣形容她的先生，認為他彷彿是為了此刻而生（Obama, M., 2018, p. 214）。

3. 歐巴馬將自己明白地與林肯聯結。2007年2月10日他特意挑選在伊利諾州首府春田市宣布競選美國總統，該市即是林肯在1858年發表〈分裂之家〉主張廢奴的演說之地。另外，在2009年宣誓就職典禮上，歐巴馬也特意選擇1861年林肯宣誓就職使用過的聖經宣誓就職。

4. 許多人批評歐巴馬是美國第一位使用無人機對外國進行侵略的總統。然而真實的情況是，歐巴馬有鑑於美軍無人機在世界各地造成的平民傷亡，2016年7月他簽署行政命令，要求國防部每年要公開無人機襲擊和空襲平民的傷亡數字，以加強軍方行動的透明度。不過繼任的川普2017年一上台，即取消歐巴馬設下的機制，甚至授予中情局主導無人機而無須知會國防部的權限。2021年7月，拜登研擬取消國防部與中情局長年擁有逕自發動無人機攻擊的權力。從中我們才發現，在歐巴馬任期裡，其軍情方面的有限權力。

利益，但卻盡可能迴避向選民表達，其所應盡的義務。」大眾民主的忽視義務，正是讓新自由主義取得現實政治論述全面主導的最佳藉口。1970年代英國工黨對於勞工運動在無視他者後果的大罷工後竟束手無策，以致讓右翼政黨得到抨擊的憑據，柴契爾夫人的上台台階此時已經鋪好、準備就緒。當時左翼聯盟主要關注物質分配，而低估個體責任的必要，造成有所謂「開著凱迪拉克的福利女王」或「領失業救濟金的衝浪者」等攻擊論述，這是造成1980年代新自由主義論述廣被接受的主要原因。事實上王公貴族與布爾喬亞也一樣忽視應盡義務，把應繳國庫的稅收轉變成自己可掌控的慈善基金會基金，但他們卻被美化為施捨者大善人。

　　經過不斷地減稅，原本企業應繳到公部門的稅收，如今變成私部門慈善基金會的龐大基金。私部門的慈善基金運作的人員與範圍不斷膨脹擴大，日益取代本應公平繳稅支撐的社會基本結構的公部門運作，比如醫療、教育以及弱勢團體的補助（Harvey, 2014, p. 211）。在美國就如歐巴馬所提及的，共和黨人對任何公部門運作的抵制幾乎到了匪夷所思的地步。那時歐巴馬在伊利諾州參議院提案，學校應該提供早餐給學齡前幼童，但一位共和黨籍的同仁卻為此焦躁不安。「他堅稱如此的計畫，會讓兒童自食其力的精神完全破壞掉。我不得不指出，就我所知，五歲大兒童能自食其力的並不多；該關心的，反而是發展期的兒童如果太過飢餓，無法好好學習，將來會成為本州的負擔」（陳琇玲等譯，2008，頁60）。

　　2005年卡崔娜颶風對紐奧良的破壞，讓歐巴馬驚覺到美國到處都是被遺忘的人，當公部門被摧毀到若有似無時，從最弱勢的黑人社區到維護紐奧良的公共設施，新自由主義的傷害已經擴及到一般平民百姓。另外，公部門不僅對平常就應準備就緒的救災設施投資甚少，其他應有的社會醫療保險與教育也日益弱化，以

致人與人之間冷漠疏離。接著數月後，歐巴馬實地走訪美軍在伊拉克的基地，當初因為錯誤資訊稱伊拉克擁有大規模毀滅性武器發動戰爭，不僅引起歐洲大部分國家對美國的不信任，同時這場災難性戰爭已使伊拉克平民與當地駐紮美軍相互傷害嚴重。而讓歐巴馬心生警惕的是，有關表決伊拉克戰爭的國會授權投票時，當年竟多達一半以上的民主黨議員也同意出兵。他擔心或許幾年後他也會被同化，而不敢對如此爭議議題提出異議。

經歷上述省思，歐巴馬想到要以國會議員一人之力改變當前困境是不可能的；他意識到必須從被動立法的國會議員，直接轉換到主動行政的美國總統，才有可能立即有效地改變。於是，當他寫好《歐巴馬勇往直前》並在2006年期中選舉到處受邀助選與新書簽名會結束後，民主黨期中選舉的勝選結果更讓歐巴馬認真思考，是否要競選2008年的美國總統。

出乎意料的是歐巴馬在民主黨黨內初選竟能擊敗當時聲勢如日中天的希拉蕊・柯林頓（H. Clinton）。不過大選前一個多月，9月14日席捲全美以至全球的金融海嘯終於引爆。華爾街雷曼兄弟在美國聯準會拒絕提供資金援助後宣布破產，而在同一天全世界最大的證券公司美林證券也被美國銀行收購。事實上，股市危機不僅重創華爾街而且很快就擴散到美國房地產，大量付不出房貸的民眾被迫搬出自己的家，法拍屋多到無人聞問。

此一嚴峻情勢，以致10月歐巴馬對著他的團隊開玩笑說：「我們真的想贏嗎？現在反悔還來得及。」而其好友內斯比特（M. Nesbitt）的說法更具族群意識：「我們盼了232年了，而他們非得要等到國家分崩離析時，才把她交給黑人弟兄」（Obama, 2020, p. 197）！

（二）第一位黑人總統的美國民主重生

2008年11月4日當歐巴馬當選總統時，一位小女孩的一段話傳遍當下：「Rosa sat, so Martin could walk, so Barack could run, so we could fly.」Rosa就是指1955年那位43歲黑人女性帕克斯（Rosa Parks），堅決地坐著（sit）拒絕「黑人需把座位讓給任何站著的白人」法令，並遭到逮捕。而Martin就是指馬丁路德金恩（Martin Luther King），成為帕克斯的辯護律師，並在1963年8月28日帶領數十萬人走向（walk）哥倫比亞特區的林肯紀念中心。而Barack就是指歐巴馬，2008年代表民主黨競選（run）總統。

事實上，歐巴馬可以當選第一位黑人總統，除了上述黑人爭取民權的辛酸血淚史外，正如蜜雪兒在《成為這樣的我》前面提到的「獻給我生命中的摯愛……始終承諾帶領我踏上人生精彩旅程的巴拉克」，他們夫妻兩人各自傳承的生命奮鬥史，最終匯集在芝加哥南區合而為一。

1964年出生的蜜雪兒從小在芝加哥南區長大。她從其1912年出生的祖父那邊得知，她祖父屬於大遷徙世代，50年內約六百萬名南方黑人為了逃離種族壓迫並尋求工作機會，千里迢迢搬到北方的大城市定居。但蜜雪兒祖父的美國夢是充滿苦澀的夢想破滅，不要說放棄上大學的奢想，芝加哥的白人雇主寧可聘用來自歐洲的移工，也不願給非裔美國工人一個機會，即使退而求其次成為技術工人也不可得，因為要成為技術工人需有工會卡才行，而黑人十之八九拿不到這張卡，進不了工會。蜜雪兒說「這種獨特的歧視手法，改變了幾世代非裔美國人的命運，包括我家族中的許多男人。這種歧視限制他們的收入、扼殺了他們的機會，最終消磨他們的雄心壯志」（Obama, M., 2018, p. 38）。而蜜雪兒恰巧生於民權法案通過前後，並得以就讀普林斯頓大學、哈佛大學法學院，

以致畢業後得以在芝加哥盛德律師事務所擔任智慧財產權的專業律師。蜜雪兒最終實現了黑人的美國夢，不過她自己很清楚美國黑白種族問題的真正結構性問題依然存在。

另一邊則是歐巴馬的白人祖父母如何在德州受不了種族歧視來到夏威夷州，然後其母親在 1960 年帶著肯亞黑人留學生見其父母親，之後結婚並生下他。歐巴馬主要在充滿種族包容的夏威夷長大，不過膚色半黑半白的他，從 12 歲起就不再表明母親的白人種族，接受自己與黑人有著共同命運。而他也在高中時，曾經迷惘自己究竟是誰而吸食大麻與古柯鹼，在他母親警覺下讓他轉往加州洛杉磯西方學院就讀，又因為該學院有與紐約哥倫比亞大學交換學生，大三起轉至哥倫比亞大學過著僧侶般的書堆學生生活。1985 年歐巴馬彷彿受到命運指引般，選擇到芝加哥南區從事社區組織工作，實務地感受此一實在但卻有限的社會改革工作。1988 年歐巴馬希望能找到根本社會改革之鑰，他重返校園成為哈佛大學法學院學生，並於 1990 年當選《哈佛法學評論》總編輯，是該社有史以來第一位黑人總編輯，引起當時媒體相當關注。而在畢業前的實習，歐巴馬正好到芝加哥盛德律師事務所而與蜜雪兒相遇。

一位是實際經歷芝加哥南區黑人真實困境如何的蜜雪兒，一位則是眾多文化元素混雜、最終找到自己是誰、有著夏威夷悠閒步伐來到芝加哥的歐巴馬，至此開啟了這對黑人夫婦最終抵達美國權力最高峰的旅程。

蜜雪兒非常清楚過去從政黑人的許多悲劇下場以及重重阻撓，因此她一開始強烈反對歐巴馬參選公職，夫婦倆甚至為此還曾尋求婚姻諮商協助。蜜雪兒同時也清楚，歐巴馬希望參選總統若沒有她同意不可能真正啟動。而接下來這段夫妻關於是否參選總統的問答，應該在未來很長一段時間會繼續流傳。蜜雪兒當著

3.2

歐巴馬一家人2009年在白宮的合照。

眾多摯友質問歐巴馬：「你告訴過我，你參選的唯一理由是，你可以提供別人所無法提供的東西。否則這一切沒有意義，對吧？」歐巴馬的回應是：「沒有人保證我們能成功，但有件事是我可以確定的。我知道當我舉起右手宣誓成為美國總統的那一天，世界會以不同的眼光看待美國。我知道全美的小孩子，包括黑人孩子、拉丁裔孩子、無法融入社會的孩子，都會用全新的方式看待自己。他們的視野開了、可能性變大了，光是這些……就都值得了」（Obama, 2020, p. 77）。歐巴馬這段即席回應，感動在場的人，同時也說服了蜜雪兒。

事實上，歐巴馬的參選以至最後勝選，不僅牽涉到美國兩百多年的黑白種族議題，這整個過程甚至還是美國的民主將要走向何方？是繼續淪為候選人的募款能力較勁，然後更多美國人被遺

忘或被認為不相干；還是如歐巴馬在2004年7月民主黨黨代表大會上所希望的，美國是各種階級、種族與行業等美國人的美國，並將無畏的希望訴諸真實的改變。

當歐巴馬2008年3月18日針對萊特（J. Wright）牧師引發種族議題而發表長達40分鐘的演說〈一個更完美的聯邦〉，作者認為此演講是繼金恩〈我有一個夢〉之後，建立在種族議題之上並賦予更普遍意涵的重要演說。而這一個更完美聯邦的最終實現，仿若美國民主在經歷兩百多年後的再次重生。[5]

將種族議題拉升到更積極的政策論述，出現在歐巴馬這場演說的尾聲。歐巴馬在演說結束前，他沒有提出老套空泛的期許，或是重複澄清萊特事件的來龍去脈，而是娓娓道來一個發生在他競選團隊中的小故事：一名年輕白人女性和一位年長黑人男性，分別為了什麼理念而加入他的團隊。艾希莉（B. Ashley）是一名年輕白人女子，替歐巴馬組織競選，她在年幼時，母親罹癌、被解雇然後失去健保以致破產，艾希莉後來節衣縮食好不容易讓家人度過難關。而她加入歐巴馬團隊是希望這個國家中數以百萬計的父母與子女，不要經歷她曾經的苦難，讓美國社會可以有更健全的互助體制。在助選圓桌會議結束前，艾希莉一一詢問在場人士何以支持歐巴馬的理由，每人都有不同的故事與理由。最後艾希莉問到一名全程默默坐著的年長黑人男性，而他的回覆是「我來這

5. 這一場在賓州費城的演說，24小時內有逾百萬人在網際網路上觀看，刷新了當時的紀錄。當時有照片拍到在場聆聽的好友內斯比特淚流滿面，顯然演說觸動人們心弦。而在《應許之地》中歐巴馬描述著，當演說結束傍晚打電話給他的外祖母，外祖母告訴他：「巴兒，那是一場完美的演說，我知道那不是輕而易舉的事。」歐巴馬掛上電話後，忍不住哭泣起來（Obama, 2020, p. 143）。

裡是因為艾希莉」，因為他秉持著和艾希莉一樣的理念。接著歐巴馬繼續說，艾希莉也可能會做出不同的選擇。也許有人會在半途上告訴她，她母親遭受問題的根源是靠福利救濟而太懶不願工作的黑人，或是非法進入這個國家的西語裔移民。如此一來，艾希莉便不會加入一位非裔總統候選人的競選團隊，「但是她並沒有。她在這對抗不公的抗爭中，尋求可以合作的同伴。」最後歐巴馬將艾希莉的努力聯結兩百多年前費城開國先賢祈求「一個更完美聯邦」的心願一樣：

> 而它可以是我們的起點，聯邦也可從這裡開始茁壯。正如同這許多世代的美國人一樣，在那一群愛國者於費城簽署那份文件後的這221年中所體認的，那就是追求完美的開始。

三、內政與外交的美國價值重開機

　　歐巴馬2008年大選的競選總幹事普樂夫（D. Plouffe）曾近距離提及這位候選人是如何與眾不同，而讓他甘願操盤（他曾引述一

歐巴馬的兩個「大衛」（David）幕僚，其中之一普樂夫。

3.3

位同事說，我們真的要為這個沒勝選機會、沒錢、名字好笑的候選人助選）。普樂夫在與歐巴馬開完第一次會之後，他說歐巴馬並非完全無視政治面評估，即2006年底時希拉蕊是超強對手，很難想像她在民主黨黨內初選會輸。然而歐巴馬詳細說明他參選的原因是：國家需要深入且根本的變革；政府缺乏長遠的思考；能源、健保等重大政策數十年未解；特殊利益團體與華府說客的勢力過度龐大，美國人必須重拾對民主的信任和投入；國家太分裂；中產階級，特別是他們的小孩，現今所擁有的機會比前幾個世代還要少。在進入政治面的討論之前，他向我們提出的問題是：針對這些挑戰，他是否提出了足以與其他候選人區隔的觀點。以下，普樂夫說出他願意替這個人掌舵的原因：

> 我覺得他的說明不僅是強有力的參選理由，也是選戰一個很有力的訊息測試，而這訊息並不是我們從民調所獲得，實在令人興奮。我還很驚訝一件事：他對這場競賽的最初評估全都是實質面，無關政治。跟我開過會的候選人或潛在候選人，極少像他這樣（林錦慧等譯，2010，頁13）。

事實上，歐巴馬當選以至八年執政後所留下的遺產是，當一位始終堅持不忘初衷的社會改革者，竟然坐上世界唯一超級強國的總統大位時，他究竟在美國內政外交重開機的運作中完成了什麼，以及那些依舊讓他時不我與。

（一）內政：解除金融風暴、歐記健保與移民議題

1.解除金融風暴

對歐巴馬來說，一上台完全沒有執政蜜月期，他必須立即針

對金融風暴採取必要措施。首先在房地產方面的房利美及房地美，面對這兩家授信一點都不「專業」，處在破產邊緣的半國有公司，為了避免全美房地產崩潰，歐巴馬撥予兩千億美元後直接接管改為「聯邦住房金融局」。接下來則是應對華爾街衍生性金融商品所帶來的過度槓桿危機，美國聯準會估計如果情況依然失控的話，美國政府可能還需要提供三千至六千億美元的救濟資金，因此解決銀行的窘境刻不容緩。歐巴馬團隊整理出三個不同重整方案，分別是：「問題資產重整計畫」、「估值折扣」以及「壓力測試」。

「問題資產重整計畫」最受華爾街歡迎，這個計畫嘗試用政府的力量去購買銀行有問題的「有毒資產」，實際上就是拿納稅人的錢去補之前華爾街投資人挖的錢坑，但購買上如果對有毒資產估值過高會顯得非常不正義，但是估值過低又會造成銀行鉅額虧損而導致破產，因此在執行上難以做得妥當。第二個「估值折扣」是歐巴馬心中的理想方案，它可說是一勞永逸的解決方案，也符合讓行不義者付代價的正義信念。這方案仿效瑞典的作法，把銀行暫時國有化，宣布破產並且對資產以折扣估價，但是它會對投資人造成太大衝擊。因為一旦政府宣布將銀行國有化，資金會外逃造成金融市場嚴重動盪，因此看上去雖符合公平正義但實際操作風險極大。第三則是「壓力測試」，也就是歐巴馬執政團隊最後商議出的折衷方案，提供有限的金援並訂出時限要求銀行做債務重組，這就像是在開刀前先做一個基本的評估，以時間換取空間讓其資產負債表得以適當調整，去除原先不當的槓桿金融業務。

最後，歐巴馬的「壓力測試」耐心得到了回報，有資產問題的19家銀行最後幾乎都成功地重整債務，後來只需提供少量的資金補助，歐巴馬和他的團隊以並不巨大的代價成功克服這次難關，讓危機在短時間快速好轉，贏得國際間廣泛稱譽。因為美國這個

全世界最大經濟體的穩定，對於全球經濟可說動見觀瞻。為此歐巴馬在《應許之地》裡提到：「很少有人注意到我們避免了一場浩劫，使國家恢復常態。多數受危機衝擊的人甚至不知道，我們的政策影響了他們的生活」（Obama, 2020, p. 306）。

然而儘管問題順利化解，歐巴馬在國內仍受到左右夾擊，右派共和黨人質疑他的紓困計畫只是幫助了失敗的魯蛇，左派人士則質疑他為何不將銀行國有化。甚至在危機處理期間，美國國際集團在災難高峰時，竟還發了超過一億美元的紅利給股東而引發全國譁然。歐巴馬在這一連串的政策中最令人感到疑惑的是：為什麼沒有趁這次危機直接打翻整個華爾街文化？為什麼不嚴懲那些金融機構？事實上，歐巴馬經常夢想著完美社會，但金融海嘯是個現實且殘酷的問題，影響著數千萬人的生活。因為華爾街支撐著整個美國金融體系，就算在金融海嘯發生過後依然是不變事實。若在美國經濟最脆弱的那個時期，直接將那些放出次級房貸與衍生性金融商品的金融機構嚴懲，同時讓整個華爾街體系崩潰，那些執行長不一定真的會受到嚴懲（法律訴訟通常曠日廢時且他們通常請得起最好的律師），反而更多人失業、更多房屋被法拍與更多人流落街頭，美國經濟將陷入全面蕭條。歐巴馬雖然向來願意為實現自己理想而執著選擇自己的人生方向，然這是牽涉到無數家庭接下來會如何的公共政策；而他最後的選擇是，不應該賭上數千萬人的福祉來冒這個險。

2. 歐記健保（Obamacare）

歐巴馬 2009 年上任時，全美有超過 4300 萬人沒有醫療保險，家庭醫療保險費用與 2000 年相比增加了 97%。雪上加霜的是，當時金融危機肆虐全球，美國經濟嚴重衰退，使得健保改革愈加困

難。然而面對眼前種種困難，歐巴馬沒有退縮，反而毅然為他從政初衷的關鍵目標全力以赴，也就是期望所有美國人都能得到優質且平價的健康保險。

首先，歐巴馬成立了一個醫療團隊來擬訂立法策略，而他們遇上的第一個難題就是民主黨在參議院中的現實席次，而且還要擔心某些傾向保守的民主黨議員會在投票時倒戈，因此他們想出一個能讓部分共和黨人接受的法案。幸運的是歐巴馬團隊有了共和黨人羅姆尼（M. Romney）在擔任麻州州長時，推行效果良好的醫療法案當先例。這個羅姆尼式的醫保法案要求每個人都要購買保險，而對於無法透過工作獲得保險以及沒經濟能力負擔保費的民眾，政府會給與他們津貼買保險，津貼依照每人所得浮動，且政府會在線上設立保險交易平台，讓民眾能貨比三家，找到最適合自己的保險。此外，該法案還規定保險公司不得依據消費者自身已有的疾病，而拒絕他們投保。歐巴馬團隊當時即認為，民主黨之前的全民健保以取代私人保險的目標已不可行，而羅姆尼模式是當前實施普遍性的健保最佳方法。以羅姆尼模式為藍圖而微調的法案，又被稱為歐記健保。

不過歐記健保依然不斷受到共和黨人（特別是茶黨）的攻擊，甚至說歐記健保會讓美國成為社會主義國家。茶黨有組織的動員抗議，甚至讓支持的參眾議員被抗議民眾圍堵在自家門口前。歐巴馬選擇不正面回應茶黨，擬定好戰略在參眾兩院民主黨人中協商出大家都接受的法案，然後分別順利通過。不過世事難料，在麻州一席參議員的補選中，原本民調領先的民主黨候選人因為輕敵而被逆轉，導致民主黨在參議院只剩59票，低於不會被干擾的60票。在這之下，若要通過原本的法案，必然會經過冗長討論，且會受到共和黨激烈的杯葛，最終一事無成。正當媒體報導歐記

健保玩完時，歐巴馬立即採取讓眾議院原封不動通過參議院版本的法案，如此一來法案可以避開冗長討論而依然能被總統簽署。不過由於參眾兩院的版本差異過大，此時共和黨人邀請歐巴馬參加黨團會議，同時並邀請媒體聯訪。歐巴馬在會議中條理清晰地回答共和黨人對健保改革的質疑後，他同時反問共和黨有何具體做法解決醫療體系問題？而共和黨的回應老套且無濟於事，經媒體傳播後，民意逐漸靠向歐巴馬而讓民主黨人士氣大振，更加堅信自己是在做正確的事情。在此同時，歐巴馬團隊也取得更多重大外援力量，包括美國醫學協會與美國心臟協會等組織紛紛簽署支持醫療改革；對比之下保險公司卻在此時再度調漲保費，令民眾對原本醫療制度更加不滿。而最終，健保法案終於在眾議院驚險通過，歐巴馬實現了他對人民的重大承諾。[6]

在眾議院關鍵投票過程中，歐巴馬特別提到一位在維吉尼亞州共和黨選民佔多數選區的民主黨籍眾議員派瑞羅（T. Perriello），派瑞羅決定無視接下來是否能連任而決定投贊成票時，他對歐巴馬說：「比起連任眾議員，還有更重要的事」（Obama, 2020, p. 424）。

3. 移民議題的夢想法案
美國的非法移民人數在歐巴馬任期時已來到1100萬人左右，

---

6. 然歐記健保即使到2018年，仍有2750萬人全年都沒有醫療保險，佔美國總人口8.5%。這些人往往會盡一切努力避免看醫生，因為就醫與相關費用高的驚人。新冠肺炎疫情一開始許多人就擔心，萬一這疫情傳到美國，會產生多嚴重的後果。正如英國《金融時報》專欄作家加內什（J. Fanesh）表示，在疫情面前，實行全民醫保的理由變得無比簡單：除非每個人都有醫保，否則沒有人有。

他們從事的大多是低下且薪資最微薄的工作，那些絕大多數是美國人不願意擔任的工作，如洗碗、打掃和照顧老人等等。歐巴馬認為美國的經濟十分仰賴這些無證的移民，他們為美國做出貢獻，但卻仍遭到沒有理解真正現實的右派媒體推波助瀾敵視，聲稱就是這些非法移民搶走了美國公民的工作。事實上真正讓一般美國公民失去工作的，是許多大企業為了節省美國員工較高的薪資水準，將工廠外移到第三世界等薪資較低的國家[7]。歐巴馬希望能改善這些移民的處境，合法地給他們留在美國工作的權利，於是他先推動《未成年外國人發展、救助和教育法案》（簡稱《夢想法案》），不過在國會表決時未能通過。

2012年歐巴馬決定以行政命令推行《童年抵達者暫緩驅逐辦法》（簡稱《DACA》），幫助數百萬的非法移民。《DACA》其內容與《夢想法案》差異不大，旨在給予美國未經許可的未成年移民（童年入境美國的非法移民）臨時的有條件居住權以及工作權[8]，這項計畫讓許多未成年的非法移民可以不再擔心、能夠合法地繼續就學。

不過2017年川普上台後廢除《DACA》行政命令，並且制定「零容忍移民政策」，於2018年4月至6月在美墨邊境實施。當非法移民在越過邊境被逮捕時，聯邦政府會將偷渡的非法移民與其子女強制分離。成年非法移民將被起訴並被關押在聯邦監獄抑或者被驅逐出境，而其子女則由美國衛生及公共服務部負責看照。當時已卸任的歐巴馬公開譴責這項政策，認其不僅違反道德也違反了美國精神，他說：「我們是一個接受將孩子從父母懷中奪走這種殘忍行為的國家嗎？抑或是一個珍惜家庭，努力讓他們團結在一起的國家？」於是在各方的輿情壓力下，2018年6月川普重新簽署行政命令，終止他所謂的「零容忍移民政策」。此外，聯邦法官

薩伯勞（D. Sabraw）在全美發布針對川普移民政策的禁令，並下令在30天內要讓所有非法移民的子女與其父母團聚。

許多人或許會好奇，何以歐巴馬在內政上對美國健保與移民政策如此看重，傾盡心力鞠躬盡瘁。因為對歐巴馬來說，健保政策的平價與普及，關乎每個美國人基本的生活品質可以獲得國家體制的基本保障。另一方面移民政策可以淡化美國白人至上的原有窠臼，讓美國可以成為全世界種族文化的縮影，就像他當時說服蜜雪兒同意他參選總統的關鍵話語，若他能當選美國總統，「世界會以不同的眼光看待美國。我知道全美的小孩子，包括黑人孩子、拉丁裔孩子、無法融入社會的孩子，都會用全新的方式看待自己。」對於曾經迷惑自己究竟是誰，而最終發現自己就是多元文化的種族融合體，是美國這一世代對過去歷史的傳承：從兩百多年前，擺脫英國殖民的開國先賢制定憲法時，「我們，全美國人民，為了建立更美好聯邦」；到一百多年前，林肯以分裂之家無法站立主張廢奴；而到他全球化時代這裡，努力讓美國成為世界各種族文化的縮影標竿，再次蛻變成為「一個更完美的聯邦」。

---

7. 奇異公司總裁威爾許（J. Welch）就曾這樣說：「你的每座工廠，最好都設在方舟上。」只要當政府想對工廠設限或該國工人想要更多工資或更好的勞動條件時，工廠就可以隨時遷走。事實上從1986年以來，奇異公司就將公司業務全球化，美國員工被裁一半，生產線移往低工資地區如東歐國家（鄧伯宸譯，2005，頁321-322）。威爾許在2012年美國總統大選前夕，曾公開批評當時尋求連任的歐巴馬，說他失業率下降數字是數據造假，企圖影響選舉結果。而連任後的歐巴馬也未對他提出誹謗告訴。

8. 其申請條件如下：（1）抵達美國時年齡在16歲以下（2）於2007年6月15日前抵達美國，並在此後持續居住在美國境內（3）截至2012年6月15日，年齡在31歲以下（4）已就讀高中或高中畢業，抑或從軍隊榮譽退伍者（5）無重大犯罪記錄。

而外交實乃內政的延伸，當歐巴馬決定以最大的包容，定義他理想中的美國應該如何時，同樣地他也會以最大的包容，去定義他理想中的國際社會應當如何。只有懂得如何照顧好自己人民的執政團隊，才有可能由內而外，學習與國際社會平起平坐、和平相處。

（二）外交：從美國例外論到國際多邊主義

　　由於小布希2003年發動伊拉克戰爭引起全球幾千萬人上街反戰，其單邊主義作爲更讓美國與其歐洲盟國間形成一道無形的圍牆。而2008年剛獲民主黨提名的歐巴馬，隨即在7月24日飛往德國柏林布蘭登堡門前發表意在破除這一無形圍牆的〈我們需要一個團結的世界〉演說，其熱烈迴響遠遠超乎預期。演說中歐巴馬以世界公民自稱，「二十世紀教導我們休戚與共，二十一世紀揭開一個人類史上最緊密交織的世界……在這個新世界，這些危險洪流的侵襲速度之快，讓我們來不及阻擋。這是爲什麼我們承擔不起分裂。沒有一個國家，即使再如何的強大，可以單獨戰勝這些挑戰。」

1. 擺脫長期以來的美國例外論

　　誠如前面歐巴馬的柏林演說，他甚至說出美國過去的不完美與犯錯。「在歐洲，認爲美國是我們世界出現問題的一部分，而不是幫助糾正問題的力量的觀點已經變得非常普遍……我知道我的國家並不完美，我們也犯過錯誤，有時我們在世界各地的行動並沒有達到最佳意圖。」歐巴馬意在言外地向歐洲表達，他不能接受小布希在國際上採取片面的軍事行動，而捨棄理應走在前面的對話外交政策。

　　事實上，歐巴馬的八年外交政策（包括現在拜登延續的盟國合

作基調）主要建立在多邊主義的國際合作上。除了增加國務院的國際事務預算外，他還扭轉先前小布希政府與共和黨主導的國會[9]，恢復繳交聯合國會費。他甚至這樣期勉自己的國安團隊：「如果我們希望其他國家支持我們的優先政策，不能強勢要他們硬生生接受，而是必須表明我們也把他們的觀點納入考量，或者至少知道他們國家在地圖上的位置」（Obama, 2020, p. 448）。

2009年4月在英國倫敦G20峰會後，有記者直白地向歐巴馬問起他對美國例外論的看法，歐巴馬回應：「我懷疑英國人會相信英國例外論，同時也懷疑希臘人會相信希臘例外論。美國例外論對我而言，也是同樣的道理」（Obama, 2020, p. 343-344）。歐巴馬在他的任期中不斷打破大家對美國的既定印象，亦即過去世界各國都應遵守各項國際規範，而獨獨美國可以例外，高高在上。他走訪許多被美國長期忽視的國家，例如越南、泰國等，並受到當地民眾的熱烈歡迎。他強調國際合作的重要性，並表示無論大國小國，美國皆有意互利互重地往來。而對於美國例外論，他並不完全反對；但他仍以身為美國人自豪，認為美國是世界上最偉大的國家。但他所堅信的是美國的理念與承諾「我們認為這些真理都是不言可喻的，所有人都生而平等。那就是我的美國」（Obama, 2020, p. 14）。

2. 罕見在中東政策上批評以色列

2009年6月歐巴馬來到埃及開羅大學演講，揭開了美國史上最為開放多邊主義的對話。他說：「我來到開羅是為了尋求美國和

---

9. 2002年8月美國國會通過「美國公務人員保護協議」，這個被稱為「入侵海牙法案」授權美國總統可以在有美國人受到國際法庭審判時，以武力入侵荷蘭。

世界各地穆斯林之間的新開端，一個基於共同利益和相互尊重，另一個則是基於美國和伊斯蘭並不排斥、不必競爭的事實。」他提及「伊拉克戰爭是一場在我國和世界各地引發強烈分歧的戰爭，關於促進民主的爭論一直存在，所以讓我明確表明這一點：任何政府制度都不能或不應該被一個國家強加於另一個國家之上，而這也提醒美國需要通過外交和建立國際共識來盡可能解決我們的問題。」歐巴馬特別訴諸阿拉伯年輕世代，「我所描述的問題並不容易解決。但我們有責任去尋求這些共同利益的實現。我特別想對每個國家的各種信仰的年輕人說這句話——你們比任何人都更有能力重新想像世界，重新塑造這個世界。」

事實上，歐巴馬在這場與阿拉伯世界的對話中，不僅提及當美國十八世紀宣布獨立之際，第一個跳出來承認美國的就是穆斯林國家摩洛哥；同時他也承認在冷戰期間，由於美國希望掌控石油，1953年發動對伊朗民選摩薩台（M. Mosaddegh）政權的政變，造成今日兩國持續對抗。

當然，歐巴馬非常清楚在開羅這裡，真誠的對話是不可能迴避美國在以色列與巴勒斯坦衝突中的爭議角色。迴異於過去美國與以色列堅定站在一起的刻板印象，歐巴馬在這場演說中不僅提及加薩走廊當時因以色列封鎖而產生的人道危機，甚至還主張以色列對巴勒斯坦佔領區的屯墾政策應該立即停止。這項罕見（有可能是空前絕後）的美國中東政策調整，作者認為這是他會獲得當年諾貝爾和平獎的重要原因之一。不過，歐巴馬也為這次演講付出慘痛代價，原因是美國主流媒體大量由美國猶太人掌控，開羅演說之後歐巴馬從美國媒體寵兒瞬間變成被嚴厲批判的對象、動輒得咎。

事實上，後面七年的以巴情勢未見緩和，歐巴馬團隊也幾乎

自顧不暇。只有在歐巴馬的任期尾聲，其行政團隊在2016年12月選擇以棄權方式，讓聯合國安理會以14票贊成、1票棄權（美國），順利通過要求以色列停止屯墾計畫的決議案。然2017年12月6日川普卻反向宣布美國承認耶路撒冷為以色列首都，下令將美國駐以色列大使館從台拉維夫搬到耶路撒冷。川普此一決定立即引發多數國家的反對。隔天12月7日聯合國安理會緊急召開會議，除美國之外的14名成員國皆譴責川普的舉措，然該動議遭美國唯一否決。不過十幾天後12月21日，聯合國大會通過耶路撒冷決議案──等同要求美國撤回承認耶路撒冷為以色列首都的決定。決議中表明，任何關於該城市地位的決定是無效的且必須取消，而這項決議案得到了128個成員國的支持、35個國家棄權以及9個國家投票反對。

　　或許有鑑於開羅演說後歐巴馬變成媒體批判對象，以及目前拜登的國務卿布林肯（A. Blinken）是猶太人，因此拜登政府對以色列遷都耶路撒冷明白表達不再異議，歐巴馬曾經的中東政策目前顯已無以為繼。

3. 獲頒諾貝爾和平獎的現任美國總統

　　2009年10月9日，歐巴馬被告知獲頒諾貝爾和平獎。當下得知消息的歐巴馬有些驚訝，他甚至自認其無法與之前獲此殊榮的和平鬥士相比，並在隔天的記者會上表示：「我認為這是對美國領導地位的認可，而不是對我個人成就的肯定。我將把此次獲獎視作是對我接下來行動的鞭策。」根據諾貝爾委員會表示，授予此獎項是為了表彰歐巴馬對無核化世界的遠見，以及在增進國際外交所做出的努力，如推動多邊外交、關心全球暖化議題等，並且致力於推動民主與改善人權。12月10日挪威奧斯陸舉辦的諾貝爾和

每年頒發諾貝爾
和平獎的地方。

平獎典禮上，歐巴馬以「一個正義而持久的和平」為題，發表了長達40分鐘的得獎演說。

事實上，不管是歐巴馬較早的柏林演說亦或是揚棄美國例外論倡導國際多邊合作，甚至是要求以色列停止在巴勒斯坦繼續屯墾政策等，歐巴馬確實呈現出一位力行普世正義的世界超強總統，同時也是第一位最接近世人期待的世界總統。

也因此當2011年3月利比亞格達費（M. Gaddafi）準備摧毀自己國家的第二大城班加西，引發可怕的人民傷亡時，歐巴馬說：「大約此時，各界不約而同發出呼聲，首先是人權組織和部分專欄作家，再來是國會議員和眾多媒體，紛紛要求美國必須採取軍事行動，阻止格達費的暴行。就許多方面來看，我認為這象徵著道德的進步」（Obama, 2020, p. 654）。事實上歐巴馬會這麼說的原因是，他清楚過去美國在國際社會中曾經扮演可怕黑暗的角色，而今過去負面力量被期待扮演正面力量，而確實當前世界也只有美國有真正軍事能力阻止格達費的暴行。3月17日在聯合國安理會的授權下，歐巴馬啟動任內首次軍事干預行動，並最終順利達成國際輿論所期待的人道救援。《來自地獄的問題：美國與種族滅絕時代》的作者鮑爾（S. Power）對歐巴馬這麼說：「這是現代史上最迅

速遏止大規模暴行的國際軍事干預行動」（Obama, 2020, p. 668）。

在歐巴馬八年任期中，全世界各地發生的問題，他都自覺有責任與全世界所有人民共同面對。我們不禁感嘆曾幾何時，2003年英美聯軍攻打伊拉克如何引起國際社會的撻伐，那是黑暗且可怕的美國；而2011年面對格達費可能造成的人道危機，美國最後應世界輿論要求介入，這應是光明且令人期待的美國。

另外歐巴馬2008年總統選舉時，稱關塔那摩灣監獄為「美國史上的悲傷一章」[10]，並承諾會於2009年把它關閉。歐巴馬就任美國總統後，於2009年1月21日簽署行政命令，監獄將於一年內關閉。歐巴馬認為將外國囚犯無限期關在那裡是違反〈日內瓦公約〉並與我們自己的憲法傳統嚴重背反。這個監獄的繼續存在將持續削弱我們與盟友打擊恐怖主義的合法正當性，甚至助長蓋達組織招募成員讓美國更不安全。不過歐巴馬的行政命令一直遭到美國國會的反對（主要來自共和黨的強力反對），如今由拜登繼續主張其未竟之志。

（三）領航新價值：從同性婚姻到巴黎氣候協定

歐巴馬理解他所處時空的主客觀條件，但他不斷地引導美國民眾對於同性婚姻以及氣候變遷的認知與對話。於是在八年執政的時間裡，他讓這兩個新時代的重大課題，從他執政初期主流民

---

10. 關塔那摩灣監獄是小布希於2002年時執行反恐任務時啟用，在古巴東南端的關塔那摩灣沿岸，專門囚禁美國反恐戰爭行動中「被俘獲的敵方戰鬥人員」。美國政府聲稱該處不是美國領土，嫌犯不受聯邦法律管轄，也不享有戰俘權利，形成法律上的模糊地帶。2017年川普就任美國總統後，推翻歐巴馬的行政命令；不過2021年2月拜登就任時則強調將延續歐巴馬主張。目前該監獄仍在運作中。

意的不認同大於認同，以至到他執政後期認同大於不認同的逆轉。
於是，相關婚姻法規的修改以及對推廣再生能源的重視，自然就
漸漸水到渠成。

1. 同性婚姻

歐巴馬2012年5月9日接受美國廣播公司訪問時支持同性婚
姻，成為美國史上第一位公開表態支持同性婚姻的總統，同志團
體大表支持，也確立同性婚姻議題將成為2012年選戰的重要議題
之一。歐巴馬說：「對我來說，我能夠站出來，肯定地表示我認為
同性情侶應該能夠結婚，這是件很重要的事。」歐巴馬表示，他看
到同性戀幕僚嚴守一夫一妻制的關係，共同撫養孩子；同志軍人
在不問不說的同志禁令解除後仍感到約束，這些人都無法透過婚
姻結合，因此促使他改變想法。歐巴馬宣布支持同性戀婚姻合法
化兩週後，根據美國多家媒體綜合民調顯示，53%的受訪美國民
眾認為應該合法，僅剩39%反對。其中變動最大的是非裔族群，
由41%上升至59%。對比六年前同樣的調查顯示，只有36%受訪
民眾認同同志婚姻，從36%上升到53%，明顯量變已經達到質變。
因此時空的變化以及歐巴馬公開支持的談話，是改變美國社會對
此一議題的重要關鍵，特別是過去多持反對態度的非裔社群。

事實上2004年民主黨內初選階段，歐巴馬因自身的宗教背
景，而在一次的電視辯論會上說出了婚姻應該是「一男一女的結
合」、「當男女結婚時，是在展現某種上帝的旨意」、「婚姻不是
公民權」等言論。針對同志族群，他只在公民權的框架下，支持
同性戀者應該享有基本權利，例如醫療探視權、伴侶財產轉移、
或者是消弭職場歧視。從2008年參選時表示的反對，直到2012年
歐巴馬正式公開表示支持，歐巴馬對於同性婚姻議題，讓美國社

歐巴馬的兩個大衛幕僚，
其中之二阿克塞爾羅。

3.4

會經歷一段說服的過程。事實上，歐巴馬最重要的競選幕僚阿克
塞爾羅（D. Axelrod）就在《信念者：我在政治圈的四十年》透露，
2008年歐巴馬首次參選時就希望表態支持同性婚姻，但為了獲得
更有利的競選優勢，歐巴馬隱藏了自己真實想法，多次宣稱自己
僅支持同性伴侶反對同性婚姻。阿克塞爾羅表示：在當時的黑人
教會中，反對同性婚姻的聲音還是非常強烈的，由於他想要入主
白宮，他只能不情願地接受我們的建議，將自己的立場由支持同
性婚姻改為支持同性伴侶（Axelrod, 2015）。事實上，美國社會對
同志議題態度是漸進轉變的，這與更多同性戀者願意公開站出來、
電視節目出現更多正面同志角色有密切關聯。阿克塞爾羅表示，
歐巴馬在2008年意識到美國還沒走到同性婚姻合法化的那一步，
於是我們需要慢慢地讓這個國家對此議題有更真實的認識。然在
聚光燈下，已經成為總統候選人的歐巴馬卻公開宣稱所謂婚姻只
適用於異性。在成功問鼎白宮的兩年後，歐巴馬則開始漸漸表現
出對這一議題的觀點轉變，並多次表示他對同性婚姻問題正在改
觀。而事實上就在2010年之後，全美對同性婚姻的支持首次超過
反對，於是在2012年總統競選期間，歐巴馬終於時機成熟地正式
公開自己的支持態度。

2015年6月26日[11]，美國最高法院在奧貝格費爾訴霍奇斯（Obergefell v. Hodges）案中，判決同性婚姻的權利受到憲法保障，全美各州不得立法禁止同性婚姻，美國至此成為第五個承認同性婚姻的美洲國家。

2. 巴黎氣候協定

歐巴馬在《應許之地》中說明2009年哥本哈根議定書最終會一事無成的關鍵是，國內外情勢皆沒有讓此議定書有成局的條件。首先是歐洲對之前京都議定書美國不願配合深感挫折；再來則是2009年12月的聯邦參議院，仍未就溫室氣體管制排定投票時程。事實上，美國剛從金融風暴脫險而出，多數民眾在意的是經濟成長；再加上當時以中國為首的新興國家也認為，此時此刻管制碳排放，無異是對眼前經濟即將大展鴻圖的新興國家綁手綁腳。因此歐巴馬最後選擇讓國際社會矚目，甚至硬闖中國總理溫家寶與巴西、印度與南非等國領導人「期待一事無成」的密會[12]，為未來可能的碳排放協議鋪路。

事實上，在1990年以前民主共和兩黨對環保議題差異不大。但在這之後，共和黨意識到聯邦政府推動的環保政策會與石油鑽探業、採礦業、開發商和牧場業主利益相牴觸，而這些業者大都支持共和黨。於是保守派媒體把憂心氣候變遷者簡化為一群擁抱大樹的極端分子、是減少工作機會的鬧事者；另外大石油公司將龐大資金投入智庫和公關公司，致力於掩蓋氣候變遷的事實。2000年小布希與高爾的大選結果，就是這條文化戰線的分水嶺。國會中的共和黨員如果投票支持環保法案，就會像民主黨員支持反墮胎一樣，等於在下一次選舉中放棄連任。而經過小布希八年執政、全球氣候明顯異常後，歐巴馬選擇在氣候變遷與經濟成長中秉持中道，如強調

發展潔淨能源，以求在理想與現實中取得平衡。他的競選總幹事普樂夫甚至在面對環保人士的質疑時回說：「如果我們失去俄亥俄州和賓州的選舉人團票，一定會落選，到那時我們也不會有任何制定環保政策的機會了」（Obama, 2020, p. 490）！[13]

然而美國關心生態的輿情也同樣在變化中，一般民眾對環保

---

11. 這一天大法官釋憲同性婚姻合法化，但歐巴馬選擇先飛到南卡羅來納州查爾斯頓參加平克尼（C. Pinckney）的喪禮，平克尼與眾多教友就在禮拜時，死於一位失業白人的槍下。歐巴馬在致悼詞時，說著說著竟轉換唱起〈奇異恩典〉（Amazing Grace），徐緩又深情。歐巴馬提到受難家屬選擇原諒開槍者，就像是恩典一樣。

12. 歐巴馬闖進會場後，對著主導這一切的溫家寶喊話：「溫總理，已經沒有時間了，就讓我打開天窗說亮話，我認為在我走進這房間之前，你們的盤算是，當你們離開這裡時，可以一致對外聲稱，美國應對此次氣候峰會未能達成新協議負起責任。你們認為只要堅持夠久，歐洲國家必定會在情急之下同意簽署另一〈京都議定書〉條約。問題是，我對他們說得很清楚，我無法說服美國聯邦參議院批准你們盤算中的條約，我想歐洲各國或加拿大、日本等國選民也不會樂見自己國家的產業因減碳規範而處於競爭劣勢，也不想放任碳排放大國不管，而繼續花大錢幫助貧窮國家因應氣候變遷。當然，我也可能錯了。也許你可以說服所有人，美國應受責難。但這樣做並不能阻止地球暖化。請記住，我也有自己的傳播管道，而且聲量很大。如果我離開這個房間時沒有獲得想要的協議，那麼我首先會到樓下大樓，向守候在那裡的國際媒體表示，我準備承諾大幅減少溫室氣體排放，並提供數十億美元的新援助款，但你們卻都決定最好什麼都不做。我也會對所有可能從新援助受益的貧窮國家，以及你們國家受氣候變遷之苦的人民說同樣的話。我們看看，到時候他們會相信誰的話」（Obama, 2020, p. 514）。

13. 普樂夫的選舉考量在2016年希拉蕊與川普對決時得到驗證，那一次大選即使普選票贏對手近300萬票，但希拉蕊同時失去俄亥俄州與賓州後落選。另外，回顧2000年小布希與高爾對決的那次大選，高爾的普選票比小布希多50幾萬票（雖然佛羅里達州的選票計算是關鍵瑕疵，而現實是小布希拿下了關鍵俄亥俄州），但最終小布希以271對266選舉人團票贏得選舉。

在比利時布魯塞爾的彩虹斑馬線。

的支持是在2014年之後才呈現上升趨勢，到2019年認為環保應優先於經濟的民意已達65%。如果說，1992年的里約熱內盧地球高峰會是全世界第一次正視生態危機的國際盛會，那麼2016年的巴黎氣候協定則是聯合國195個成員國，在巴黎氣候峰會中決定繼京都議定書之後，明確提出要將全球平均溫度控制在工業革命後的攝氏兩度之下，並盡可能努力控制在攝氏一點五度之內。

　　而巴黎氣候協定正是後來美國綠色新政（Green New Deal）的新起點。即使繼任川普退出巴黎氣候協定，但氣候變遷議題卻愈加吸引美國年輕選民的關注：在18到29歲的美國選民裡，16%認為氣候變遷是最重要的議題，僅略少於經濟議題的19%。另一方面，電動車科技的大幅前進也是民意轉變的重大推手。以前環保與經濟常有顧此失彼的矛盾，但電動車卻是讓矛盾化解攜手並進。2018年期中選舉後，紐約州聯邦眾議員奧卡西奧・科爾特斯（A. Ocasio-Cortez）與麻州聯邦參議員馬基（E. Markey）於2019年2月提出綠色新政決議文（Klein, 2019, p. 30），揭櫫綠色新政要以十年大規模社會動員期，學習當年羅斯福新政經驗，讓環保與經濟同步前行。而這一切在拜登上任後，行政跟上立法部門共同合作推廣。拜登預計將提出一項兩兆美元的計劃，包括以永續發展模式

重建美國基礎設施、打造節能房屋與投資潔淨能源技術等創造眾多就業機會的綠色新政。

四、在逆境中的歐巴馬黑人普世善政

　　雖然川普是歐巴馬的繼任者，其後來四年的作為重回共和黨路線，然就如歐巴馬回應柯茨（T. Coates）時所說的：「要對美國的長期趨勢保持樂觀，並不意味每一件事都必須平順進行。美國有時會前進，有時會倒退，有時會偏移，有時會曲折迂迴」（闊紀宇譯，2019，頁426）。事實上川普單邊主義以及管控新冠肺炎疫情嚴重不及格下，歷經2020年選民的踴躍投票[14]，曾任歐巴馬副手八年的拜登取而代之。

　　目前有許多人對歐巴馬的中國政策多所誤解，認為歐巴馬在中國崛起過程迴避、放寬眾多國際規定，讓中國成為世界不遵守應有規範的經濟大國。但就如前面歐巴馬對溫家寶的氣候變遷政策喊話一樣，歐巴馬也在回憶錄裡提到，他上任時美國經歷2008年金融海嘯後，中國握有超過7000億美金的美債，也累積了大量的外匯存底，因此是管控金融危機的必要夥伴，所以未對中國進行經濟制裁（Obama, 2020, p. 475-476）。

---

14. 2020年美國從黑暗再次走向光明，美國選民的踴躍投票實為重要，拜登當選的最關鍵原因是合格選民的投票率高過六成甚至接近七成。過去幾十年的大選歷史顯示，只要合格選民的投票率超過六成，民主黨候選人很難不會當選。事實上美國投票日是星期二，由於不放假，因此受薪階級上班族（這族群投票傾向民主黨）要投票，必須要很有熱情或特殊原因才會登記選民並投票。但由於受到疫情影響，這次提前親自投票與郵寄投票的美國選民超過一億人，彌補了投票日未放假所造成的上班族投票權益。

（一）即使是白人至上的川普繼任

透過今天寰宇地理學的認知，我們發現明王朝鄭和下西洋與哥倫布穿越北大西洋的航海技術相比實在好太多了，但北太平洋與北大西洋的空間距離相比也真的大太多了，將近半個地球寬的北太平洋是人類早期航海技術的難以踰越的障礙。而在世界歷史學的穿透認知下，我們才漸明瞭當代西方文明是建立在非洲黑人以及後來美洲印第安人的奴役劫掠上。任何族群倡導的種族優越意識實屬虛妄。

二戰結束後，如法農（F. Fanon）所說希臘羅馬的雕像正在殖民地破碎，歐美文明已經無法再像過去一樣停留原地。正如歐巴馬在《應許之地》提及，美國歷史經驗依舊有著沉重的積澱：黑白種族問題曾被置入美國憲法等立國文獻中，既主張人人生而平等，卻又同時認為奴隸僅是五分之三的人；另一方面，當年最高法院大法官直截了當地向印第安原住民指出，原住民不能行使轉讓財產的權利，因為征服者的法庭沒有立場承認被征服者的正當權利（Obama, 2020, p. xv）。

另外經歷1960年代後，美國白種人在人口比例上逐漸下降。黑人與亞洲人人口微升，而來自拉丁美洲西語裔的人口比例增加最快，而這也是川普堅持要蓋美墨圍牆的最主要原因。事實上不只美國，歐洲地區也朝著同樣的趨勢前進。今天來自世界各地的移民，已經永久改變西方國家大都市的整體樣貌，2016年5月倫敦甚至選出來自巴基斯坦信奉伊斯蘭教的移民後裔可汗（S. Khan）成為市長。自從西方世界向全世界要求商品自由流通、反對鎖國甚至英國還對當時大清王朝發動鴉片戰爭後，不管在說理或道義上，當然也不能阻止人員的自由流通。然而排外的反移民問題，如今變成西方社會的重大分歧議題，重新洗牌過去左、右派之間的分

少有人注意到可汗2016年5月當選倫敦市長，隔一個月英國脫歐公投出乎意料通過，其中是有聯結的。城市的英國已經全球化，但鄉村的英國則希望維持原貌。

3.5

野。目前城市的接受移民與鄉村的反對移民，成爲西方多數國家的普遍難題。2016年11月標舉反移民大旗的鄉村美國選民，將充滿爭議的川普送進白宮。

　　依據憲法，美國總統當選是由過半的270張選舉人團票決定，2016年的選舉結果雖然川普普選票輸了希拉蕊近300萬票，但卻獲得306張選舉人團票而勝出。當時歐巴馬向柯茨表達開票情況有點奇怪，但第一時間他還是覺得有責任要站出來穩定民心，呼籲大家團結並尊重民主結果。事實上，最令人意外的是以下三個州的選舉結果，若這三州如選前眾多民調顯示的共46張選舉人團票是屬於民主黨的，那麼獲勝的將是希拉蕊。賓州與密西根州於28年後、威斯康辛州於32年後共和黨重奪多數票，而在這三州中，總共約投出1310萬選票裡，川普竟領先不到11萬票。而整個選舉勝負竟由這不到11萬票，決定最終的結果。

　　而這整個奇怪選舉結果的真相，在2018年7月中由「劍橋分析公司」的吹哨者凱瑟（B. Kaiser）爲大家揭曉答案。原來網際網路可以造就歐巴馬小額募款贏得選戰[15]，但也可以造就川普在特定

選區操作議題贏得選戰。劍橋分析在2016年的選舉中，從臉書與推特的使用者個資中，獲得了關鍵搖擺州的選民對兩位候選人的偏好訊息大數據。於是在選戰最後數月，川普競選團隊透過劍橋分析以擁槍權、移民與經濟等三大議題，在上述三州從網路個資分析中得知，哪些人是川普或希拉蕊的邊緣支持者。然後，劍橋分析以前述三大議題，積極動員川普的邊緣支持者出來投票，然後相反地，也積極勸阻希拉蕊的邊緣支持者不要出來投票。而這樣一來一回之下，僅僅總共不超過11萬票的結果，就讓原本數十年不會是共和黨選民佔多數的三個藍州，竟然一搖擺起來就成了紅州，精準地改變整個2016年的大選結果（楊理然等譯，2020，頁110）。

　　另外，美國大選有史以來，只有2008年歐巴馬競選那次，黑人登記選民與白人登記選民人數平分秋色。除此之外，從1860年代黑人男子有投票權開始，「選民壓制」一直是白人主政者用來限縮黑人行使公民權的手段。想要在沒有放假的11月的第一個星期二去投票，必須提前辦理合格選民程序，而事實上，包括早期以識字與否、資產多寡等標準設下投票門檻，到近年來限制提前投票或當天註冊等手段，都確實導致社經地位較低的黑人難以完成投票。而蜜雪兒的父親長期擔任民主黨芝加哥選區主委這個職務，其主要工作即是抗衡上述的選民壓制，並期望黑人勇於出來投票。

　　喬治亞州在2020年的大選結果，是其近30年來首度從紅州變藍州，16張選舉人團票全歸拜登，又加上2021年喬治亞州兩席聯邦參議員最後決選都被民主黨拿下，從而使民主黨同時掌控參眾兩院多數而達完全執政[16]。2021年3月25日，喬治亞共和黨籍州長坎普（B. Kemp）簽署限制投票權法案，增加新的選民身分驗證：包括選民須出示證件才能申請郵寄投票，投票箱數目及放置

地點也減少許多，甚至民眾提供飲食給等待投票者也在禁止之列。此新法被認為會影響少數族裔的投票權益，對此美國職棒大聯盟第一時間隨即宣布，原訂在喬治亞州亞特蘭大舉辦的2021年明星賽將改到科羅拉多州洛磯隊主場以示抗議。這次喬治亞州的選民壓制，從身分驗證、限制投票箱數目，甚至是投票時間讓住在偏遠地區、經濟狀況較差的選民沒有機會投票。據估計，全國有高達四分之一的非裔民眾沒有政府核發的有照證件。

因此我們發現，美國白人至上者對有色人種的公民權打壓從來沒有停止過，只是這些人不再透過有形暴力嚇阻（如過去三K黨人對行使投票的黑人暴力相向），而是藉由法律程序進行包裝持續進行，而這正是美國目前依然懸而未決的大問題。川普四年充滿爭議的白人至上執政基調，雖然最後連任失敗，卻還是囊括了美國總統選舉史上的第二高普選票（近7422萬票，超越2008年歐巴馬的近6950萬票），這是當代世界公民所應正視的美國種族議題現實。

事實上在歐巴馬任內要伸張黑人權益時常動輒得咎，「黑命關天」（Black Lives Matter）議題[17]令他進退維谷。正如《應許

---

15. 許多人觀察到：1960年的美國大選，甘迺迪（J. Kennedy）開創了電視競選時代；而2008年的美國大選，歐巴馬則開創了網路競選的新時代。

16. 2020美國總統大選開票後，由於眾多選民提前投票與因為疫情而採通訊投票，最後喬治亞州因雙方票數差距過小而啟動驗票，11月20日結果拜登仍比川普多得1萬2284張普選票，得票率僅相差0.64%，確定拿下該州16張選舉人票。至此拜登在此次大選共拿下306張選舉人票，川普拿到232票，拜登勝選結果底定。此外，2021年1月5日的參議員決選，民主黨候選人華諾克（R. Warnock）和奧索夫（J. Ossoff）雙雙勝出，參議院形成民主黨與共和黨50-50均分的局面，而即將上任的民主黨副總統賀錦麗（K. Harris）於參議院法案投票時，擁有打破平局的關鍵一票，使民主黨達到51-50的優勢。

之地》的一開始前言，歐巴馬就感嘆表明：「度假那時，機上氣氛苦樂參半。我們身心俱疲，不只是因為先前八年任勞任怨，同時也因為反對我們一切主張的人，即將就任總統」（Obama, 2020, p. xiii）。不過，他還是能以其黑人善政作為最高原則，讓後人留下黑人主政的良好評價（歐巴馬卸任時，民調有60%滿意他的執政）。正如柯茨在2017年亦褒亦貶地簡述歐巴馬八年執政，是白人至上者所最不願看到的黑人善政：

> 歐巴馬在人心惶惶的時期當選總統，八年下來，他成為一股穩定人心的力量。歐巴馬借鏡保守派的模式，建立了全民健保體系；他遏阻了一場經濟崩潰的危機，但是沒有將禍首繩之以法；他終結了政府背書的刑求逼供，但是繼續在中東地區進行長期戰爭。他的家人，包括迷人美麗的妻子、一對可愛的女兒、以及白宮第一犬，就像是從「布克兄弟」（Brooks Brothers）型錄走出人間。他完全不曾沾染重大醜聞、貪腐與賄賂。他的性情保守，以美國神聖傳統的守護者自居，也因為美國的罪孽而困擾，但終究相信自己的國家是一股與世為善的力量。簡而言之，歐巴馬、他的家人與他的政府有如一部活廣告，展現了黑人如何輕鬆自如、方方面面地融入美國不具威脅性的主流文化、政治與神話（閻紀宇譯，2019，頁27-28）。

然作者與上述柯茨評述的差異在於，歐巴馬的八年執政不僅僅只是黑人善政，而是從黑人拉升到象徵全世界受壓迫者所能達到的黑人普世善政。

在《歐巴馬的夢想之路》早期著作中，歐巴馬就透露出他飽讀

法農等全世界受壓迫不幸者的相關政治哲學與世界文學作品。從他在紐約哥倫比亞大學沉浸於閱讀寫作苦行僧般的大學生活，到畢業後在芝加哥南區從事社區組織工作體會理論與實務落差，幾年後他決定重回哈佛大學法學院再次自我進修。於是當他學業完成，在芝加哥南區與蜜雪兒相知相惜、互許終生後，歐巴馬進一步以無畏希望作為參政初衷，一步一步地登上全世界最強大國家的總統之位。事實上，黑人善政應該只是他的起點，並且是以此體會全世界像黑人一樣處境的受壓迫者如何好好執政。歐巴馬最令人佩服的地方應該是，他知道起點、過程以及他想達到不同階段的境界，如何做一理論與實踐的聯結：從美國開國先賢如何擺脫英國殖民、來到林肯解放黑奴以至到他這裡，從黑人族群出發普遍化到全世界。可以這麼說，歐巴馬執政體現了原本僅屬於美國的黑人善政，擴展到全世界的黑人普世善政、或者說所有受壓迫者都能達成的普世善政。

（二）中國專制資本主義的挑戰

歐巴馬回憶錄《應許之地》由於其中對中國多所批評，目前中譯本只有商周出版社的繁體字版，中國簡體字版則仍闕如。

如前面提及，歐巴馬在卸任後被批評在總統任內姑息中國違

---

17. 2016年8月舊金山49人隊的四分衛卡普尼克（C. Kaepernick），在美式足球演奏國歌時拒絕起立，改以單膝跪地，表達他對種族事件的抗議。他解釋自己單膝跪地的原因是，要和那些受到壓迫的人民站在同一邊。對此歐巴馬表示：「卡普尼克是在行使憲法賦予的權利，長久以來一直都有不少運動名人這麼做。我相信他非常在乎這迫切需要討論的問題，而他的行動讓這些議題有更多討論機會。」然而一個殘酷的現實是，卡普尼克從2017年初至今都未能再在美式足球出賽，也沒有球隊與他簽約。

卡普尼克自從2016年單膝下跪後，雖然引起巨大迴響，但之後至今沒有任何球團願意與他簽約。

3.6

反國際規範。2020年他接受《大西洋》雜誌採訪時再次爲自己辯護說，若不是2008年的金融危機，在貿易議題上他對中國可能會「出手更重」。事實上，2008年是中國人對世界認知的關鍵分水嶺，那一年中國在北京舉辦奧運舉世矚目，公部門無所不用其極地遍撒資源；而美國卻在稍後發生金融海嘯，公部門在數十年新自由主義的扭曲下殘破不堪。2009年11月歐巴馬在上海復旦大學與中國年輕人對談後，他有以下的警覺感想：「實際上，中國的經濟崛起讓其招牌專制資本主義在年輕人眼中，可以合理取代西方自由主義，不僅上海的年輕人如此認爲，許多開發中國家的年輕人也同樣抱持如此看法」（Obama, 2020, p. 480-481）。

　　當美國新自由主義推毀公部門所帶來的全球金融危機時，中國應對的模式卻是以強大的國家資本主義力量，進行大規模的城鎮化與固定資產投資，並以此將世界經濟從泥潦中拉出。根據哈維的統計：「自1900年至1999年一整個二十世紀，美國總共消費45億噸水泥。然自2011至2013年，中國竟然消費了65億噸水泥。短短兩年多，中國就消費了比美國上個世紀全部水泥消費量多了近45%。中國在2007年的高速鐵路總長度還是零，但到2015年

時，總共有將近一萬兩千英里長度的高速鐵路，將各大主要城市串連在一起」（Harvey, 2018, p. 184）。

哈維在意識中國崛起的背後當下，立即提出質疑與不認同。以目前生態環境惡化的情況下，我們人類還能繼續這樣模式，而不會產生可能的嚴重後果？另外劉曉波在北京奧運後推動的零八憲章運動，2010年獲得諾貝爾和平獎，希望以此符合西方社會對中國先經濟後政治的道路。然而上述的質疑以及政治民主化期待，幾乎是得不到中國民眾的共鳴。哈維的擔憂，對中國人來說是雙標，也就是為何過去西方經濟發展可以無視生態環境，而到中國這裡就不可以；另外劉曉波的政治民主道路，在西方新自由主義肆虐下所產生的諸多問題，同樣也被認為此路不通。只要觀察中國多數人對於香港爭取普選運動的敵視，我們就會發現專制資本主義在中國人心中才是唯一王道。

對中國來說，當2008年全世界經濟因為中國的公部門基礎建設，引導世界經濟走出衰退開始，中國就明顯取得話語主導權的自信心。而後續全球一帶一路的繼續前進，讓中國迅速成為一個強盛的物質「力量王國」，也因為成功來得如此快速，尊敬強者與鄙視弱者，就成了十幾億中國人看待這個世界的主要標準。中國強大公部門的主導力與效率，對比歐美西方世界的私部門跨國企業無祖國的唯利是圖，若非歐巴馬2008年當選後重建公部門的應有功能，那麼所謂「東昇西降」的世界權力移轉，說不定現在已成事實。

事實上，中國是懵懂地到後來才發現歐巴馬的特殊重要性，當美國公部門漸漸恢復並有足夠心力對外時，連任後的歐巴馬就開始在南海議題上表態，而當時很少人知道，這是中美兩國在全世界地緣政治對抗的開端。因此2016年5月歐巴馬到訪越南時，

就清楚站在越南與菲律賓這邊，抗衡中國在南海的擴張行爲。2016年7月在中國缺席的情況下，荷蘭海牙國際法庭仲裁支持菲律賓在南海相關問題上的幾乎全部訴求。仲裁庭一致裁定，在〈聯合國海洋法公約〉下，中國對南海自然資源不享有基於「九段線」的所謂歷史性權利。仲裁庭還認定中國在南海的填海造陸，帶給環境不可挽回的損失，要求中國立即停止該活動。另一方面，歐巴馬第二任的期中選舉後，「黑命關天」運動讓中國人發現他連自己美國黑人都保護不了、黑人總統的「力量王國」來到強弩之末時；2016年9月初在杭州G20高峰會幾乎全然藐視歐巴馬的空軍一號抵達，不僅下機的紅地毯不給，連一個移動梯讓歐巴馬下機也門都沒有。[18]

第一位從受壓迫者出身成爲美國黑人總統，在國際上極力倡導國際多邊主義合作；或許歐巴馬永遠也想不到在他任期最後，在這個過去也飽受壓迫的黃種人國度，如今竟以力量擁有大小爲唯一判準，開始使用另一種模式的單邊主義應對南海以及全世界。

巴西教育家弗雷勒在《受壓迫者教育學》中就指出，「很少有佃農當他晉升爲工頭時，其對昔日夥伴的嚴厲程度會少於原來地主本人」（Freire, 2000, p. 46）。事實上在人類歷史上，絕大多數受壓迫者在對抗壓迫者的過程中，舊有的社會結構依舊是相當威權的上對下獨白傳統，因此沒有經過人性化覺醒、反省對話的受壓迫者，其內心的雙重人格性（受壓迫者內心住著過去壓迫者的習性）將會造成，在奮鬥反抗壓迫者成功後，會慣性地讓自己成爲新的壓迫者。而中國在2008年起以專制資本主義模式獲得成功後，過去的受壓迫者如今轉變成對自己人民與國際作爲上的新壓迫者[19]。

不過眼前現實令人憂心的是：在全世界人口繼續暴增但地球資源有限的情況下，缺乏普遍人道考量的威權主義決策，或是某

一部分的人可以被當成工具犧牲，是被認為可以接受的必要之害。這是中國專制資本主義會被許多年輕人接受的當代時空背景。對比之下，西方式的自由民主，從來就沒有普及到第三世界，特別在新自由主義風行下形成貧富差距日益擴大，西方社會描繪下的現實烏托邦至今也只在人口不多的北歐才得以部分落實。也因此，中國經濟崛起以至2021年習近平再次高喊「中華民族偉大復興」訴求，甚至是數位極權對人民的有效管控，在眾多中國年輕人眼中是優於歐美自由主義的。那種聲稱以人權為基礎的多元自由民主，在中國（甚至包含新加坡）看來是僅能及於西方少數人的特權，是脆弱口號、不足為訓的。

（三）逆境中依舊堅持信念的歐巴馬

任何一位政治人物，都只能在歷史所給定的條件下完成有限的任務，特別歐巴馬是美國的第一位黑人總統。事實上，由於歐巴馬是美國建國以來第一位有可能勝選的美國黑人，美國特勤局就在2007年5月，開始全天候保護這位還僅在民主黨初選的歐巴馬。[20]

歐巴馬兩次總統大選皆贏得過半普選票，這是二戰結束後唯

---

18. 依據《衛報》描述，中國官員為阻擋美國記者靠近，一度還對白宮官員高喊：「這是我們的國家！這是我們的機場！ OK ？」

19. 正如香港學者梁啟智與大家說明「為什麼九七後的香港人更抗拒中國大陸？」中，提及2017年當中國第一艘象徵國家榮譽的航空母艦遼寧艦，進入香港時，為何「有些香港人關注的並不是甲板上的戰機裝備，而是噴出的黑煙是否代表燃油不符環保規定，會否污染空氣影響健康」（梁啟智，2020，頁116）。那是後現代的香港，時空錯置地碰上（前）現代中國。

20. 一般特勤局會在選舉投票日前120天保護正副總統候選人及其配偶，但對歐巴馬卻在約一年半前就提供保護，成了美國歷史上最早被提供保護的總統候選人。

一的民主黨籍當選人。然而他任內的兩次期中選舉卻都大敗收場。2010年那次期中選舉的總投票率約四成，眾議院民主黨竟比原來少了63席而失去過半席次，但還保有參議院的過半多數。而2014年的這次竟然總投票率只有36.4%，創下二戰以來的最低投票率紀錄，結果共和黨拿下參眾兩院皆過半席位，讓歐巴馬剩下的兩年多任期變成跛腳總統。事實上2014年這次期中選舉，美國經濟成長率達8%、失業率下降、股市大漲、企業獲利增加，然很多民眾並沒有感受到經濟復甦的好處。至於在外交方面，雖然歐巴馬六年來採行多邊主義外交，但許多美國人認為美國失去了世界領導地位。

歐巴馬2015年3月在俄亥俄州的克里夫蘭表示，民主黨2014年的大敗主要是支持民主黨的選民投票率太低，而種種對少數族裔、弱勢者極不友善的投票制度更是關鍵。歐巴馬甚至以世上有20多個國家實施強制投票為例，提出若能在美國也推行強制投票，將會完全改變這個國家的政治版圖。不過歐巴馬的期待與現實仍有相當大的距離，如前述2021年喬治亞州都還希望制定讓選民更難投票的法令，不過目前剛過60歲的歐巴馬，依然奮力不懈地抗衡這長久以來的選民壓制作為。事實上，歐巴馬在其任期的最後幾年可說放手一搏，時常以行政命令繞過國會的掣肘。

1. 槍枝管制與大法官任命

2014年6月10日共和黨成功擋下控槍法案後，歐巴馬當日罕見地表達此時羞於做美國人，他擔心這個國家不能有效控槍而會引發更多悲劇。

事實上即使民主黨在2014年期中選舉慘敗，但依據美國普遍民意顯示，管制攻擊性槍枝獲得70%民主黨人支持，共和黨人

也有接近48%支持。不過像加州、伊利諾州雖然人口多又支持槍枝管制，但卻與人口少但支持擁槍的懷俄明州、阿拉斯加州一樣的影響力。美國參議院的問題是，人口再多的加州有兩席聯邦參議員、而人口再少的懷俄明州也有等值的兩席聯邦參議員。於是2016年1月5日歐巴馬直接頒布行政命令[21]，繞過國會嘗試解決槍枝氾濫問題。他在白宮召開記者會說明新的槍枝管制法，並強烈要求國會不要屈服在遊說團體的脅迫和利益糾葛下。

另外，在拜登上台後，眾議院2021年3月通過兩項法案，目的在強化背景審查與堵住槍枝管制漏洞。不過這兩項法案不太可能在參議院通過，因為民主黨需要至少十位共和黨議員的支持，才能達到法案不被干擾所需的60張贊成票門檻。對此，哈維說出了選舉制度與民意落差的嚴重缺陷所在：來自人口數不到全國20%的26個州的聯邦參議員，竟能擁有過半數的參議院票數，決定著美國許多重要議題的方向（Harvey, 2005, p. 205）。而我們看到，阻礙限制擁槍權法案的最大力量，一直以來就是來自參議院的阻撓。

另外在最高法院大法官的任命方面，歐巴馬2009年提名索托瑪約（S. Sotomayor），使她成為美國史上第一位拉丁裔的大法官；另外2010年則提名凱根（E. Kagan），成為他任命的第二位女性大法官。然而在2016年3月歐巴馬依照正常職權準備提名加蘭（M.

---

21. 歐巴馬以行政權履行最後一年職務，不過這份管制命令第一時間就受到敵對陣營猛烈攻擊。美國步槍協會、共和黨國會黨團，以及各共和黨總統參選人紛紛齊聲砲轟。當時共和黨眾議院議長萊恩（P. Ryan）甚至揚言提告，理由是「不尊重公民自由、不尊重憲法第二修正案」，無視人民有佩帶武器之權利。

Garland）為他任命的第三位大法官時，卻被當時共和黨掌控的參議院以選舉活動正在進行為由，拒絕舉行聽證會。這個缺額在2017年由川普提名戈蘇奇（N. Gorsuch）取代，共和黨以此強力作為，讓保守派可以繼續維持最高法院的多數。然令人遺憾的是，共和黨掌控的參議院在四年後卻以完全相反的標準，在隔週就是美國大選日的2020年10月26日，以52票對48票批准巴雷特（A. Barrett）出任大法官，當晚巴雷特在白宮宣誓就職，成為川普四年內任命的第三位大法官，而這也是150年來首位沒有獲得參議院任何一位在野黨議員支持的大法官。最高法院總共有九位大法官，保守派的共和黨深深知道，掌控這個司法最高裁判機構有多麼重要。

2. 致力與國際社會的和解對話

我們發現歐巴馬在2012年連任成功後，其尋求對話的對象從美國公民擴展到歐洲公民，甚至是包括曾經與美國打仗的全世界公民。這位多元混血出身的美國總統，2012年出訪泰國、緬甸與柬埔寨，其中在緬甸與翁山蘇姬的密切互動讓緬甸軍方知所忌憚。2015年11月8日翁山蘇姬領導的全國民主聯盟贏得大選，隔年出任國務資政實為真正的緬甸領袖；2016年9月翁山蘇姬訪美，歐巴馬藉此宣布解除長期以來對緬甸實施的貿易禁運[22]。另外，歐巴馬分別在2016年3月、5月與9月到訪古巴、越南與寮國等過去與美國敵對的國家。

關於古巴，事實上2014年12月17日歐巴馬即與古巴主席勞爾·卡斯楚（Raul Castro）共同宣布兩國關係將開始正常化。在新的協議裡美國將解除部分旅遊限制，也將減少匯款的限制。2015年歐巴馬進一步將古巴從「支持恐怖主義的國家」名單中除名，7月1日正式宣布美國與古巴恢復外交關係。歐巴馬並於2016年3月

訪問古巴，他是繼1928年柯立芝（C. Coolidge）之後第二位訪問古巴的美國總統，他致詞時表示：「柯立芝總統搭乘戰艦，花了三天時間才到古巴，我只花了三個小時。這是一場歷史性的訪問，也是與古巴人民交往的歷史性機會。」21日歐巴馬前往革命廣場向古巴民族英雄馬蒂（J. Martí）紀念碑獻花致敬，並與勞爾‧卡斯楚舉行高峰會談。22日歐巴馬在哈瓦那大劇院對古巴人民發表演講，之後觀賞由古巴國家隊迎戰美國大聯盟坦帕灣光芒隊的棒球比賽。不過由於川普繼任後，美古情勢劇變，以下這段歐巴馬與古巴人民一起觀賞棒球的影像將可能成為追憶 https://www.youtube.com/watch?v=klG6Q7daivc。[23]

再來是越南。一張與美食節目主持人波登（A. Bourdain）一起在河內小吃店共進越南美食的照片，成為歐巴馬此行最讓人津津樂道之事。經過近20年的美越關係正常化後，現在每年約有50萬

---

22. 2021年2月1日緬甸軍方對2020年緬甸議會選舉結果不滿發動政變，翁山蘇姬與其全民盟官員被捕，至今依舊下落不明。至此翁山蘇姬希望，在她捎負緬甸軍方對被迫害的羅興亞人的辯護下，能夠換得緬甸民主政府可以穩定運作，還是以失敗告終。1988年翁山蘇姬從英國返回緬甸的民主奮鬥，至此不僅民主鬥士聲名耗盡，而且局勢依舊回到緬甸軍政府獨裁的原點。在這超過30年以上的翁山蘇姬與緬甸軍方角力的過程中，即使2012年的曙光以及前述歐巴馬的竭力支持，以致於從2015年以來的全民盟民主執政的經歷，但由緬甸軍方挑起的羅興亞人危機，無法軍隊國家化的緬甸，到目前依舊是翁山蘇姬個人家庭與其整個國家的悲劇。

23. 在川普擔任總統後，美古關係再次陷入僵局，歐巴馬的努力幾乎付諸東流。2019年6月美國再次禁止郵輪、遊艇、帆船與私人飛機從美國前往古巴，古巴旅遊業受到重挫。此外，拜登考量佛羅里達州邁阿密的古巴流亡人士選票舉足輕重（在歐巴馬古巴之行後，2016年與2020年的兩次大選，民主黨都失掉佛羅里達州的選舉人團票），為了政治現實，拜登改變了歐巴馬對古巴的和解路徑。

美國人造訪這個曾經與美國打仗的國家，而每年赴美就讀的越南學生人數也近兩萬名。即使越戰的歷史仍在，但人民間的交流早已取代過往戰爭傷痕。歐巴馬2016年在胡志明市的行程，竟有近兩百萬民眾沿街歡迎，以及稍晚他與當地年輕學子的親切互動。而歐巴馬也多次訴求古巴和越南的年輕世代，應該擺脫歷史牽絆，樂觀看待未來。[24]

五、應許之地的未完成

普樂夫在主導歐巴馬選戰結束後，認為歐巴馬將會改變美國積弊已久的政治文化，他說：

> 在選戰中，歐巴馬候選人把選民當成年人看待，和他們討論問題與解決之道的細節，對了，還有微妙的差異，雖然他這麼做常常被許多政治觀察家嘲笑。他們說，他太像教授，言詞不夠精煉簡短。到現在，他們也還在批評他。但這位總統深深相信，美國人民想要有真誠而深奧的對話，討論國家的方向。而時間一久，我相信美國人民，或許連一些華盛頓的政客，都會一致感激這個改變，或許再過幾年，這終將變成常態而非例外（林錦慧等譯，2010，頁442）。

---

24. 美越關係正常化是理想與現實兼具，因此不像美古目前關係倒退。美國早在柯林頓時期就解除對越南的經濟制裁，而歐巴馬則進一步宣布解除對越南的武器禁運。目前美越雙方有著明顯共同利益，從經貿與安全看，目標皆直指中國。近年中越在南海領土主權爭端上對峙不斷，中國在西沙群島建立鑽油平台，接著在距越南300海浬興建軍機起降的人工島礁，越南反中抗議不斷。另外繼任川普在2018年對中國發動貿易戰、加徵關稅，中國的外企出走，而越南坐收漁翁之利。目前拜登對越南的政策並無變化。

2016年歐巴馬就站在格瓦拉畫像前面（達志影像）。

歐巴馬曾在這馬蒂紀念碑前獻花致敬。而紀念碑前面廣場的左邊是內政部大樓的格瓦拉畫像，右邊則是電信部大樓的西恩富戈斯（C. Cienfuegos）畫像（謝謝劉峻豪同學提供照片）。

歐巴馬以無畏希望向人民允諾應許之地，的確還尚待努力。甚至由於他的八年作為擾動了原本舊秩序框架，呈現更多問題遠比他想改善的問題多太多。他在白人為多數的國度裡，成為第一位黑人總統，但依舊無法改變黑人繼續被傷害的事實，甚至來到必須發起「黑命關天」運動；他到阿拉伯中心埃及開羅大學演講，主張基督教世界必須與伊斯蘭教世界和平共處，甚至不迴避最棘手的以色列對巴勒斯坦的非法屯墾問題，然而卻引發阿拉伯之春以及後來敘利亞難民問題造成歐洲反移民浪潮；他到中國期待與這個新崛起的世界力量對話，一起朝向西方社會設定的國際秩序共存共榮，但卻真心換絕情地前恭後倨。歐巴馬拉升著美國與世界各地真誠的互動對話，但國內白人至上者卻不領情，一方面說他的外交之旅是道歉之旅，一方面質疑他的夏威夷出生地證明有問題，並認為他是個穆斯林社會主義者。結果真實的情況是，歐巴馬實際所引發的問題遠比他期望解決的問題多更多。甚至連第一家庭成員的維安問題，幾乎是那八年每個人心裡都在想、但嘴巴都不敢公開講的共同憂心。[25]

　　然而，挑起關鍵議題、然後好好說明我們究竟應該怎麼辦？絕對比無視這些議題或假裝這些議題不存在困難太多、吃力不討好。作者認為美國作為全世界的指標性國家，歐巴馬願意帶頭這樣面對令人敬佩。正如2021年3月美國國家安全顧問蘇利文（J. Sullivan）在阿拉斯加與中國會談時告訴中國，美國有很多待改善的問題，不過：「一個自信的國家能認真審視自身缺點，並時刻尋求改進。這是美國的祕訣。」

　　事實上，目前世界上政經軍超強的美國，是人類歷史上第一個唯一超強但又是需要定期改選的民主國家。單邊主義國際作為

的共和黨總統，作者常覺多評無益；不過傾向多邊主義的民主黨總統，其未完成的應許之地則關乎著地球上的每一個人。

卡特總統當政時，面對棘手問題曾素樸地發表電視演說，幾乎是直接向全國人民訓話：「現在我們太多人傾向崇拜自我放縱和消費。身分認同不再是由做了什麼來界定，而是擁有什麼。」[26]

25. 由於美國槍枝管制鬆散，加上還有眾多所謂民兵組織，歐巴馬的總統維安級別有幾次都拉到幾乎不能再高。蜜雪兒透露，有多少善良寬厚的國人當面對她說「我們都祈求你能平平安安」、「我們每天都在幫你和家人禱告喔」（Obama, M., 2018, p. 353）。蜜雪兒甚至提及她的大女兒瑪莉亞在高中打網球時，有一位家長對著瑪莉亞說：「你在這裡不會害怕嗎？」蜜雪兒說：「我的女兒逐漸長大，也逐漸懂得為自己發聲，以自己的方式畫清需要的界線。『如果阿姨問的是，我是不是每天都煩惱自己會死掉，』她盡可能保持禮貌地回答，『答案是沒有喔。』幾年後在學校為家長辦的活動上，那位母親特地前來找我，給我一封感人的道歉信，表示她當下就察覺自己的疏忽——把擔憂加諸於無能為力的孩子身上。這位母親的心思如此細膩，對我來說意義非凡。從瑪莉亞的答案中，她感受到韌性與脆弱，這不僅反映我們生活的日常，也呼應我們努力避免的災厄。而她也能理解，瑪莉亞每天唯一能做的事，就是回到球場再打一球」（Obama, M., 2018, p. 354）。身為第一家庭的第一夫人在《成為這樣的我》接近尾聲裡這樣說：「我們入主白宮後，數百萬美國人歡天喜地，但也掀起其他民眾的恐懼與憤恨等反動情緒。這個仇恨心態由來已久又根深柢固，始終都很危險。我們全家人概括承受，全國人民也都概括承受。而我們仍繼續前行，盡力保持尊嚴」（Obama, M., 2018, p. 397）。

26. 1979年7月卡特在演說中還督促美國人「為了自己的福祉也為了國家安全，不要從事不必要的旅行，只要有可能就共乘或者搭乘大眾運輸，一星期多一天不要開車，遵守車速限制，同時設定好自動調溫來節省燃料。上述每一項節約能源的舉動都不只是常識而已——我告訴你，那是愛國行為。」以今天看，卡特所要傳達的訊息實屬先見之明，但錯誤的溝通方式，即使傳達的內容再正確也會適得其反。以下是這場演說的影片連結 https://millercenter.org/the-presidency/presidential-speeches/july-15-1979-crisis-confidence-speech。

雖然他語氣剴切又誠懇，但換得的結果是，這演說被認為是卡特連任失敗的重要原因之一。雖然卡特立意良善，但這公開的電視演說明顯是上對下的說教，離朝向民主的平等對話還有很大的改善空間。而1992年勝選後的柯林頓八年執政，是一個讓新自由主義橫行全世界的缺乏中心思想的妥協歷程。反倒高爾2000年選輸給小布希的那次大選，是最令人惋惜的。甚至許多人這樣想像，若是由高爾的八年執政而非小布希，那麼今日全世界的生態氣候會有多麼不一樣的前景。

如今歐巴馬八年與川普四年也已成過眼雲煙。當前拜登主政下的未來美國（或說未來世界）會有多少理想被延續，但同時也必須衡量有多少現實必須被考量。誠如蜜雪兒說的，當她第一次看到歐巴馬在芝加哥遠南區從事社區工作時，他的願景遠超出她的想像，蜜雪兒說：讓自己脫離困境是一回事；但設法讓整個地方脫離困境，則完全是另一回事（Obama, M., 2018, p. 117-118）。我們甚至可以延伸蜜雪兒的話說，要讓全美國以至全世界可以脫離困境、朝向我們認為應有的樣貌前進，那是更為艱難的另外一回事。

在實際經歷最可能接近理念的歐巴馬執政之後，許多人第一次知道在理想與現實中尋求平衡有多麼地困難。每當有關鍵法案要在國會投票表決時，歐巴馬時常會與幾位關鍵選區議員共同聊起當初何以步入政壇，以及第一次選舉時的興奮之情，共同拉升彼此的從政初衷。甚至歐巴馬還會直接對幕僚、同時也對自己這樣說：「說吧，我們最近又背棄了什麼理想」（Obama, 2020, p. 639）？或許歐巴馬執政遺產讓人最大的體會是：這個應許之地的完成，應非只是歐巴馬一個人的責任；而是在他眾多演說與言行事蹟的啟發下，我們世間所有「卡拉馬助夫」兄弟姊妹們的共同責任。

參考書目

王輝耀等譯（2008）。《歐巴馬的夢想之路：以父之名》。台北：時報。

方永泉譯（2003）。《受壓迫者教育學》。台北：巨流。

林錦慧等譯（2010）。《大膽去贏》。台北：時報。

吳國卿等譯（2015）。《震撼主義》。台北：時報。

洪世民譯（2020）。《刻不容緩》。台北：時報。

徐詩思譯（2003）。《No Logo》。台北：時報。

許瑞宋譯（2016）。《資本社會的17個矛盾》。台北：聯經。

黃佳瑜等譯（2018）。《成為這樣的我：蜜雪兒・歐巴馬》。台北：商周。

梁啟智（2020）。《香港第一課》。台北：春山。

陳琇玲等譯（2008）。《歐巴馬勇往直前》。台北：商周。

陳琇玲等譯（2020）。《應許之地：歐巴馬回憶錄》。台北：商周。

楊理然等譯（2020）。《操弄：劍橋分析事件大揭祕》。台北：野人文化。

閻紀宇譯（2019）。《美國夢的悲劇》。台北：遠足文化。

鄧伯宸譯（2005）。《綠色全球宣言 ——讓經濟回到升斗小民手上》。台北：立緒。

Axelrod, D. (2015). *Believer: My Forty Years in Politics*. New York, NY: Penguin Press.

Chomsky, N. (2004). *Hegemony or Survival: America's Quest for Global Dominance*. New York, NY: Henry Holt and Company.

Freire, P. (2000). *Pedagogy of the Oppressed* (M. B. Ramos, Trans.). New York, NY: Continuum.

Harvey, D. (2005). *A Brief History of Neoliberalism*. Oxford, UK: Oxford University Press.

Harvey, D. (2014). *Seventeen Contradictions and the End of Capitalism*. New York, NY: Oxford University Press.

Harvey, D. (2018). *Marx, Capital, and the Madness of Economic Reason*. New York, NY: Oxford University Press.

Klein, N. (2000). *No Logo: Taking Aim at the Brand Bullies*. New York, NY: Picador.

Klein, N. (2007). *The Shock Doctrine: the Rise of Disaster Capitalism*. New York, NY: Metropolitan Books.

Klein, N. (2019). *On Fire: The (Burning) Case for a Green New Deal*. New York, NY: Simon & Schuster.

Obama, B. (2004). *Dreams from My Father: a Story of Race and Inheritance*. New York, NY: Three Rivers Press.

Obama, B. (2008). *The audacity of hope: thoughts on reclaiming the American dream*. New York, NY: Vintage Books.

Obama, B. (2020). *A Promised Land*. New York, NY: Penguin Random House.

Obama, M. (2018). *Becoming: Michelle Obama*. New York, NY: Penguin Random House.

Plouffe, D. (2010). *The audacity to win: how Obama won and how we can beat the party of Limbaugh, Beck, and Palin*. New York, NY: Penguin Books.

Said, E. (1994). *Culture and imperialism*. New York, NY: Vintage Books.

網路與影像資源

（一）關於歐巴馬

1. 2004,7,27. 在麻州波士頓民主黨黨代表大會上主題演講〈The Audacity of Hope〉：
   https://www.youtube.com/watch?v=OFPwDe22CoY

2. 2008,3,18. 在賓州費城的種族議題演說（因為賴特牧師）〈A More Perfect Union〉：
   https://www.youtube.com/watch?v=zrp-v2tHaDo
   33:30至37:09，提及艾希莉的故事。

3. 2008,7,24. 在德國柏林的四海一家演說（因為2003年美國攻打伊拉克，造成與歐洲的內心無形圍牆）〈A World That Stands As One〉：
   https://www.youtube.com/watch?v=OAhb06Z8N1c
   22:02至25:39，「我知道我的國家本身並不完美」。

4. 2009,6,4. 在埃及開羅大學對穆斯林世界的演說〈Obama's Speech in Cairo〉：

https://www.youtube.com/watch?v=NaxZPiiKyMw

29:10至30:50，「美國不接受以色列繼續屯墾的合法性」。

5. 2009,11,16. 在中國上海與學生的互動演說：

https://www.youtube.com/watch?v=YIBB4Dp0P8o

6. 2011,4,30. 歐巴馬回應川普的出生地質疑：

https://www.youtube.com/watch?v=HHckZCxdRkA

7. 2015,6,26. 歐巴馬參加平克尼的葬禮，唱 Amazing Grace：

https://www.youtube.com/watch?v=idehHmvUNb8

8. 2015,6,26. 美國大法官通過同性婚姻合法化：

https://www.youtube.com/watch?v=ypAL-392eBc

歐巴馬 6,27. 對此發表演說：

https://www.youtube.com/watch?v=b715GKJNWXA

9. 2016年歐巴馬任期即將結束前，與過去敵對國家的訪問：

https://www.youtube.com/watch?v=pfq-n3PS3Q8

10. Ellen's Tribute to Obama, 2017,1,20:

https://www.youtube.com/watch?v=dCsr0CNqB3g

（二）關於蜜雪兒

1. 蜜雪兒為美國兒童肥胖問題，推廣 Let's Move!（讓我們動起來）。

這一段，是碧昂絲（Beyoncé）響應蜜雪兒的活動，所創作的舞步原版：

https://www.youtube.com/watch?v=fqzNRchjm-k

以下是碧昂絲舞步的紐約學生版：

https://www.youtube.com/watch?v=XoX9qXBP0Bs

2. 蜜雪兒與法隆（J. Fallon）大跳媽媽舞：

https://www.vogue.com.tw/feature/content-39468

3. 蜜雪兒與法洛（J. Pharoah）唱著鼓勵讀大學的饒舌歌：

https://www.youtube.com/watch?v=_1yAOK0nSb

貳 | 封建社會、資本社會與全球化世界

2005年，巴菲特於
堪薩斯大學商學院
演講。

4.1

封建貴族與布爾喬亞資本家彼此敵視幾百年，在進入十九世紀之後，由於要面對後面人數更多、要求分享權力的勞動階級，於是兩個原本對抗的階級化干戈為玉帛，展開歷史性妥協。當今主導資本主義世界的功利主義，以最大多數人的最大幸福為準則，其中指涉的「人」究其真實主要是指貴族與資本家，排除人數眾多的本國中下勞動階級，更不要說全球化下的外籍勞工。

　　法國學者列菲弗爾（H. Lefebvre）稱英國是很早就進行這樣的歷史性妥協，同時以國家之名提升海軍力量，在進行外交政策時保護其對外殖民的利益（黃丘隆譯，1990，頁20）。於是在大航海時代英國後來居上，十九世紀成為日不落帝國強權。而在杜斯妥也夫斯基《少年》中，少年阿爾卡季說明其「思想」是，成為羅特希爾德（J. Rothschild）那樣的富豪。阿爾卡季甚至轉述「據報紙報導，在維也納的某個車站上，就有一名外國伯爵或男爵在大庭廣眾之下，給一位當地銀行家穿鞋，而那位居然不動聲色地接受了。」進入二十一世紀，美國富豪巴菲特（W. Buffett）直接對美國有線電視新聞網說：「近20年來，階級戰爭不停地在進行。我的階級贏了⋯⋯我們富豪階級。」全世界無產階級並沒有聯合起來，反而是全世界資本家透過新自由主義聯合起來。

參考書目

黃丘隆譯（1990）。《從黑格爾到毛澤東——國家理論》。台北：結構群。

第四章
從傳統走向開放的
貴族托爾斯泰

1908年5月的托爾斯泰，由普羅庫金-戈斯基（S. Prokudin-Gorsky）於亞斯納亞波利亞納莊園拍攝。這張照片是俄羅斯首張彩色照片。

在西班牙馬德里的公園裡，有著堂吉訶德與桑丘的巨大雕像。

一、開放貴族的當代意義

1927年班雅明（W. Benjamin）遊歷莫斯科後曾寫下這樣一段話，說明當時俄國的文化落後狀態，造成當時新政權面臨嚴酷考驗。班雅明在筆記中寫著：

> 俄國普羅階級在革命成功後的狀況是多麼不同於1789年法國大革命的資產階級狀況。當時布爾喬亞資產階級在奪取政權以前，就已經經歷了幾十年的文化鬥爭，那時教育早就被第三等級思想滲透，思想爭奪戰先於政治變遷。然而今天俄國情況卻完全不同，文盲成千上萬，普遍教育的基礎還有待建設，而這正是當前俄國最重要的全國性任務（Benjamin, 1978, p. 118）。

盧卡奇（G. Lukács）在1938年的〈問題在現實主義〉中，感同身受班雅明同樣的困境，引述季米特洛夫（G. Dimitrov）以下的一次晚會談話：

當時，革命的資產階級利用一切手段，包括利用文學的手段，爲本階級的事業進行了一場激烈的鬥爭。是什麼東西使得騎士階級的殘餘貽笑天下？是塞萬提斯（M. Cervantes）的《堂吉訶德》。在反對封建主義、反對貴族統治的鬥爭中，《堂吉訶德》曾是資產階級手中最強大的武器。革命的普羅階級起碼需要一個小小的塞萬提斯（笑聲），一個能夠給予它同樣一種武器的塞萬提斯（笑聲，掌聲）（Lukács, 1980, p. 28）。

遺憾的是，80多年過去了，屬於對抗資產階級的《堂吉訶德》仍舊尚未出現。二十一世紀的今天，資本主義社會的文化霸權可能仍正處於極盛期，正如同封建社會也曾經歷數千年才瓦解。如今，在普羅大眾對布爾喬亞仍處於文化劣勢時，那來自傳統貴族的批判資產階級之聲，依舊強而有力，值得借鏡。

杜斯妥也夫斯基[1] 1875年寫作《少年》第一部結束後，完成一篇沒有發表的〈前言稿〉，抒發他內心不爲人知的「地下室悲劇」，並稱自己是「第一個寫出了代表俄國大多數人的眞實的人」。他認爲，像托爾斯泰等眾多作家所描繪的人物，是特殊而非普遍的多數人，僅是表達「淺薄自愛的詩意」。而在接下來的《少年》第二部中，透過書中的沒落貴族爲爾西洛夫，傳達出對傳統貴族的開放解釋。

---

1. 有關托爾斯泰的相關著作與小說人物名稱，以木馬文化出版的十本草嬰翻譯的版本為主；另外，杜斯妥也夫斯基的相關著作與小說人物名稱，則是以22本河北教育出版社的全集譯本為主。

為爾西洛夫認為公爵封號的實質，是崇高的榮譽與義務。俄羅斯貴族的未來，在於過去的「敞開」傳統，而現在更是要徹底執行的時候。「每一個人只要在榮譽、科學和勇敢方面建立任何功勳，他就有權進入上層人物的行列。」如此，這個階層就可成為「優秀人物」的集合體。這樣，封閉的特權階層得以轉化為開放的革新團體，這個階層才能繼續保存下來。[2]

而幾乎與《少年》同一時間，托爾斯泰正寫作的《安娜・卡列尼娜》裡，其中安娜沒有出路，列文陷入危機。《少年》最後，作者甚至間接指涉托爾斯泰的作品是歷史小說而非文學，並暗指孤僻憂鬱的列文「是個退場人物」。而有意味的是，托爾斯泰完成《安娜・卡列尼娜》並經歷危機與「懺悔」之後，其接下來作為，幾乎可說是杜斯妥也夫斯基「開放貴族」思想的具體實踐。

1881年杜斯妥也夫斯基過世，托爾斯泰悲痛不已，隔年他參加莫斯科民情調查。《懺悔錄》完成同時，則思考著「那麼我們應該怎麼辦」？可以說，托爾斯泰在創作衛國戰爭的《戰爭與和平》與呈現貴族社會畫軸的《安娜・卡列尼娜》後，過去「淺薄自愛」的托爾斯泰，確實力行那開放貴族的實踐。此一開放貴族論點，在只重「權利」忽視「義務」的今天更顯珍貴。特別是有鑑於班雅明與盧卡奇的覺察，在普羅階級文化尚未建立自信之際，那來自傳統貴族、而且是「開放」的優秀人物自我期許，是抗衡以金錢至上資本主義社會的寶貴之聲。

本章內容將首先描述托爾斯泰世界觀轉變之前的創作歷程，特別是《戰爭與和平》與《安娜・卡列尼娜》。前者是法國大革命後的拿破崙入侵，後者則是英國工業革命後，俄羅斯貴族社會強烈感受資本主義威脅的真實寫照，而兩者所顯現的，都是細微情節聯繫著整體的史詩風格[3]。《戰爭與和平》與《安娜・卡列尼

娜》累積的顛覆能量，已是傳統貴族所能承載的極限。《安娜‧卡列尼娜》尾聲的列文，生命岌岌可危。《懺悔錄》正式揭開托爾斯泰晚期風格的序幕，《藝術論》與《復活》是後來開展的一體兩面，晚年托爾斯泰的寫作，藝術與否已非其所慮。正如1908年俄羅斯批評家柯羅連柯（V. Korolenko）所說的：「思想家托爾斯泰同藝術家托爾斯泰完全是渾然一體的……思想家托爾斯泰完全是藝術家托爾斯泰的產物」（上海譯文出版社編，1983，頁508）。

情境使然的最終離家，「細微」的象徵行動，再次史詩式地聯繫著他整體一生的作為。托爾斯泰的晚期風格是：以有限生命指向無限的繼續前行。從而托爾斯泰向我們證明，傳統走向開放的貴族在當代仍有其未完成的積極意義。

二、托爾斯泰的晚期風格討論

評論家巴赫金（M. Bakhtin）1930年為《列夫‧托爾斯泰文學作品全集》第11卷所寫的《〈列夫‧托爾斯泰戲劇作品〉序言》中提及，在經歷了所謂托爾斯泰危機之後，在涉及1860年代所有迫

---

2. 杜斯妥也夫斯基在隔年的《作家日記》中，兩次提及優秀人物的定義。他痛批新時代富有商人自視為優秀人物，並指出整個俄羅斯大貴族優秀的開放傳統，是自彼得大帝（Peter the Great）1722年制定的《官階表》之後，才漸漸與人民大眾疏離與分裂。

3. 關於史詩概念，西方古典美學的說法諸多差異，這裡是指作品呈現對具體事物的整體感知。社會巨大變遷、人物情節，能具體而微地呈現這變化，像詩一般精煉地鋪陳出來。即使是最枝微末節的場景安排，也會與這整體主題息息相關。黑格爾（G. Hegel）曾將史詩詮釋為對事物整體的掌握。黑格爾非常早就預示到資本社會的分工，會造成對整體史詩風格的危害（Lukács, 1950, p. 155）。

阿多諾（Jeremy J. Shapiro 攝）。

切問題前，這位懺悔貴族「在我們面前展現了一幅毀壞宗法制家庭和宗法制關係的畫面」。

　　另外巴赫金也提及，托爾斯泰的宗教世界觀是有兩個選擇：一是接近喀爾文新教徒，珍惜世間才華、崇尚有效勞動與企盼經營興旺的美好生活；另一則是，東方佛教的雲遊四海，反對一切財富與任何入世作為。巴赫金認為，托爾斯泰最後三個劇本是專寫出走主題，顯然後一條路主導他的晚年生活。托爾斯泰最後果真成為一個雲遊四方的東方苦行僧，踟躕在俄羅斯的大道上（錢中文編，1998［3］，頁 1-11）。

（一）阿多諾（T. Adorno）的貝多芬筆記

　　1898 年托爾斯泰在其《藝術論》中，否定藝術創作的自主獨立價值，並直指貝多芬晚期作品不知所云，他還特別點名其第 28 號鋼琴奏鳴曲「是假的」。事實上，托爾斯泰批評貝多芬晚期音樂「不知所云」是可理解的。因為，身為可能是最後一位「懺悔貴族」的托爾斯泰，確實是無法明瞭「第一個資產階級藝術家」貝多芬的晚期風格。

　　貝多芬晚期作品的獨特風格，長期以來一直沒有令人信服的

詮釋，直至1937年阿多諾嘗試論述〈貝多芬的晚期風格〉。阿多諾稱那是主體性石化，那休止、突兀與停頓，也就是主體衝決而去的當下，作品感覺被遺棄在後、猶如碎瓦紛飛。

阿多諾認為貝多芬的晚期作品，是對資本主義世界的最早完成與率先抗議、是異化也是疏離。這些寓言般的作品，如最後五首鋼琴奏鳴曲、第九號交響曲、莊嚴彌撒曲、最後六首弦樂四重奏與十七首鋼琴小品等，構成近代文化史的一個事件。這位對音樂掌握爐火純青的貝多芬，最後竟選擇放棄與他所屬的社會秩序溝通。這是貝多芬對他所處社會的自我放逐，顯現在音樂元素上則是「和聲的枯萎」。因為對和聲缺乏信念，所以盡可能規避和聲，呈現出異化世界的全體性，像一個人在那比手畫腳、喃喃自語。阿多諾對此評論道：

> 和聲在晚期貝多芬作品裡的命運，猶如宗教在資產階級社
> 會裡的命運：它繼續存在，但被遺忘（彭淮棟譯，2009，
> 頁277）。

貝多芬被阿多諾認為是西方古典音樂的主體確立者，音樂不再從屬來世彼岸的宗教，或是作為王公貴族的門面裝飾。而這是封建社會步入資本主義社會的開端。然而這位音樂家最後的晚年歲月，卻與周圍歡迎他的世界拉開距離，石化與暴躁的音樂語言，讓當時代的人摸不著頭緒。分裂取代和諧，並藉此無視時間，但求存諸永恆……阿多諾為此而說：「在藝術史上，晚期作品是災難」（彭淮棟譯，2009，頁229）。

在《現代音樂哲學》中，阿多諾進一步認為，第二維也納學派的荀白克（A. Schoenberg）無調性音樂才是貝多芬晚期風格的真正

承繼者，那不可協調性、否定性以及「無法流動」（immobilities）。阿多諾指出「貝多芬可以理解而荀白克則否實屬欺人之談」。接著他認為：廣大聽眾與新音樂隔絕、避而遠之，殊不知讓他們無所適從的不和諧，其最深刻的源流正是來自這些聽眾的真實處境（Adorno, 2007, p. 6）。

（二）薩依德的進一步說明

　　薩依德在晚年的一次訪問裡，說他是「最後的猶太知識分子」、是「阿多諾的唯一真正追隨者」。而後薩依德身後結集的《論晚期風格——與世難諧的音樂與文學》中，其晚期風格論述直接承襲自阿多諾。書中〈時序性與晚期〉的一段話，是從其個人理由討論晚期風格：「我是一個世俗化程度很深的人，多年來一直透過三大問題層次研究這個自我塑造的過程，這人類三大事是一切文化和傳統所共有的……。」薩依德指的三大問題是：開始、延續與晚期（Said, 2006, p. 4-8）。

　　開始的概念是出生和起源，而放在歷史的脈絡看則是許多事物的啟動。薩依德1975年寫作的《開始：意圖與方法》即是討論此一主題，他援引維科（G. Vico）《新科學》書中的重要觀念，世俗的「開始」（Beginnings）而且還是複數的開始，不同於宗教的單一「源起」（origin）。而延續即是從出生到青春、生育與成熟：是化身的辯證也可稱生命的邏輯。在這延續的過程中，大多數人皆會希望凡事「各有其時」（timeliness）。

　　晚期則是一個人健康變壞，開始意識到生命終點就在可見的未來，如貝克特（S. Beckett）所言：「死亡隨時都在看著我們」（Death has not required us to keep a day free）。而薩依德對晚期風格的界定是：偉大的藝術家在其人生接近尾聲之際，其想法或作

品如何呈現為一種新的特徵或作風。

　　薩依德首先提及的，是一般人熟悉的「超凡寧靜」（unearthly serenity）。人的智慧與年紀俱增，其作品反映出一種特殊的成熟、達到「畢生藝術努力的冠冕」，如林布蘭（H. Rembrandt）、馬諦斯（H. Matisse）與巴哈等人。然而正如阿多諾所注意到的貝多芬晚期風格，薩依德繼續說著：「那如果晚期藝術並非表現為和諧與解決，而是冥頑不化、難解，還有未解決的矛盾，又該怎麼說呢？」他首先想到的是易卜生（H. Ibsen），然後也包括書中提到的理查・史特勞斯、莫札特（W. Mozart）、惹內（J. Genet）與顧爾德等人。薩依德稱這第二種晚期風格為「一種放逐形式」（a form of exile），是悲憫人格的自我放逐，與其所處世界的「與世難諧」。

　　托爾斯泰的晚期作品及其最後客死驛站，正是以上第二種晚期風格在文學上的另一個例子。有意味的是，托爾斯泰可能不知當他自己進入晚期並直接點名貝多芬第28號鋼琴奏鳴曲「是假的」時，這作品正好是阿多諾隔了近40年後，討論貝多芬音樂晚期風格的開始。

（三）晚期的托爾斯泰風格

　　前面曾提及，托爾斯泰的晚期風格是杜斯妥也夫斯基開放貴族理念的具體實踐。在杜斯妥也夫斯基的《少年》中，除了「第二部」為爾西洛夫關於開放貴族陳述外，在「第三部」中更是完整闡述俄羅斯貴族的獨特與苦悶，甚至是對各種思想嘗試的全面調和。沒落貴族為爾西洛夫對著他的私生子阿爾卡季說著有關1871年巴黎公社事件：

　　唯獨我，處在所有的縱火者中間，能夠當面對他們說，他

們焚毀杜伊勒里宮是個錯誤；唯獨我，處在保守黨復仇者中間，能夠對復仇者說，焚毀杜伊勒里宮雖說是犯罪，但畢竟合乎邏輯。這是因為，我的孩子，當時在歐洲只有我這樣的俄國人，才是唯一的歐洲人。我指的不是我個人——我是指整個俄國思想（陳燊編，2010［14］，頁625）。

為爾西洛夫接著說：可那時全世界又有誰能理解這樣的思想呢，所以我孤獨地飄泊，這是俄羅斯的憂鬱也是俄羅斯貴族的苦悶。

這個苦悶在於，當法國人、德國人與英國人等，都僅僅只為自己國家效勞，俄羅斯人卻奇特地想著未來的歐洲人應當如何。在1870年的普法戰爭中，彼此的衝突，讓德國人還過分地只是德國人、法國人還過分地只是法國人時，雙方其實還未演完自己的角色。而這樣的彼此破壞，令俄羅斯貴族心疼。為爾西洛夫認為自己也是這約一千人的獨特俄羅斯貴族，他非常尊重自己的貴族身分，「我國經歷了許多世紀，才造就了一批高級的文化人，這些人任何地方都沒見過，在全世界絕無僅有——這類人心懷天下、關懷所有的人。」

然而對照杜斯妥也夫斯基批評《安娜・卡列尼娜》小說中的列文，稱他獨行其是並贊同當時俄羅斯到塞爾維亞對土耳其進行戰爭。我們發覺，「心懷天下、關懷所有人」反而正是反對這場俄羅斯對土耳其戰爭的列文，是托爾斯泰在小說中的第一人稱。杜斯妥也夫斯基在《少年》裡的關於開放貴族討論，與其1877年《作家日記》中對列文的批評是前後矛盾的。

托爾斯泰的晚期風格[4]正是跨出自己的貴族身分，真正體現心懷天下關懷所有人的「托爾斯泰主義」：道德的自我完善、非暴

力與博愛。這不僅顯現在列文的陳述，即對不同宗教、文化語言的土耳其也不應興起戰爭。甚至後來，托爾斯泰也希望沙皇政府與革命派相互和解。1908年雖然仍不同意革命者的暴力手段，但眼見政府對革命者的殘酷迫害，托爾斯泰發表〈我不能沉默〉對自己的安寧無法忍受，希望能從中解脫。

1882年托爾斯泰與一位朋友的書信中，提及這一段面對困難、努力探索的內心告白，即使今天看來依舊動人：

> 看看我從前的生活和我現在的生活，你就會明白，我是竭力想實行它們的……但我不知道怎麼去做……我盡全力試著實行它，在我每一次失敗的時候，我不只是懺悔，還祈求幫助，使我能實現它，我很樂意遇到和傾聽任何像我一樣探索這條道路的人（宋蜀碧等譯，1984，頁592）。

屠格涅夫（I. Turgenev）在1883年寫給托爾斯泰的最後一封信裡，雖然發自真誠希望托爾斯泰回到原來的藝術創作「我的朋友，回到文學活動上來！」但從中我們也得知，托爾斯泰的探索道路不是屠格涅夫所能理解的。

---

4. 74歲的托爾斯泰曾應其傳記作者比柳科夫（P. Biryukov）之約，開始寫作《回憶錄》嘗試回顧其一生（1906年之後就停筆，以致未完成）。在這本著作前面引言裡，托自己將其一生分為四個時期，分別是：14歲以前，美好的第一；然後是接下來的荒唐20年，第二；結婚後18年，以至精神上的新生，是第三；之後又生活了20年，以至他當時，「希望這樣生活，一直到死」的第四。若說這第四個時期，即是托爾斯泰的晚期風格時期實也恰當。在回憶錄中，托爾斯泰清楚表達對這第四時期的心情：「對比現在這樣的生活，我看到了過去生活的全部意義，我不想改變這樣的生活，除了我在以前養成的壞習慣之外。」

托爾斯泰的傳記作家莫德（A. Maude）曾經寫下關於托爾斯泰內心掙扎的評論：

> 那些因爲托爾斯泰從事宗教問題、道德問題與社會問題的研究而表示惋惜的人，正表明了他們自己的侷限性。甚至他的小說的大部分價值，也正是得力於他對眞理與博愛的渴求，這種渴求是他從幼年到老年的特點，只有那些爲《那麼我們應該怎麼辦？》所吸引的人，才能眞正欣賞《戰爭與和平》」（宋蜀碧等譯，1984，頁605）。

三、世界觀轉變前的傳統貴族

　　大航海時代最後推演出的雙元革命，讓這原本數千年傳統世界變了貌，我們把它稱爲現代化，傳統無可避免地必須走向現代。俄羅斯社會從彼得大帝以來的歐化改革，可說是第一個非西歐社會非常有意識地正面迎對這現代化挑戰。事實上，法國資產階級是在普羅大眾的支持下，進行大革命推翻封建貴族的寡頭統治。然而革命後，資產階級隨即拋棄過去的普羅大眾盟友與傳統貴族合作，拿破崙（B. Napoleon）正是此一情境下兩個階級混血的「貴族資產階級」維護者。

　　經歷1825年「十二月黨人」事件之後的俄羅斯，更是此一西歐歷史變遷的翻版。貴族更加勢弱、逐漸退出舞台，取而代之的是翻了好幾翻的暴發戶。貴族出身的托爾斯泰在他的創作初期，一方面描寫貴族經歷、恨鐵不成鋼；另一方面痛斥資產階級對農民的胡作非爲。不過，面對他比喻的這片泥濘俄羅斯，他選擇的是，沿著這片泥濘溫和地「繞彎走」，而非激烈地「向上爬」。

（一）從《童年》到《哥薩克》

從1852年《童年》到1862年《哥薩克》，托爾斯泰已經躍居俄羅斯文壇重要成員。這段期間的創作主要是以其親身經歷的貴族生活與高加索從軍為題材，這是托爾斯泰創作歷程的「開始」階段。

《童年》、《少年》與《青年》，被稱為托爾斯泰的「成長三部曲」；而之後的《一個地主的早晨》（1856年），則是根據他大學中輟，1847年19歲回到家鄉，希望實現農業改革的真實經歷，是成長三部曲的續篇。《童年》的時空只有兩天（一天在莊園、一天在莫斯科），以主角希望過自覺生活開始，但卻以失去童心結束；《少年》則是描述少年，在童年之後逐漸腐化，然後在青年時期之前得到改善；《青年》則是寫對美、幸福與美德的嚮往，但最後的第45章標題卻是「我失敗了」，即是指大學考試失敗了。《一個地主的早晨》就是這樣一位學業失敗的青年（隨時攜帶著盧梭的《懺悔錄》與《愛彌兒》），第一次回鄉一展抱負的親身經歷。這位年輕地主懷抱著善良的心，像進行慈善事業般嘗試改善農村生活但卻不可得。年輕地主在這樣的雙重打擊下，以致接下來生活荒唐。

耽溺惡習幾年，終於在其大哥引導下同赴高加索，感受大自然之美與樸實生活。後來並實際參與對車臣山民的襲擊與後來的克里米亞戰爭，特別是黑海的海軍基地塞瓦斯托波爾的保衛戰。《襲擊》的前面即引述柏拉圖對勇敢的定義，「該怕的怕，不該怕的不怕，這就是勇敢。」而這勇敢定義，即是從軍的托爾斯泰評定人物的最重要標準。在眾多短篇戰爭小說中，作家歌頌樸實平凡的士兵與普通軍官；而對那些外表威武、內心膽小，漠視士兵傷亡的貴族軍官充滿鄙夷。小說一反過去戰爭文學的浪漫主義傳統，在描繪戰士英勇的同時，也不隱諱他們的害怕以及戰爭的殘酷。

另外，小說裡不僅表達對車臣山民的同情，同時也對戰爭的意義表示懷疑。

　　而不管是塞瓦斯托波爾保衛戰故事，還是《彈子房計分員筆記》與《高加索回憶片段：一個貶謫的軍官》，都反映了貴族軍官生活的空虛與墮落。托爾斯泰原本希望戰爭可以使統治階級得到道德上復興，並使全國上下團結一致，但如此幻想也落空。在《兩個驃騎兵》（原名是《父與子》）裡，老土爾賓仍舊有著正面的封建騎士精神，而小土爾賓則是染上工於算計的資產階級習氣，在這意在言外的人物描述中，新的資產階級文明要負最大責任（在稍後的《盧塞恩》與《波利庫什卡》中表達得更直接）。

　　如果說《一個地主的早晨》代表著托爾斯泰的第一次回農村改革；那麼《哥薩克》就是其第一次「出走」，描寫他1852年前往高加索從軍的真實經歷。奧列寧擺脫莫斯科的虛偽生活，迷醉於高加索自然美景與生息於此的哥薩克人。其中耶羅施卡與瑪麗雅娜更是大自然薰陶下的人物，與文明社會截然對立。作品裡呈現著盧梭思想，有著平民化的意願以及為他人活著才是幸福的想法。托爾斯泰想從半開化的哥薩克中找尋俄羅斯的未來。主角奧列寧希望改造自己，融入這個沒有階級的社會，也就是使自己適應外界而不是去觸動外界，這是他創作初期選擇繞著彎路走的路徑。

（二）從《戰爭與和平》到《安娜・卡列尼娜》

　　托爾斯泰在創作初期，現實中的所有願望都未得到正面回應，代表這階段尾聲的《哥薩克》，幾乎等同思想上的出走。而總括地說，由於自己的貴族出身，所以他把這新時代的諸多弊端更多地指向是新興資本主義文明造成，對於過去的封建體制則是盡可能輕輕帶過。

1862年，與托爾斯泰同年出生的車爾尼雪夫斯基（N. Chernyshevsky）被捕，而托爾斯泰家也被搜查，調查其是否與流亡海外的赫爾岑（A. Herzen）聯繫。獄中的車爾尼雪夫斯基寫下《怎麼辦？》，副標題是「新人的故事」，這新人的倫理觀是合理利己主義，同時也在高壓迫害下主張非常手段的暴力革命，揭開了革命民主主義的新方向。而托爾斯泰則在完成《哥薩克》後，也有諷刺新人的劇作《一個被傳染的家庭》；另一方面他也擱下已寫作數章的《十二月黨人》，因為他不能認同十二月黨人疏離人民，而又主張革命手段。

托爾斯泰把目光轉向過去歷史，間接表達對當代貴族階級的不滿；但他又無法認同革命民主主義的激烈主張，於是轉向最廣義的「人民思想」（其人民幾乎等同於民族）。1863年托爾斯泰開始著手《戰爭與和平》，他藉古託今希望能有像「我們的公爵」安德烈、「我們的老爺」皮埃爾等優秀貴族，領導著俄羅斯的未來。

1.《戰爭與和平》

《戰爭與和平》問世幾使當時深受西歐文學影響的俄羅斯文學界不知所措，甚至原本西歐文學的框架也無法歸類。在一開始出單行本時，托爾斯泰接受評論家意見，刪去關於歷史哲學議論的部分；但十多年後，他又回過頭來全部補齊[5]。當俄羅斯面臨拿破崙此一「貴族資產階級」威脅時，有像脫離人民的華西里首都貴族的虛假做作，但也有像與人民融為一體的，如羅斯托夫鄉間貴

---

5. 這是一本滿溢的歷史小說。托爾斯泰不僅在開頭寫了作者序，談論藝術家與史學家的任務不同：故事中，或是第一人稱，或透過主角喃喃自語，道出生命體悟旁白；甚至在第二部尾聲，思索著人類歷史的自由與必然。

族的質樸善良。當拿破崙佔領莫斯科失敗後，罔顧自己的士兵受凍以最快的速度逃回法蘭西；對比之下面對幾十萬的法軍撤退，俄羅斯元帥庫圖佐夫卻一直不願下追擊命令，希望他們趕快沿著原路離開俄羅斯。

　　而我們的老爺皮埃爾第一次參加社交晚會時是為拿破崙辯護的。「拿破崙偉大，因為他站得比革命高，他制止了革命中的過火行為，保持了一切好的東西，像民權平等啦，言論出版自由啦，因此他獲得了權力。」然當拿破崙入侵俄羅斯，卻衝擊著皮埃爾，且認為這災難是拿破崙一人造成的。後來皮埃爾向娜塔莎說，他就是從普拉東那裡才獲得精神的寧靜與內心的和諧。這位善良的圓圓的俄羅斯人典型，在書中托爾斯泰有意將之描述為「我們的老爺走向我們的民眾」。當拿破崙一馬當先逃回法蘭西時，交換的畫面是身患熱病的普拉東再也走不動。他和其他掉隊的俄軍俘虜一樣，靠在一棵樺樹下，無怨無悔地知道自己的生命即將來到盡頭。而當皮埃爾確知普拉東被槍決，不禁悲從中來號啕大哭。樂天的生命在殘酷的歷史面前，竟還是必須為這樣的命運繼續樂天。

　　另外羅斯托夫伯爵家的尼古拉，原本對沙皇亞歷山大一世（Tsar Alexander I）一片效忠之情，但卻在1809年看到其與拿破崙在涅曼河會面。尼古拉怒氣沖沖地說：一個合法的皇帝不可以跟罪犯拿破崙講和。讓尼古拉感慨的是：如今拿破崙當上皇帝了，

「我們的老爺」皮埃爾
（1956年 King Vidor 執導的
《戰爭與和平》電影，皮埃
爾由演員 H. Fonda 飾演）。

亞歷山大皇帝也喜歡他、尊敬他；那麼，那些丟胳臂缺腿的人和犧牲的人又是爲了什麼呢？他自己的疑惑很快地就自我回答，然後在同袍間愈說愈大聲：

> 我們又不是外交官，我們只不過是士兵，要是命令我們去死，我們就去死。要是我們受懲罰，那就是說罪有應得，我們可無權批評皇上。皇上承認拿破崙是皇帝，跟他訂立同盟，就是說應該如此。要是我們對什麼事都說三道四，那就沒有什麼神聖的東西了。這樣我們就會說，上帝不存在，什麼也不存在了……（草嬰譯，2004a［7］，頁567）。

之後尼古拉不斷喝酒，間接表達他內心的困惑與無奈。戰爭結束後，尼古拉認眞經營起農業。不過，尼古拉不喜歡當時流行的那套英國辦法、嘲笑經濟理論，不喜歡經營工廠與單一農作物生產。瑪麗亞公爵小姐驚訝於自己丈夫對農業的熱愛，特別是尼古拉認爲農民不應是手段，而是目的和法官。所以，後來列寧（V. Lenin）會一邊說托爾斯泰是「俄國革命的一面鏡子」，一邊對高爾基（M. Gorky）說：「一個實實在在的農民！在這位伯爵出現之前，我們文學裡就沒有一個眞正的農民……歐洲有誰能夠同他比肩媲美呢……沒有」（Lukács, 1950, p. 127）！

2.《安娜·卡列尼娜》

當俄羅斯擊退入侵者拿破崙後，正如托爾斯泰說的「既然有西方民族的東征，自然也就有東方民族的西征」，亞歷山大一世親率俄軍一路追至巴黎，俄普奧聯軍終擊潰法軍占領巴黎，俄國

勢力深入中歐。另一方面，由於俄國軍官親征西歐且駐軍巴黎年餘，親身體會西歐較爲自由的思想。他們返國後深感俄國落後，對沙皇制度漸表不滿。1825年亞歷山大一世逝世，爆發要求改革的「十二月黨人革命」。而另一方面，工業革命也讓俄羅斯翻了一番，在《安娜・卡列尼娜》的寫作過程中，經濟大變動已然成形。

《安娜・卡列尼娜》寫家庭悲劇但卻也是史詩，從家庭的混亂延伸放大至整個社會的失序。透過舞會、賽馬、割草，以至最後俄、土戰爭討論，整體性史詩風格寓意在眾多細節中展現。比如安娜在與伏倫斯基舞會後，注意到卡列寧的大耳朵；對比後來，安娜從伏倫斯基的面部表情，看出他對她的厭惡。

《安娜・卡列尼娜》中包括安娜、奧勃朗斯基、卡列寧、列文與吉娣，都有獨白「我沒有錯」。而除了安娜之外，其他人說完「沒有錯」之後，都沒有進一步探問：「那，到底是誰的錯？」[6] 對照之下，安娜在對著陶麗說了「可是我沒有錯」後，卻緊接著詢問：「那麼是誰的錯呢？錯在那裡呢？難道有別的辦法嗎？」而這或許是托爾斯泰將書名取爲《安娜・卡列尼娜》的主要原因。

在新時代由於希望更多勞力加入勞動市場，這是農奴、黑奴獲得解放的根本原因，而這也是資本主義社會相較封建社會有效率的地方。那原本代代相傳的職業宗法，被相對自由的市場法則取代。然過去的奴隸都獲自由了，那女性的自由在哪呢？

對安娜最亮麗的描述是陶麗前去探訪她的整個過程。路途中，陶麗回顧自己15年的婚姻生活是如何受罪，然後心中浮現「他們攻擊安娜。爲了什麼？難道我比她好嗎？」陶麗心中的答案竟是「安娜的行動了不起，我說什麼也不能責備她。」沒多久，出現在陶麗面前的是「戴著一頂高帽露出一絡絡烏黑頭髮的漂亮腦袋，她那豐滿的肩膀，她那穿著黑色騎裝的苗條身段，以及端莊優美

的騎馬姿勢，這一切都使陶麗感到驚訝。」當陶麗還在思索女人騎馬，是輕浮還是優雅時，安娜竟不需他人攙扶跳下馬，高興地迎向陶麗而去。之後在與陶麗閒聊時，充滿生之歡愉的安娜，彷彿透露之後急轉直下的可能話語：「我不想表白什麼，我只要生活；我不想傷害任何人，除了我自己。我有這樣的權利，是不是？」

相較安娜的自由追尋，其丈夫卡列寧則總是上對下、自我中心地生活著。從卡列寧與兒子的應對中，我們更能體會安娜八年婚姻的苦悶。「謝遼查覺得，父親對他說話，總是像對一個憑空想像出來、只有書本裡才有的孩子說話……。」甚至在卡列寧「饒恕」安娜的那一段，也是自我中心地感受這饒恕的幸福。卡列寧將自己的名利列為首要，不尊重對方主體，任何活生生的生命在其掌控下都為之黯淡無光。而這正是資本主義時代誕生的機械典型人物。

安娜非常有勇氣地走出虛偽人生；但時代的限制，她的「我只要生活」自信，還沒有達到完全對自己主體性確立；她對伏倫斯基的愛情依賴，使她一步一步走向毀滅。

沒有兒子撫養權的希望，加上對伏倫斯基依賴，換來的是與日俱增地遭到嫌惡，安娜終至對整個世界絕望。為何整個婚姻悲

---

6. 安娜的哥哥奧勃朗斯基勾搭家庭女教師羅蘭小姐，被太太陶麗發現後，被罰睡在書房起來後說：「最糟的是什麼事都怪我，都怪我，可我又沒有錯。全部悲劇就在這裡，啊呀呀！」卡列寧抱怨安娜讓他受罪，做了不離婚維持現狀的決定後，說著：「她活該倒楣，可我沒有過錯，我不能因此受罪。」而列文則是不願更積極地把產業讓給農民，在自問難道公正行動只能是消極的嗎？他自言自語道：「那又怎麼樣？又不是我的過錯。」而列文的太太吉娣，在維斯洛夫斯基的刻意親近，以及列文的忌妒下，激動哭泣地說：「但是，列文，難道你看不出這不是我的過錯嗎？」

劇是由伏倫斯基引起，但到後來整個社交圈的門仍對伏倫斯基敞開，但卻對她完全封閉。安娜的心跳加速，「既然再沒有什麼可看，既然什麼都教人討厭，為什麼不把蠟燭滅掉呢？」安娜最後以結束自己生命，向整個社會表達最深沉的抗議。對安娜困境的疑惑，我們應是不會停留在絕望與憎恨之中，反而在小說讀完會想起安娜的那一句話：我沒有錯，那到底是誰的錯呢？

（三）從多餘人到退場人物

　　「多餘人」是受拜倫（G. Byron）思想影響，在尼古拉一世（Tsar Nicholas I）的專制統治下，俄羅斯貴族無法有所作為的苦悶象徵。而其特點是，生活在優裕環境且受過良好教育，有著高尚理想卻遠離一般民眾；不滿現實卻無行動，他們是思想上的巨人、行動上的侏儒，只能在憤世嫉俗中虛擲一生。這樣多餘人的文學畫像有：普希金（A. Pushkin）《葉甫蓋尼·奧涅金》的奧涅金、萊蒙托夫（M. Lermontov）《當代英雄》的畢巧林、赫爾岑《誰之罪？》的別利托夫，還有屠格涅夫《羅亭》的羅亭與岡察洛夫（I. Goncharov）《奧勃洛莫夫》的奧勃洛莫夫。

　　多餘人既不願站在政府一邊，與上流社會同流合污；但也無法融入民眾一起反對專制和農奴制度。他們心儀西方自由思想、不滿俄國現狀，但卻沒有任何行動。

1. 帶有多餘人特徵的安德烈

　　《戰爭與和平》中安德烈的一開始出場，被描述為「疲倦呆板的眼神到緩慢均勻的步伐」，而這幾乎是普希金的奧涅金或萊蒙托夫的畢巧林翻版。事實上，托爾斯泰筆下的安德烈是俄羅斯多餘人的新時代想像。

不過，這位格格不入、對周遭乏味厭惡的多餘人安德烈，仍是有著衛國戰爭的責任。安德烈這位我們的公爵在《戰爭與和平》中主要經歷兩次戰爭。第一次是1805年的奧斯特里茨戰役，出發之前，安德烈父親與他的互動，正是俄羅斯傳統宗法世界裡，典型的貴族職責典範。安德烈的父親告誡他說：「你要是被打死，我老頭子會覺得傷心……但我要是知道你的行為不像尼古拉‧保爾康斯基的兒子，我會感到……羞恥。」但在這場他鄉異地的戰役中，安德烈自始就多所踟躕，他想著「說來也怪，為了片刻的榮譽，為了戰勝敵人，為了獲得我根本不認識的人們的愛，我會毫不猶豫地拋下自己的親人。」

　　會戰受傷後，安德烈仰視天空看著、想著：雲朵在無邊無際的高空中始終從容不迫地飄翔著。一段時間後，拿破崙從安德烈身旁走過，受傷且虛幻榮譽不再的安德烈卻這麼想著：這個曾經是他心目中的英雄拿破崙，與浮雲飄飛的蒼穹相較竟是渺小微不足道。從此，安德烈對生命有了新的理解。傷癒回到家鄉，安德烈竟接著面對妻子難產而死，這使他消極、生活了無生趣。然巧遇娜塔莎的燦爛笑聲與老櫟樹的披滿綠葉重生，又讓安德烈重燃生命活力。

　　然當1812年法軍渡過涅曼河消息傳來後，再次決定了安德烈的命運。這次戰爭再也不是之前的請客吃飯，而是生死存亡的保家衛國。拿破崙毀壞他世居的家園並凌辱斯摩稜斯克，8月在鮑羅金諾這裡終於要會戰了。會戰前夕，我們看到安德烈的言語已經沒有先前的浪漫與猶豫。之前負傷的「天空之詩」，此時成了安德烈生命的不祥預兆。安德烈幾乎是以訣別語氣告訴皮埃爾：真正決定明天戰役的是我們，而不是他們……勝利從來不靠陣地，不靠武器，甚至不靠人數，尤其不靠陣地。靠感情，靠我心裡的感

情，靠每個士兵心裡的感情。「法國人毀了我的家，現在又要來摧毀莫斯科，他們一直在侮辱我。」

　　會戰時，安德烈身在最前線，一顆榴彈落在安德烈兩步之遙，他就是不願臥倒，當他跟副官回應臥倒是可恥之際，並說著「我不能死，我不想死，我愛生活，我愛這草、這土地、這空氣……」，而這正是貴族榮譽攸關的時刻。

　　身負重傷昏迷一段時間後，安德烈向醫生要了一本《福音書》放在身旁，他生命盡頭的幸福是與《福音書》聯繫在一起（之後，我們看到托爾斯泰寫作《安娜・卡列尼娜》的列文與《復活》的聶赫留朵夫，其生命觀改變後也都依靠著《福音書》。）安德烈透過《福音書》理解了愛與寬容，正如娜塔莎說的「他身上起了變化。」在安德烈生命結束之際，對娜塔莎與他妹妹瑪麗雅公爵小姐，除了悲傷哭泣外，她們也都「因為面對這簡單而莊嚴的死的奧祕，內心充滿了虔敬的感情。」

　　2. 是否該退場的列文

　　《安娜・卡列尼娜》是兩條線平行，除了安娜還有列文。如果說，安娜是消極地應對「誰之過」，那麼列文就像托爾斯泰自己直接面對新時代的變遷。安娜的逝去象徵一位身陷時代巨變的自覺女性，無法主動改變命運的悲劇；而緊接的列文危機，則是一位舊時代貴族面對「一切堅固東西都將煙消雲散」之際，該如何面對未來的掙扎。

　　列文自始至終都與農業、農民及農業勞動聯繫著。他喜好鄉村厭惡都市，「鄉村好就好在它是勞動的場所，而勞動又是絕對有益的。」在與其哥哥柯茲尼雪夫爭執，特別是列文對現代醫療與學校嗤之以鼻後，他與農民共同進行了一段有益身心的割草勞動。

他自己戲謔地用德語說這是勞動療法，陶醉在這樣的運動中「這實在是最幸福的時刻呀。」不過，列文認同許多地主的看法，解放農奴把俄國給毀了，他與農地上的耕種農民一直有著緊張的殘酷而頑強的鬥爭。對於俄國整體農民的水準比歐洲低，列文一直在思考著經營農業的新計畫，包括縮小經營規模等。而地主與農民之間的彼此不信任也是重大阻力，因為農民認為地主除了掠奪他們外，不會有其他好的目的，甚至列文也自省到「勞動者只有按照他們自己的方式才願意工作，才肯好好工作。」

而讓列文更為苦惱的是，舊的問題都難收拾了，還必須應對無可抵擋、新的大型農場經濟，也就是農業的資本主義化。小說裡頻繁出現英語，而且到處都是英國貨，甚至是模仿英國家庭的生活方式。

與吉娣婚後的列文，對這樣的新農業體制認為是不合理地引進外來文明，讓俄國農業衰落。列文甚至反對銀行與鐵路，認為這些都是不勞而獲。特別是鐵路的修築，他甚至為文論述興建鐵路在歐洲無疑是必要，但在俄國卻是造成危害、虛假繁榮、為時過早，就像動物裡某種器官早熟反而妨礙全面發育。比較列文還想與新時代文明抗衡，他太太的姊夫奧勃朗斯基早就聽天由命隨波逐流。奧勃朗斯基落魄到，為了希望有個新事業，而在波爾加林諾夫猶太人那枯等兩小時，自嘲是「登門求告猶太佬，冷板凳上坐到老！」

書中，安娜與列文這兩條平行線終在奧勃朗斯基的牽引下交會。一幅巨大的女人全身像，吸引著列文的注意。這是安娜的畫像，由畫家米哈伊洛夫完成，列文正凝視著這彷彿要從畫框裡走出來的人。安娜從屏風後面走出來迎接他，並說著：「我太高興了」；而列文則是在書房黯淡的光線下看見了畫裡的女人。在經歷

了有關藝術、慈善事業眾多主題的談話後，列文摒除了過去對安娜的成見，認為安娜除了智慧、文雅和美麗外，還有誠實的美德。列文好奇著這個過去被他譴責的安娜，如今他卻以古怪的邏輯替她辯護、為她難過，並且唯恐伏倫斯基不能充分理解她。「冰塊融化了」，安娜對列文高興地如是說。

而在安娜過世後，列文竟也在兒子出生，幸福家庭外表下陷入精神危機，小說所陳述的和托爾斯泰在《懺悔錄》裡的描述，幾乎一模一樣。

面對外在世界變動，以及內心世界的痛苦，列文依舊堅持著善。這個超越因果獎賞的善，書末提及希臘正教斯拉夫與伊斯蘭教土耳其的塞爾維亞軍事行動。托爾斯泰透過列文一反當時輿論，不以為然這樣的軍事行動。列文以「我也是人民」表示，無論以何之名，要一個俄羅斯人打死一個土耳其人，他都是不同意的。要為被壓迫的斯拉夫塞爾維亞人自我犧牲可以，但列文卻強調無論如何都不應殺人，這是善的根本原則。

四、懺悔貴族：發現自己的史詩命運

《安娜·卡列尼娜》寫作前後五年，托爾斯泰感到非常痛苦。在那個俄羅斯封建崩解年代：安娜問題終成悲劇，結局令人沉思；而潛存其中的列文問題[7]，則在書末拉升成為往後作者的道德與宗教轉向。

對照列文的描述，幾與托爾斯泰在《懺悔錄》裡的心靈危機一樣。「於是，列文這個身強力壯、家庭生活美滿的人，竟幾次想到自殺，他只得把繩子藏起來免得上吊，隨身不帶手槍免得開槍自殺。」最後列文走出育兒室，憑欄望著天空，「我不知道究竟是什

麼，但這種感情卻不知不覺痛苦地出現在我身上，並且牢固地扎根在我心裡。」

與托爾斯泰有密切往來的英國人莫德，其所撰寫的托爾斯泰傳記，是最早將之分為《前五十年》的第一卷與《以後的年代》第二卷，清楚地標示出：寫作《懺悔錄》時期的托爾斯泰正是此一關鍵分水嶺。不過莫德也提出，這重大轉折的「自然蛻變」解釋。莫德認為：托爾斯泰以前寫的故事和小說，預示了他現在所宣揚的觀點；他在雅斯納雅學校裡的工作也大都趨向這同樣方向。在他的生活外表上沒有顯出什麼突然的改變，後來的變化是從過去發展而來的，因此與其說是採取斷然的行動，還不如說他逐漸地在爬上一座山嶺來得自然（宋蜀碧等譯，1984，頁466）。

（一）傳統貴族的心靈危機

在《懺悔錄》之前，托爾斯泰幾乎都是以其個人為中心，細心觀察人世間的一切，以他獨特的藝術觀察，將即使是最細微的細節也能賦予整體豐富的意涵。《安娜・卡列尼娜》的列文、《戰爭與和平》的安德烈、皮埃爾、尼古拉，《哥薩克》的奧列寧或是《一個地主的早晨》中的聶赫留朵夫等，這些小說人物某種程度都有托爾斯泰自己的身影。然而過去眾多小說人物，到了列文這裡時，終至迷惘、不知所措。

---

7. 杜斯妥也夫斯基曾在《作家日記》中，批評這樣的「列文問題」。《安娜・卡列尼娜》第六部裡，列文與一起打獵的朋友，談及地主與農民不公平的付出與收穫，但列文又不願採取積極行動，最後結果是自問了「難道公正行動只能是消極的嗎」？然後又自我回應「那又怎麼樣？又不是我的過錯。」杜斯妥也夫斯基以「正直的人需要真理」為名，責難列文這樣是「不善於解決，困惑他的問題。」

事實上，早在托爾斯泰1857年西歐之行後的《盧塞恩》裡，我們就看到他對原先崇信西歐文明的迷惑。在瑞士的盧塞恩（琉森），托爾斯泰見識到在海外旅遊英國人的言行。英國人在餐桌上表現彬彬有禮、恪遵禮節，但實際上只有一種表情：那就是只滿足於自己幸福，對周圍與己無涉的東西漠不關心。

　　在這短篇小說中，托爾斯泰特別標註以下這樣事實，對西歐的文明旅遊勝地表達困惑與抗議：

> 1857年7月7日，在盧塞恩那家頭等闊佬下榻的瑞士旅館門前，一個流浪的乞討歌手唱歌彈琴達半小時之久。百來個人聽他演唱。歌手三次要求施捨。沒有一人給他任何東西，有許多人還嘲笑他。

　　原先，他以爲這些國家是俄羅斯必須學習的文明國度，此刻卻讓托爾斯泰爲之夢醒。因此，小說的結尾是充滿著一堆問號：「難道這樣的國家是自由的國家嗎」？「誰能爲我下個定義，什麼叫自由，什麼叫專制，什麼叫文明，什麼叫野蠻？」

　　這樣的大哉問，隔了20年後竟轉化成個人存在意義的質疑。在托爾斯泰的《懺悔錄》裡，化爲以下的一連串問題：「『你在薩馬拉省將要得到六千畝地，三百批馬，那很好，以後呢？』我傻了，不知道以後該怎麼考慮。或者當我開始思索怎樣教育子女的時候，我會問自己：『目的何在？』或者當我議論別人怎樣才能謀得幸福的時候，又突然問自己：『這關我什麼事？』或者當我想到我的作品爲我贏來榮譽的時候，我又自言自語地說：『好吧，你會比果戈里（N. Gogol）、普希金、莎士比亞（Shakespeare）、莫里哀（Moliere）更有名氣，世界上沒有別的作家能趕上你，那又怎麼

樣⋯⋯』我一個字也回答不出來。」

如此之危機，使得托爾斯泰曾消極地羨慕一字不識的農民，好似他們沒有這樣的苦惱。托爾斯泰這樣生活了一兩年終於出現了轉折，那是，與那些坦然接受貧病折磨但仍懷抱信心生活下去的芸芸眾生相處。他說「我們這一類人，既有錢又有文化的人，我們的生活不但使我厭煩，而且已失去了任何意義。我們的言談舉止以及科學、藝術，在我看來完全是兒戲。我明白，不能從這些地方尋求人生的意義。我認為勞苦民眾創造生活的行動，才是唯一真正的事業。於是我明白，這種生活中是真正存在著意義的。我承認這一點。」[8]

托爾斯泰進一步意識到，自己過著像寄生蟲般的生活。腦力活動的極限，使他決定和勞苦大眾共同勞動（而這，在列文與農民一起割草時就已有所體會。）過去，靠著仰望天空減低自己的恐懼；而如今「我已經不往頭上看了，因為我整個人越來越覺得，有了牢靠的支柱可以依託了」（劉季星譯，2009，頁84）。

四年後在《伊凡‧伊里奇的死》（依據一位圖拉法院法官的真實故事改編），可說是《懺悔錄》的小說型式創作。「那愈益逼近的可怕又可恨的死，只有它才是真實的，其他一切都是假的」；而真心照顧伊里奇的農民蓋拉西姆則早先就回應他，「我們大家都要死的。我為什麼不能侍候您呢？」

伊里奇一直過著普通簡單的生活，因為生病後開始自問「是不

---

8. 對比托爾斯泰心靈危機，穆勒也曾在其《自傳》中詳述其心靈危機。而那是資本主義背後運作的思想基礎功利主義價值，第一次遭到根本動搖。而最後，穆勒感受到自己對於別人的重要，如同小男孩馬蒙特爾專注於家人幸福，使得穆勒從絕望的深淵中逐步站起（Mill, 1957, p. 87,91-92）。

是我的生活有些什麼地方不對」？而當伊里奇看著善良蓋拉西姆的臉時，才真正體會到「我這輩子說不定真的過得不對」。他並從他妻女與醫生中，看到了過去的自己，「看到了他賴以生活的一切，並且明白這一切都不對，這一切都是掩蓋著生死問題的可怕大騙局。」而最終在他臨死前一小時，由於兒子對他的傷心而最終領悟一切。可以說伊里奇的澈悟，正是托爾斯泰《懺悔錄》後的重生。

（二）史詩命運：那麼我們應該怎麼辦

杜斯妥也夫斯基1881年過世，托爾斯泰的《懺悔錄》隔年完成。可能的推論之一是，杜斯妥也夫斯基的過世帶給托爾斯泰脫離危機的領悟。杜斯妥也夫斯基在《少年》最後說列文是退場人物，而確實在其接下來的《卡拉馬助夫兄弟們》裡的人物，都沒有了貴族角色，多餘人正式走入歷史。然後托爾斯泰接下來積極走向人民，1882年並實地參與莫斯科的人口調查工作，並多次探訪貧民窟。之後完成〈關於莫斯科人口調查〉與《論人口調查期間的救援工作》，在經過補充後成書為《那麼我們應該怎麼辦？》。

1.《那麼我們應該怎麼辦？》

在《懺悔錄》中托爾斯泰提及康德《純粹理性批判》，由於無法證明上帝存在而迷惘；在1886年完成的《那麼我們應該怎麼辦？》，卻明白指出康德《實踐理性批判》的道德學說不應被忽視。此時托爾斯泰不僅反駁「談論道德」是俗氣與乏味，甚至說「人類也只在做一件事，即為自己闡明自己賴以生存的道德規律」；「闡明道德規律不但是全人類的主要的事，而且還是唯一的事。」

在莫斯科的實際都市貧窮調查裡，讓托爾斯泰覺察都市與農村關於貧窮的差異。他特別提到：在農村奢侈，對一個有良心的人是

寢食難安的；而在都市，大家卻可以習以爲常。比如在農村，「當你身邊有孩子喝不上牛奶時，而有人卻用牛奶洗澡」、「當身邊有人居住惡劣、沒有木材生火時，而另一些人卻在修建陳列室或花園」，都是令人難堪的。而這一切在城市卻被視爲「本應如此，文明必不可少的條件。」托爾斯泰告訴我們，他是如何連哭帶喊地，對著他一位都市朋友說：「不能這樣生活，不能這樣生活！不能！」

托爾斯泰說他不是用頭腦心靈而是用整個生命懂得，他過去的貴族奢侈生活就是犯罪。「我不但是罪行的縱容者，而且還是罪行的直接參與者。」只要有多餘的食物，而另一個人完全沒有食物，有兩件衣服而別人連一件也沒有，「無論世界上一切有學問的人怎樣告訴我，這樣的事是多麼必要，我還是懂得了，這就是犯罪……。」書中托爾斯泰嚴詞批判，爲這樣制度護衛的政治經濟學、法學、神學與哲學等。

在這樣的「怎麼辦？」自我追問中，托爾斯泰得出了自我勞動「用自己的雙手去做一切我們能做的事」的結論。托爾斯泰質疑慈善活動與許多學科的虛假，並在書中論述黑格爾「一切存在的都是合理的」，是放任了人們的弱點，四體不勤有教養人的新辯護教義。他自覺可笑地說，竟然經過那麼多的探索歷程，才達到這只消開一扇窗的真理，也就是體力勞動，去做自己所需要的一切。

書末，他更提及所有權是萬惡的根源，認爲人一旦將身外之物當作自己的私有物時，不只是錯誤，也將帶給自己與他人的痛苦。雖然托爾斯泰說著「因爲妻子與兒子永遠不可能像我的身體一樣服從於我的意志，我的真正的私有物仍然只是我的身體。」而這，就像是反面的寓言一樣，當往後托爾斯泰準備要拋棄家產時，他的家人特別是他太太索菲亞（Sofya）無法接受他的意志時，竟是他晚年痛苦的關鍵所在[9]。

2.《當代的奴隸制度》

　　1900年的《當代的奴隸制度》承自《那麼我們應該怎麼辦？》。而寫書緣起則是托爾斯泰駭然聽聞莫斯科至喀山鐵路上任職的司秤員所說，那裝卸貨物的農民，竟然連續勞動36小時。經過他親自訪查才知這是鐵的事實。托爾斯泰透過這篇文章控訴資本主義制度是當代新的奴隸制度，比過去的奴隸制更糟糕，「被認爲是自由的人們，爲了掙得僅夠他們餬口的幾個錢，不得不去從事這樣的勞動。就是在農奴制時代，任何一個最殘酷的奴隸主也未必會迫使自己的奴隸這樣勞動。」

　　在進入新世紀之初，托爾斯泰清楚指出資本主義自由競爭的荒謬。以資本家與工人的平等競爭爲例，就像一個被綁住雙手、一個被授與武器，然後兩人都嚴格遵守同等條件搏鬥一樣。托爾斯泰同時也譴責資本主義的勞動分工，「如果讓一個師傅一生只做一種物品的百分之一部分」，那是傷害人的寶貴生命，只有自由的勞動分工才符合人性。而農村的勞動遠比都市的工廠勞動，較爲健康多樣，但大結構的經濟現實卻使人們一再地從鄉村移往城市。托爾斯泰的這些觀點，即使經過一百多年後，依然是今天血汗工廠的本質論述。

　　文中也提及美國廢奴何以會有南北差異？托爾斯泰認爲北方人要求消滅舊的奴隸制度，是因爲他們知道已經有了新的奴隸制度，而南方人尙未清楚認識。而只要是違背自己願望，執行別人的意志，就是奴隸制度。托爾斯泰發現：一種奴役手段，只有當另一種可以替代它時，它才可能被廢除。

　　此外，對於被當時認爲進步的社會主義，托爾斯泰也提出批評。他認爲，當勞動分工獲得眞正合理改變之後，則物品生產將

大爲縮小；而社會主義的理想卻說大家都可享用富裕階級的東西，這是有著明顯的內在矛盾。而他生前寫的最後一篇文章〈談社會主義〉，再次提到社會主義是一種欺騙與迷信。文中除了延續對資本主義的批評外，另也強調社會主義會利用政權的力量，對人使用暴力與奴役。

3.《天國在你心中》

從1884年《我的信仰》、1887年《人生論》、1893年《天國在你心中》到1906年的〈論俄國革命的意義〉，托爾斯泰一方面繼續從康德《實踐理性批判》的結語「位我上者燦爛星空，道德律令在我心中」，確立他心中的道德信念；另一方面則是從福音書中，推出不以暴力抗惡、拒絕服兵役，一直到否定政府、國家存在的必要。晚年的托爾斯泰服從自己良心與上帝律法「普世天國就在你心中」，批評殖民主義以至希望各民族能夠和睦相處。而這不僅不是一位需要退場的傳統貴族，而是即使至今依舊迴聲不斷的開放貴族之聲。

《我的信仰》首先揭開托爾斯泰對傳統宗教的質疑，對當權者與教會進行嚴厲批判，著作因此也開始被查禁。爲回應本書的眾多批判與迴響，於是有了後來的《天國在你心中》。而在這之中的《人生論》，更是之前《懺悔錄》的自我解答。《人生論》原本書名包括生與死，但從書名的變化，可看出此時的托爾斯泰是迎著光，

---

9. 晚年托爾斯泰為了希望將其文學遺產為所有人開放，三定其遺囑。在第一次擬定中，還保留1881年以前發表的作品給其家人；但在這樣認知後，特別是圖拉州法院裁定有效的定稿遺囑裡，其所有的作品都從私有變成公有。而也因為這個爭執，讓托爾斯泰最終離家、病逝車站。

向光明前進。《人生論》經過十多年精神探索，托爾斯泰呈現出對生命本質、人類幸福、理性、愛情、痛苦、肉體與靈魂等問題的探索。由於現實的道德困境，加速了托爾斯泰朝向宗教福音書的道路。

「基督教不是神祕的教義，而是對人生的一種新的理解」，托爾斯泰認為不只道德律令在你心中，宗教的天國也可以在你心中。《天國在你心中》影響後世的「公民不服從」與「良心的拒絕」理念深遠。尤其是1894年透過賈內特（C. Garnett） 的英譯本，在南非的甘地（M. Gandhi）閱讀了該書，並與托爾斯泰通信，將「不以暴力抵抗惡人的信條」付諸實際行動，並獲得巨大迴響[10]。

托爾斯泰以〈馬太福音〉「不要抵抗惡人」信念，說明當時日常生活與真正基督教精神的嚴重落差。特別是以國家之名強制要求人們服兵役的荒謬，「讓我做出如此可怕的犧牲的國家究竟是什麼？為什麼它是絕對必要的？」托爾斯泰回顧過去教會歷史，認為君士坦丁一世（Constantine I）在西元313年頒佈的《米蘭詔書》，是基督教被世俗國家吸收利用之始。從此基督教不再被迫害，但隨後成立的教會組織卻與國家政權密切合作。我們看到將暴力合法化的軍隊，成為世俗政府壓迫的工具；但同樣地托爾斯泰也不同意革命派以暴力手段推翻政權，在他看來以暴易暴的結果，只會換來另一個暴力政權的循環，他說：「革命的敵人從外部攻擊政府。可是基督教全然不攻擊政府，它從內部摧毀政府的基礎」（Tolstoy, 2006, p. 204）。

《天國在你心中》進一步批評普遍兵役制，將日益增加人民賦稅，使得國家債務不斷成長。另外軍備競賽以及對外的殖民主義，讓國家統治者獲得前所未有的權力。托爾斯泰質問這「強制性兵役」是違反基督教精神，但多數人卻為這樣的制度辯護。另外

在〈論俄國革命的意義〉裡，托爾斯泰有關殖民主義的軍備競賽論述，幾乎準確說明了後來兩次世界大戰發生的根本原因。他認為不管是專制或民主的政府，其災難都是日益增長的龐大預算以及擴充軍備的以鄰為敵，「籠罩著一切民族的那種相互鬥爭、相互恐懼、相互憎恨的憤怒而自私的情緒……」他甚至直指，順從這樣鼓吹暴力的政府其本身就是縱容與罪孽，而根本原因就是人們忘了上帝。如果記得上帝律法，那麼就不會將自己隸屬於任何國家，而各民族也才知如何和睦相處而不是更多的兵戎相見。

托爾斯泰進一步認為，西歐各國放棄農業比率的不斷上升（英國最甚），這是將奴役從國內輸出到國外的殖民主義。當托爾斯泰說著，俄羅斯不應步這些西歐國家後塵，並總結「不再服從政府、返回農耕生活」時，這位開放貴族正是為自己新的史詩命運做出回應。只是在當時，沒有太多人知道他在說什麼。

五、出路：重視義務的開放貴族

進入二十世紀後，這位開放貴族走向更大範圍的普世人道主義。早在《安娜・卡列尼娜》裡，小說中的列文就不贊同俄羅斯對土耳其的戰爭，而現實中的托爾斯泰更是明白表達對波蘭的同情。事實上，傳統貴族一開始對於新興資產階級伴隨而來的民族主義是拒斥的，因為中世紀的封建社會，各國王室貴族是相互通婚且彼此聯繫。托爾斯泰與赫爾岑一樣，對於俄羅斯新的權貴統治者

---

10. 甘地返回印度後，更以此信念對當時大英帝國強權，進行非暴力的不合作運動。而托爾斯泰則在1910年9月，收到在南非甘地的「印度人意見報」，並回信表示讚許。

鼓動的斯拉夫民族主義毫無共鳴，甚至挺身反對。流亡海外的赫爾岑，由於表達俄羅斯在1831年鎮壓波蘭革命的不滿，並直言對波蘭被壓迫者的同情，其影響力大受衝擊，但托爾斯泰並不因此而有所退卻。

　　1906年小說《為什麼？》，幾乎是重蹈前輩赫爾岑的腳步，表達對波蘭的深切同情，雖然他的前提是，不同意波蘭的武裝暴力反抗。《為什麼？》可說是寫實般地直指，當年尼古拉一世鎮壓波蘭的暴政是「敗壞和愚弄俄國人民」。波蘭年輕人米古爾斯基為了反抗俄羅斯入侵，失去所有財產並被流放；而在阿爾平娜心中，他是偉大的英雄與受難者，為此阿爾平娜追隨米古爾斯基並與其結婚。然其婚後生的子女，因為沒能得到好的醫療而病逝，後來她幫忙米古爾斯基逃跑也失敗，書名「為什麼？」正是阿爾平娜向人們、向上帝提出悲痛的提問，雖然她知道不會有答案回應。[11]

　　另一方面托爾斯泰雖然依舊不同意革命派的暴力手段，但他日益增加對革命派的同情。在〈我不能沉默〉中，托爾斯泰直指沙皇政府沒有任何理由指責革命家，因為「沒有你們，就不會有他們」，他們是你們的學生、產物與孩子。托爾斯泰甚至列舉四個理由，認為革命者的作為可以從輕。托爾斯泰後來還對其祕書布爾加科夫（V. Bulgakov）說道，他不能同意杜斯妥也夫斯基攻擊革命者，「他只是根據一些表面現象譴責他們，而沒有深入到他們的內心」（陳伉譯，1983，頁115）。[12]

（一）光在黑暗中發亮：出走

　　1882年《懺悔錄》後，托爾斯泰一方面積極社會改革，希望改善貧苦大眾的生活處境，一方面開始質疑、甚至否定私有財產，終至與結婚多年的妻子不合。原本之前只是精神出走，如小說《哥

薩克》；而今則在《那麼我們應該怎麼辦？》後，「不能這樣生活」地開始與其親屬家族陷入理想與現實的矛盾痛苦。

前面曾提及巴赫金的評論：托爾斯泰的最後三個劇本《彼得‧梅塔爾》、《活屍》與《光在黑暗中發亮》都是以「出走」作為主題。而這共同的主題，正反映出他晚年自傳性的處境。戲劇的主角意識到自己生活地位的罪惡，希望能從這樣的環境中脫離。《彼得‧梅塔爾》裡彼得賣身為奴，以償還他欠下的債，然而他傳統的價值觀並不允許他交出全部財產；《活屍》中的費佳老爺，則是看到周圍生活全是虛偽，自己只好充當「活屍」，以便不去干擾他人生活；而《光在黑暗中發亮》，則是尼古拉經歷了一次離家出走不成的家庭悲劇。

1900 年《光在黑暗中發亮》雖未全然定稿，但卻是托爾斯泰現實生活的真實處境。主角尼古拉清楚是他個人的信念，帶給周圍人們的不幸與痛苦；但儘管如此，他依舊認為個人信念的正確與否，不是根據其究竟帶給他人幸或不幸，而是應以本人良心為依歸。在堅持信念與眷戀家庭之間，尼古拉覺得他應離家出走，但現實上他卻做不到這一點。由於尼古拉做不到自己宣稱的理念，其言行不一遭到外界指責，於是只好裝瘋賣傻。

《光在黑暗中發亮》戲劇我們可以解讀為，一位即將破繭而出

---

11. 除了《為什麼？》之外，《謝爾基神父》是為移居加拿大、反對希臘正教儀式的新教徒而寫；而《舞會之後》則是為 1903 年「排猶事件」的猶太受害者而寫。兩篇文章都是響應募款而書寫發表。

12. 托爾斯泰晚年與高爾基直言，表達對杜斯妥也夫斯基的批評，甚至說著「很奇怪，他的書的讀者居然會有那麼多，我不懂這是什麼緣故」（巴金等譯，1959，頁109）！而另一方面托爾斯泰過世前，時時翻閱的卻是杜斯妥也夫斯基的最後一部小說《卡拉馬助夫兄弟們》。

的傳統貴族，其內心的思緒與掙扎。他希望實踐他的諾言，但卻又不希望傷害到孕育他的環境與摯愛的親屬。

這樣的內心交戰，不僅存在於托爾斯泰的小世界莊園；同時也發生在他、大世界沙皇政府與希臘正教教會的日益升高衝突中。特別是《復活》發表後，1901年2月希臘正教的最高議事機構主教公會正式開除托爾斯泰教籍。為此1901年3、4月，托爾斯泰分別寫就〈致沙皇及其助手們〉與〈答主教公會2月20-22日的決定〉以為回應。

〈致沙皇及其助手們〉呼籲書，其中「我不是把諸君當成敵人，而是當成兄弟」讀來剴切。托爾斯泰痛心說著俄羅斯如今分成兩個敵對陣營，其罪責不在那些我們稱為不安分守己的人民身上，而是我們政府本身。唯有改善大多數人的生活處境，才能達到真正的長治久安。而關於回應開除教籍部分，托爾斯泰則引用柯勒律治（S. Coleridge）的名言回應：「凡是開始時愛基督教勝過愛真理的人，很快地就會愛自己的教會或教派勝過愛基督教，最後則必定是愛他自己勝過愛世上的一切。」

在大世界由於托爾斯泰聲名巨大，沙皇政府技巧地將他孤立起來，書籍被查禁，甚至將其祕書古謝夫（N. Gusev）流放外省，但就是不動托爾斯泰本人。而小世界托爾斯泰則是與索菲亞理念愈來愈遠，尤其是放棄著作權部分。

1908年〈我不能沉默〉後面這些話語，正是托爾斯泰晚年找尋出路的內心告白：

> 這一切都是為我而做，我是這些可怕事情的參與者。這樣的斷言不管多麼荒唐，我還是不能不感覺到，在我這寬敞的房間、我的午餐、我的衣服、我的餘暇和為了剷除想要

奪取我享用之物的那些人而造成的可怕罪行之間，有著毫無疑義的從屬關係……我今天的安寧實際上有賴於政府現在製造的恐怖。認識到這一點，我就再也不能忍受了，我應當從這種痛苦的處境裡解脫出來。不能這樣生活，至少是我不能這樣生活，我不能，也不會再這樣生活了。

（二）出路：不再服從政府、返回農耕生活

杜斯妥也夫斯基曾經高度評價《安娜·卡列尼娜》，稱這是藝術作品的盡善盡美之作。在1877年《作家日記》的〈《安娜·卡列尼娜》是具有特殊意義的事實〉評論中，杜斯妥也夫斯基認為對「個人或社會，哪方該負責任」議題，竟能回答如此深刻，超越當時歐洲文學。他如此總結：這對於任何一位想自居人類裁判官或手上拿著天秤的人，應該有多少啟示啊！正如托爾斯泰在書中透過安娜的長輩，華爾華拉公爵小姐如此說著：「可以裁判的，只有上帝，不是我們凡人。」不過，杜斯妥也夫斯基同一時間對列文反戰的諸多批評令人錯愕。或許可以這麼說，杜斯妥也夫斯基的人道主義只及斯拉夫民族，而托爾斯泰的貴族出身卻讓他從褊狹的民族主義脫身。

近30年後的著作〈論俄國革命的意義〉，文學家蛻變為政論家的托爾斯泰可說實踐了杜斯妥也夫斯基最廣義的優秀人物期許，將侷限的斯拉夫主義開放為普世的俄羅斯選擇。

究竟是繼續東方民族屈從老路，還是重蹈西方民族代議制的覆轍，在1906年的〈論俄國革命的意義〉中，托爾斯泰則以「不再服從政府、返回農耕生活」，在最大的普世意義上期許著俄羅斯的未來，因為過著農耕生活的人最不需要政府：

正處於這兩種民族之間，學到了一些西方手段，但至今仍在對政府俯首聽命的俄羅斯民族，已經被命運放到了這樣的地位上，它應停下腳步，細細地深思，因為它一方面看見對專制政權的屈服已使它同東方民族一起遭受了那麼多災難，另一方面它又看見，西方民族限制政權並把它擴及到全民的做法也沒有減輕人民的災難，而僅僅是使這些民族的人受到腐化，並且面臨必須靠欺騙和掠奪其他民族才能生存的局面。俄羅斯民族自然應該設法用其他方式來改變自己對政權的態度，而不能照西方民族那樣去改變它。

對比於托爾斯泰在《盧塞恩》裡對西歐文明的批評，杜斯妥也夫斯基則在1862年西歐之行後，發表《冬天記的夏天印象》直指「自由平等博愛」僅是口號的烏托邦。特別是博愛，杜斯妥也夫斯基認為真正的博愛「不應是獨立的個人即自己之我來謀求自己與其餘所有的人具有同等價值和同等權利……不僅如此，這個因不平而訴求的個人，首先應當把自己整個的我，把自己整個獻給社會，並且不僅不要求自己的權利，而是相反，把自己的權利無條件地獻給社會。可是西方人不習慣這樣的做法。他們大聲疾呼地提出要求，要求權利，他們想分享權利，這樣就不會產生博愛了。」

而到1906年，托爾斯泰更明瞭只看到自己權利的西方民族代議制，最終是將自己民族利益建立在其他弱小民族的痛苦剝削上。他甚至直指當時經歷1895年日清戰爭與1905年日俄戰爭的日本，從歐洲那裡學會了這種腐化文明，「準備用那些本來用以對付他們的辦法來回敬自己的壓迫者」。也因此西方普選制的結果是，以前要供養的是少數的王公貴族，而今卻是「成千上萬的小帝王」。「這種虛構的限制政權，僅僅是統治者的替換與人數增多，從而又使

人們變得更加腐化、憤怒和凶惡。」

對照今天絕大部分的選民只注重自己的權利保障，幾乎無視於自己應盡的義務，甚至繼續如此會傷害社會整體福祉也在所不惜。而這幾乎是一百多年後的普世政治寓言。

（三）復活：這也是一條康莊大道

前面提及因為十二月黨人的失敗，俄羅斯出現了幾十年的多餘人困境。岡察洛夫的《奧勃洛莫夫》是傳統貴族在新時代所能達到的最美麗身影，那無所作為的「奧勃洛莫夫精神」，讓妻子阿加菲雅與曾經情人奧莉加相擁而泣，而僕人扎哈爾則一直不願意離開他主人的棲息地，淪為老乞丐更是令人動容。

1862年車爾尼雪夫斯基的《怎麼辦？》，提出合理利己主義的「新人」。而杜斯妥也夫斯基則在1864年寫下《地下室手記》，從溫情人道主義轉向現實人道主義，那是他「地下室人」告白。而托爾斯泰在《復活》裡，則描繪出一個「復活、覺醒的人」。一個回顧過去、不斷自省，最後跨越個人出身背景，有著最廣義的宗教信念，回復並重新活過來的人生新選擇。

而這是一位傳統貴族歷經懺悔後，邁向開放貴族的復活重生。在2010年紀念托爾斯泰逝世百年的紀念文集中，明尼斯基（I. Vinisky）發表一篇討論《戰爭與和平》裡安德烈公爵過世前的覺醒之夢，引起1860年代許多俄羅斯人的精神覺醒（Vinisky, 2010, p. 120-137）。「是的，這就是死。我死了，我也就醒了。是的，死就是覺醒！」接著托爾斯泰繼續描述安德烈公爵的心靈豁然開朗了，「那張至今遮蔽著未知世界的帷幕在他心靈前面揭開了。他覺得內心被束縛的力量獲得了解放，身上那種奇妙的輕鬆感也不再消失。」這是跨越自己出身走向新世界開端，開放貴族的最初完美形

象，從《戰爭與和平》的安德烈直接聯繫到《復活》的聶赫留朵夫。

《復活》作為托爾斯泰的晚期風格作品，社會寫實考量遠高於藝術技巧，它是俄羅斯社會大變動前的寓言之書。1930年巴赫金所寫的〈《復活》序言〉中，更稱這小說「不僅對俄羅斯，而且對西方來說，都是一部最徹底、最完美的社會思想小說的典範。」羅曼羅蘭（R. Rolland）甚至認為《復活》是托爾斯泰在藝術上的暮年遺囑。

小說主角聶赫留朵夫就像經過懺悔之後的托爾斯泰[13]。一方面為了小說的寫實能夠符合真實，托爾斯泰實地走訪監獄、法庭、農村，查閱大量檔案資料；另一方面，小說進入第二部之後，透過這位過去擁有特權的封建貴族聶赫留朵夫，重回自己莊園領地時，對鄉下的貧困不人道再也無法視而不見，「他覺得事情一清二楚，因此弄不懂像這樣清楚的問題別人怎麼看不出，他自己長久以來怎麼也看不出來」；第三部跟著犯人到西伯利亞的過程中，進而不斷質問自己：「到底是我瘋了，所以才看到人家看不到的事，還是做出我所看到那些事的人瘋了？」

罪行的證據比比皆是，而我們卻能夠視而不見？這是應然問題，應該看得見，但卻真實得彷彿大家都沒看見。這個「看見」過程，是聶赫留朵夫也是托爾斯泰的復活過程。

貝多芬與托爾斯泰的晚年，兩人分別都已在音樂與文學上獲得巨大聲名，其實也都不須如此與世難諧。然而不同的是：一個是剛興起的資產階級貝多芬，一個則是步入黃昏的貴族托爾斯泰。《復活》出版後托爾斯泰被希臘正教開除教籍，俄羅斯政府甚至必須預防宣布「托爾斯泰死後，禁止一切示威遊行。」

那些永遠在衝撞自己侷限的人，是晚期風格中放逐形式的史詩英雄。托爾斯泰清楚地將自己，盤桓、痛苦與掙扎的一生，真

實地烙印在其作品上。而阿多諾在評述貝多芬音樂時，曾這麼說著：「凡是沒有達到自己的侷限，而成功者，皆屬失敗之作」（彭淮棟譯，2009，頁187）。阿多諾以此高度禮讚貝多芬音樂，我們認為這稱讚同時也適用於托爾斯泰的晚期作品，在消極地與世難諧之外，更是往前踏出的積極前行。

在小世界與大世界的交互煎熬之下，餘命不多的托爾斯泰決定離開傳統貴族莊園，再上旅途走向開放貴族。出路是，正如托爾斯泰寫給圖拉省波羅夫科沃村的一位農民信裡提到的「一間雖然很小、但還暖和的單間小屋」。而正如寫給妻子索菲亞的離別信中所說的，「除了其他種種原因，我不能再在我從前所生活的那種豪奢條件下生活了。我現在所做的，是在我這個歲數上的老年人通常所做的——離開塵世生活，以求在孤獨、寧靜中度過自己生命的最後幾天。」而那最終的「梁贊－烏拉爾線」上的阿斯達波沃車站，一方面是傳統貴族托爾斯泰的生命終點，但另一方面也是開放貴族托爾斯泰的精神起點。

六、比權利宣言更重要的義務宣言

西歐社會並沒有傳統與現代的銜接問題，雙元革命是從西歐本身的傳統蛻變出來的現代，其現代是建立在傳統變遷的基礎之上。早期西班牙、葡萄牙對美洲的殖民，是殘酷地對整個美洲傳

---

13. 年輕的聶赫留朵夫從理想到墮落，與托爾斯泰的《懺悔錄》裡的年輕自述幾乎如出一轍。「當我追求美好的事物時，我是孤零零一人，完全沒有依靠。每當我想要透露內心的願望，想要做一個道德高尚的人，我遇到的卻是鄙視與嘲笑；而當我沉溺在卑鄙的享樂之中時，我卻得到了讚揚和鼓勵。」

統社會的徹底破壞；而後當帶著雙元革命的法國與英國，再一次對美洲、非洲與亞洲進行殖民時，全世界的其他傳統社會幾乎都是面臨幾千年未有之大變局。

作為一個像歐洲、又不像歐洲的俄羅斯傳統社會，40歲左右的托爾斯泰完成了《戰爭與和平》，反省著這個對俄羅斯影響深遠的戰爭，做了一個非西歐觀點的歷史哲學省思。而在《安娜‧卡列尼娜》，托爾斯泰則透過列文批評歐化派「學會了法語，卻犧牲了樸素的語言。」此時雙元革命深深影響著俄羅斯社會，而近50歲的托爾斯泰面對幾乎是無可抵擋的趨勢，其生命危機反映了傳統貴族的存在意義危機。

在《懺悔錄》裡我們看見托爾斯泰越過布爾喬亞，直接聯繫上普羅大眾，從而克服了自己所屬階級的危機。經過復活後的托爾斯泰，他並沒有和眾多傳統貴族一樣，選擇與新興布爾喬亞歷史性妥協成為「貴族資產階級」權貴的一份子。他以「懺悔貴族」的角色重新出發，要求包括傳統貴族、布爾喬亞與普羅大眾共同攜手，從社會整體福祉考量，就在現世此岸創造塵世天國。而這，早在托爾斯泰《戰爭與和平》的普拉東敘述，以及《安娜‧卡列尼娜》裡列文與農民一起並肩割草勞動，就已看出端倪。

從這樣的角度看，我們或許能理解為何托爾斯泰晚年堅決要放棄所有財產，不能繼續說一套、做一套的日常生活。事實上他不僅是與家人，也是與周遭熟悉的權貴世界分離。

另外布爾喬亞以個人主義出發的「權利宣言」，在光鮮亮麗的自由平等博愛口號下，掩藏著對國內弱勢者以及國外無力反抗民族的剝削。資產階級成了成千上萬的小帝王，即使傷害社會整體福祉也在所不惜。而由托爾斯泰所帶動出的開放貴族意義則是，重新喚回對整體福祉考量的「義務宣言」。這是過去傳統貴族強調

職責本分的再確認，並在遺忘一段時間後，由托爾斯泰再一次身體力行。這是屬於開放貴族對當今布爾喬亞資產階級文化霸權，強而有力的震聾發聵之聲。

　　晚年托爾斯泰的文學創作，篇幅日益淺顯、寓言與通俗化。此時的他在意的是，一般百姓能否理解他寫的小說，甚至他還會嘗試唸給農民聽，請他們發表意見，而這正是《藝術論》觀點的實際練習。托爾斯泰生命最後的幾個短篇（如〈同路人的談話〉、〈過路客和農民〉、〈村裡的歌聲〉、〈鄉村三日記〉與〈沃土（日記摘錄）〉等），與貝多芬晚期的六首鋼琴小品（Op. 126），有某種程度的「異曲同工」。那是裝飾繁華盡褪，接近石化風景，正如阿多諾在評述那六首鋼琴小品所說的：「它們不只是音樂裡最強大生產過程的碎片和記錄，它們令人驚異的精簡還透露一種奇特的節縮，以及一種無機的傾向，通往不但是貝多芬，或許也是一切偉大晚期風格的最深邃祕密」（彭淮棟譯，2009，頁236）。本章認為在晚期風格上，托爾斯泰正是文學上的貝多芬。1937年阿多諾認為，貝多芬的晚期風格是對他所處社會的自我放逐；而1978年的柏林則認為，托爾斯泰的直見往往令人不安，他「充分運用這天賦，破壞了自己與讀者的平靜」（彭淮棟譯，1987，頁312）。

　　而托爾斯泰伯爵的晚年作為，就像貝多芬第五號命運交響曲最後一樣，樂聲一直不想停止，希望越過「最後一刻」，之後的之後。如此繼續前行的晚期風格，雖然現世生命有一定終點，但其所散發的力量，真如永遠在旅途中讓後人緬懷不已。它彷彿注視著後代子孫，看我們如何回應與學習，在爭取權利的同時，也知如何履行應盡義務。

參考書目

托爾斯泰著作　中譯本：

（1981）。《藝術與人生》（《藝術論》）。耿濟之（譯）。台北：遠流。

（1995）。《人為什麼而活》。許海燕（譯）。台北：志文。

（1995）。《傻子伊凡》。許海燕（譯）。台北：志文。

（1997）。《伊凡・伊里奇之死》。許海燕（譯）。台北：志文。

（1997）。《人生論》。許海燕（譯）。台北：志文。

（1998）。《村中三日：列・托爾斯泰散文集》。刁紹華（譯）。遼寧教育出
　　版社。

（2000）。《列夫・托爾斯泰文集》共十七卷。汝龍（等譯）。北京：人民文
　　學。

（2004）。《托爾斯泰小說全集》共十卷。草嬰（譯）。台北：木馬文化。

（2004）。《天國在你心中》。孫曉春（譯）。吉林人民出版社。

（2009）。《懺悔錄：托爾斯泰精品集》。劉季星（譯）。復旦大學出版社。

托爾斯泰著作　英譯本：

(1997). *The Gospel In Brief.* I. Hapgood (Trans.). University of Nebraska Press.

(1998). *Tolstoy: Plays (Volume Three, 1894-1910).* M. Kantor & T. Tulchinsky
　　(Trans.). Northwestern University Press.

(2006). *The Kingdom Of God Is Within You.* C. Garnett (Trans.). New York:
　　Dover Publications, INC.

(2009). *Last Steps: The Late Writings of Leo Tolstoy.* (J. Parini Eds.). Penguin
　　Books.

托爾斯泰　其他著作：

上海譯文出版社編（1983）。《托爾斯泰研究論文集》。上海譯文出版社。

巴金等譯（1959）。《高爾基選集：回憶錄選》。北京：人民文學。

宋蜀碧等譯（1984）。《托爾斯泰傳》。北京十月文藝出版社。

陳伉譯（1983）。《垂暮之年：托爾斯泰晚年生活紀事》。內蒙古人民出版社。

陳燊編（2010）。《費・陀思妥耶夫斯基全集》共22卷。河北教育出版社。

陳馥譯（2008）。《奧勃洛莫夫》。北京：人民文學。

傅雷譯（1992）。《托爾斯泰傳》。台北：帕米爾書店。

彭淮棟譯（2009）。《貝多芬：阿多諾的音樂哲學》。台北：聯經。

彭淮棟譯（1987）。《俄國思想家》。台北：聯經。

錢中文編（1998）。《巴赫金全集》全六卷，2009年出版第七卷。河北教育出版社。

Adorno, T. (2007). *Philosophy of Modern Music.* (A. Mitchell & W. Blomster, Trans.). London, UK: Continuum.

Benjamin, W. (1978). *Reflection: Essays, Aphorisms, Autobiographical Writings.* (E. Jephcott, Trans.). New York, NY: Schocken Books.

Lukács, G. (1950). *Studies in European Realism: A Sociological Survey of the Writings of Balzac, Stendhal, Zola, Tolstoy, Gorki and Others.* (E. Bone, Trans.). London, UK: The Merlin Press.

Lukács, G. (1980). *Aesthetics and Politics.* London, UK: Verso.

Mill, J. S. (1957). *Autobiography.* New York, NY: The Bobbs-Merrill company, Inc.

Said, E. (1975). *Beginnings: Intention and Method.* New York, NY: Columbia University Book.

Said, E. (2006). *On Late Style: Music and Literature Against the Grain.* New York, NY: Pantheon Books.

Vinisky, I. (2010). "*The Worm of Doubt: Prince Andrie's Death and Russian Spiritual Awakening of the 1860s*". *in* Donna Tussing Orwin (ed.). Anniversary Essays On Tolstoy. Cambridge University Press.

網路與影像資源

1. 1960年代蘇聯拍攝的「戰爭與和平」（共分成四個 Part）：

　　Part 1　https://www.youtube.com/watch?v=MjNQOoxXnM0

　　Part 2　https://www.youtube.com/watch?v=Tqqs7DpTZKY

　　Part 3　https://www.youtube.com/watch?v=rxC9DH-3xNk

　　Part 4　https://www.youtube.com/watch?v=OshBe4rnd7k

2. 托爾斯泰的紀錄片：

https://www.youtube.com/watch?v=2reddThA2R8

第五章
停留在單一民族國家的
羅爾斯正義論

自己城市自己管，自己國家自己救。

林布蘭這幅畫作原名《弗蘭斯・班寧・柯克隊長及威廉・范・勒滕勃奇副官的連隊》，創作於1642年，是以華麗細節為特徵的巴洛克風格畫作。十八世紀末才改為現在熟知的《夜巡》。不過，《夜巡》的名稱是錯誤的，因為連隊聚集在一起的時間是白天，是厚重的畫料讓其看起來像晚上；此外，林布蘭創作此畫時，城市自衛隊已不需守衛阿姆斯特丹城堡，日夜都不需要了。這個連隊的集合，主要是要去參加社會活動以及體育比賽。《夜巡》如今成為荷蘭國寶，成為國家認同與團結象徵，這是後來荷蘭人外加上去的。

荷蘭甚至將《夜巡》轉化成公園雕塑。

一、國際正義的艱難與可能

　　羅爾斯在1999年出版的《萬民法》結尾時，某種程度呈現國際社會合作的悲觀前景。他說：如果不可能有這樣一種其成員縮減自身力量以服膺於合理目標的合理公正之諸民族社會，而人類大致上又是不講道德的，那麼我們可能就和康德一樣，不禁要問「人類到底還值不值得存活在這個地球上」（Rawls, 1999b, p. 128）。而康德的原話是說「如果正義敗亡，那人類就再也不值得活在這個地球。」

　　事實上羅爾斯在這樣論述時，對於萬民法可以達成國際正義則退至期待政治家（statesman）。對比政客（politician）關心的是下

一次的選舉，政治家則是關懷下一代子孫的幸福，為此羅爾斯對政治家如此定義：「應該說政治家是一位理念者，像一位誠信而有德性的個人。政治家們是總統或首相或其他高位者，透過職務展現其典範與領導風格，呈現出力量、智慧和勇氣。他們在混亂危世中帶領著人民」（Rawls, 1999b, p. 97）。在這樣論述之後，羅爾斯緊接著回顧第二次世界大戰後期英國與美國的作為而多所感嘆。或許是迫於希望戰爭盡快結束的期待，在對待可能就要戰敗的德國與日本，英美分別發動了殘酷的德國德勒斯登空襲與日本東京燃燒彈轟炸，以致平民傷亡增加數十萬。由於受限於當時英美政治文化，其對於德日平民沒有太多的同情心與同理心，也因此，期待英國邱吉爾（W. Churchill）與美國杜魯門（H. Truman）謹守戰勝國應有的人道標準，變成只能祈禱領導者懷抱此理想的一念之間。而我們看到，羅爾斯的生命後期歷經蘇聯瓦解冷戰結束、成為超強的美國發動第一次波斯灣戰爭以及紐約遭受911恐怖攻擊後的政治文化氛圍，羅爾斯畢生致力一國之內的公平正義瞬時變得不合時宜，《萬民法》結尾的悲觀透露出國際正義前景的無比黯淡，某種程度也預示了其2002年過世後，隔年英美聯軍攻打伊拉

1971年時的羅爾斯。

5.1

克的人間浩劫。

　　充滿人治色彩的政治家可遇不可求，但現實上一國之內的社會基本結構要推廣到國際之間的全球基本結構卻還是依舊困難重重。本章即是以晚期羅爾斯相關國際正義論述為基礎，嘗試回應羅爾斯未完成的國際正義論述，設想全球基本結構的公平正義如何可能，期待這樣的「理想理論」可以提供「非理想現實」些許參考。

二、屬於二十世紀的羅爾斯國際正義論述

　　著名的羅爾斯思想研究者萊寧（P. Lehning）在2009年出版的《羅爾斯政治哲學導論》裡，詮釋了羅爾斯思想經歷了三個階段的轉變（Lehning, 2009, p. 9-10）。[1] 第一與第二階段都是設定一個不與其他世界聯繫的自給自足社會基本結構，其如何達到理性的正義；第三階段才邁出西方社會，思考各個國家之間如何達成國際正義。

　　第一階段完成於1971年的《一種正義論》，主要討論收入與財富如何公平分配，其理論重心在差異原則（the difference principle），即社會經濟不平等的容許，是以如何讓最弱勢者的福祉可以提升為原則；第二階段完成於1993年的《政治自由主義》，羅爾斯認為既然理性多元論是無可否認的存在事實，那麼一個自由民主國家如何將各種相互衝突的學說教條、宗教信念，透過愈趨成熟的公共理性，達到共享的政治正義架構。這是從第一階段的道德自律拓展到第二階段的政治自律。而第三階段的《萬民法》，則是期待一種自由與正派人民的國際社會如何達到和平共存的目標。書中還設定「卡贊尼斯坦」（Kazanistan，一個正派的層級

制穆斯林民族），如何在國際間理應受到尊重，這是羅爾斯設想的西方基督教世界，如何繼續向外拓展到與其他宗教文化、政治制度的民族和平共存。

（一）《一種正義論》的自給自足社會基本結構設定

羅爾斯在《一種正義論》第二小節「正義的主題」裡，即設定一個與其他社會隔絕的封閉系統社會基本結構如何公平正義。其文本敘述是這樣的：「首先，我關心的是正義問題的一種特殊情形。我不想普遍地考慮制度和社會實踐的正義，也不想考慮國際法的正義和國際關係的正義（只是在第58小節順便提一下）……對於國際法來說，也可能需要以多少不同的方式達到不同的原則。如果可能的話只須做到下一點我就滿足了：為一個暫時被理解為同其他社會隔絕的封閉社會基本結構，概括出一種合理的正義觀來。這一特殊情形的意義是明顯的，無須解釋。我們可以很自然地推測：我們一旦有了一種對於這種情形的正確理論，借助於它，其他有關的正義問題就能比較容易處理。只須做出適當的修改，這樣一種理論便可以為別的一些正義問題提供鑰匙」（Rawls, 1999a, p. 7）。

羅爾斯正義論的核心要旨是，我們現代民主社會中的公民，應該依據一個公平正義的標準，來制定社會基本結構法則，這個標準是現在與未來的公民代表們，在「無知之幕」（the veil of ignorance）下一致同意的。而其正義論著述被稱為平等之書，主要

---

1. 本著作被認為是西方學術界對羅爾斯思想進行最全面性的研究傑作，2006年先以荷蘭文在鹿特丹出版，2009年由作者本人轉譯為英文出版。簡體中譯本則是2012年由孟偉翻譯。

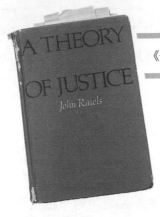

《一種正義論》首刷書（1971）。

在羅爾斯主張的差異原則，強調個人的天賦才能不應屬於個人應得，而應視為社會的共同資產。

而在權利（right）優先於善（good）[2] 的契約論傳統下，羅爾斯最終推導出（自給自足封閉社會）社會基本結構[3] 的正義兩原則：第一原則——所有個人與大眾擁有的最廣泛平等的基本自由體系相容的類似自由體系都應有一種平等的權利。第二原則——社會和經濟不平等應該這樣安排（1）在與正義的儲蓄原則一致的情況下，適合於最少受惠者的最大利益，並且，（2）依繫在機會公平平等的條件下，職務和地位向所有人開放。為此，羅爾斯為「自由平等博愛」總結表示：自由相應於第一個原則中對自由的最優先強調；平等則是相應於第一個原則的平等觀念，即擁有機會的公平平等；而博愛則落實在第二個差別原則的追求。如此一來，我們就可以把傳統的自由平等博愛觀念，具體落實在正義兩原則的民主解釋上（Rawls, 1999a, p. 91）。

羅爾斯認為在證成正義兩原則過程中，可以不再需要借助神學或形上學來支撐正義觀念的各項原則。在書中羅爾斯表示：由此可以看出，諸如柏拉圖《理想國》中的「高貴的謊言」金銀銅鐵（第三卷414-415）這樣的方法被排除了；為支持一個信仰否則就

不能存在下去的社會制度宗教辯護，例如杜斯妥也夫斯基的《卡拉馬助夫兄弟們》中宗教大法官的那種辯護也同樣如此（Rawls, 1999a, p. 398n）。事實上，當羅爾斯非常有自信地說著「不需要借助神學或形上學」時，他卻嚴重輕忽了人類進入二十一世紀後國際間往來直線上升，特別是網際網路幾乎聯結了整個世界。

因此這個屬於二十世紀的羅爾斯《一種正義論》是有其特殊的時代背景，它主要總結1960年代歐美平權運動經驗的正義論觀點。而此一屬於西方社會時空的觀點，首先遭遇挑戰的是非西方社會對第一原則「自由優先性」的質疑。因為對許多東方人來說，經濟上的溫飽要比政治上能否自由更重要。自由優先性對許多東方人口稠密的國家，像是天邊彩虹，雖中看但卻不能當飯吃。近

---

2. 為了解釋權利與善，作者曾在相關教學課堂的黑板上，寫了以下英文，與上課同學一起思辨討論：I think the good is good. But for respecting everybody's good, we can't select someone supreme 'good' on discussing the social basic structure. So respecting everybody's good, that is the right.

3. 從2011年開始桑德爾關於正義思辨的著作與教學影片在台灣出版。不過，絕大多數人並未覺察其教學 DVD 核心內容是對羅爾斯正義論的介紹與評論，甚至其聲名鵲起是源自對羅爾斯《一種正義論》的批判上。而如果我們察看1999年由弗利曼（S. Freeman）編輯的 John Rawls: Collected Papers 的索引裡，其中羅爾斯有條列桑德爾人名並寫著「許多誤解」（misunderstandings of, 403n., 598n., 609n.）。不過在桑德爾「思辨正義之旅」的熱潮中，我們卻對羅爾斯上述所提的「許多誤解」內容，幾無任何提及與討論。而桑德爾的《為什麼我們需要公共哲學：政治中的道德問題》，在第28、29的〈政治自由主義〉與〈紀念羅爾斯〉提及他與羅爾斯的互動，包括羅爾斯在其退休後，到他的課堂上旁聽的問答（蔡惠伃等譯，2014，頁335）。此外，作者認為桑德爾在台灣的幾本翻譯作品，其最大的問題是，他在討論正義觀點議題時，時常都是日常生活中較為極端的例子，少見對於「社會基本結構」問題的討論（雖然個人並不主張這些極端的例子不重要或不值得被討論）。

600萬人口的新加坡,其人口總數都超過芬蘭與挪威,因此該國政府對政治自由的管控,竟被多數新加坡人所接受。

1973年哈特(H. L. A. Hart)在〈羅爾斯論自由與其優先性〉提出對羅爾斯「自由優先性」的商榷。哈特的質疑其實也正是人口普遍眾多的亞洲社會對自由優先的質疑,社會穩定與經濟溫飽在許多東方社會被視為最重要議題。以新加坡李光耀的執政經驗,其所形成的所謂新權威主義論述,某種程度正是哈特此一觀點的實例。[4]

羅爾斯對哈特的回應,主要訴求對理想「道德人」的期許。在1990年新版的《一種正義論》序言裡,對於人的平等自由優先性之議題,羅爾斯訴諸人之所以為人的兩項道德能力,分別是:正義感的能力(capacity for a sense of justice)與善觀念的能力(capacity for a conception of the good)。羅爾斯的回應對東方社會來說仍是理想與現實的擺盪。對此作者認為,應讓這兩原則並列,由各個社會設定哪一原則優先、哪一原則在後,或者兩個原則同時並行;但不能在經濟一定溫飽後,無限期地推延政治自由民主化。然若以新加坡與中國的經濟優先發展為例,我們發現主政者(新加坡人民行動黨與中國共產黨)到目前為止都無意落實另一自由優先性原則的趨向,反而透過經濟發展的成果鞏固其未來得以繼續長期執政的數位極權政策。羅爾斯堅持自由優先性的道德人論述,於今看來更顯其深思熟慮。

(二)《萬民法》中不接受全球差異原則的說明

羅爾斯的《萬民法》充滿著對美國在第二次世界大戰後期作為與至今國際作為的深切反省(Rawls, 1999b, p. 53, 95)。不過,面對博格(T. Pogge)在1994年提出的全球平等主義原則,主張將分

配正義推到國際社會，羅爾斯卻依舊堅持只能在一國之內，並認為因為各國徵稅與人口成長率不同，將會造成國際間無法相互接受的後果（Rawls, 1999b, p. 115-118）。

根據萊寧的整理，羅爾斯是基於以下三個理由拒絕了「全球差異原則」：第一是，在國際層次上的「原初立場」（the original position）中，不會達成任何針對全球差異原則的協議。第二是全球差異原則錯誤地假定，會有一種立足於全球基本結構的全球性社會合作體制。第三是，各國政治文化的不同，將使全球差異原則無從落實（Lehning, 2009, p. 201）。而本章將分別以人性、政治人性以及宗教信仰嘗試進一步闡釋萊寧整理的三個理由，並清楚理解推行全球差異原則將會是何等的艱難。

首先是人性中階層主義（支持右派政黨，如美國共和黨選民中有一定比例的白人至上主義者）凌駕於平等主義（支持左派政黨，如美國民主黨選民支持黑人歐巴馬當選美國總統）的傾向，依舊是人類社會的大多數。雖然近幾年一國之內的平等主義呼聲日益升高，但要在國際層次上的原初立場中，達成國際平等主義協議是相當困難的。以平等主義的巴黎氣候協定為例，依舊是沒有拘束力的國際輿論呼籲。反觀階層主義的國際貿易協定，其強制規定則強而有力許多。

階層主義以大自然優勝劣敗的社會達爾文主義為論述依據，認為扶持弱勢等眾多福利政策是違反自然法則，終究助長不勞而獲風氣反而妨害人類長遠的進步。另一方面平等主義則雖以道德

---

4. 羅爾斯在1975年回應哈特的論述，重寫《一種正義論》第82小節〈自由優先性的依據〉；並在1982年寫作〈基本自由與其優先性〉，收在《政治自由主義》之第八講。

律令在人們心中，彰顯人之所以爲人的可貴，但從1960年代以來，平等權利要求總是高於平等義務的自許，正如早先1906年托爾斯泰在其〈論俄國革命的意義〉指出的，西方民族代議制運作的結果是，他們只看到自己要的權利，而最終甚至將自己民族利益建立在其他弱小民族的痛苦剝削上。也因此，西方普選制的結果是，以前要供養的是少數王公貴族，而今卻是一整個資產階級的成千上萬小帝王（汝龍譯，2000［15］，頁503）。

其次是政治人性的幽暗，讓全球性社會合作體制幾乎仍是漫漫長路。第二次世界大戰結束之際，全世界最能理解被迫害的民族莫過於猶太人，納粹集中營的煉獄幾使他們種族滅絕。然而今天由猶太人建立的以色列，卻在近70多年來，殘酷對待其境內與周遭的巴勒斯坦人。一個最近才遭受有計畫屠殺的悲慘民族，理應最能體會家破人亡的痛苦，沒想到在達成自己建國目標之後不到幾年，受苦者瞬間變身爲加害者，苦難的一方換成巴勒斯坦人。讓人難以相信的事實是：發生衝突的地方，幾乎全都是原先聯合國劃給巴勒斯坦人的約旦河西岸、加薩走廊與黎巴嫩南部邊境。而這些區域在國際協定中，是明定給巴勒斯坦人合法居住的僅存區域，但卻也在1967年後被以色列非法佔領至今。

第三則是宗教信仰的差異，讓原本語言不同的多元政治文化更難以促成國際合作。中世紀十字軍東征，讓整個大基督教世界團結起來對抗伊斯蘭教，而這也是歐盟長久以來拒絕以伊斯蘭文化爲主的土耳其加入的根本原因。

而當少了共同的宗教敵人之後，大基督教世界在冷戰期間明顯分爲羅馬公教（包括曾宗教改革的新教）與希臘正教兩大分界［5］。長期受到蘇聯掌控的芬蘭首都赫爾辛基，有著路德派新教的赫爾辛基大教堂與希臘正教的烏斯佩斯基大教堂，兩個大教堂相

距不遠，但卻是最北的兩大流派分界起點。事實上第二次世界大戰結束後，美國與蘇聯在歐洲冷戰的分界線，正是沿著這分界起點從北往南分為美國勢力範圍的西歐與蘇聯勢力範圍的東歐，一直來到巴爾幹半島的前南斯拉夫。

而冷戰以至最後蘇聯的瓦解，正是從非希臘正教的波蘭團結工聯抗爭與東德柏林圍牆倒塌起始，而波羅的海三小國（希臘正教占少數的蘇聯管轄區）的立陶宛於1990年3月11日率先宣布獨立，隨後引發多米諾效應，其他加盟國紛紛響應最終導致蘇聯解體。而目前的烏克蘭東西分裂情況與俄羅斯普丁發動對烏克蘭的戰爭，某種程度依然呈現歐洲兩大宗教流派的內在緊張情勢。

除了以上萊寧整理的羅爾斯不接受「全球差異原則」的三個理由進一步說明外，近十年由於敘利亞戰亂引發的人道危機，更加深西歐對外來移民的恐懼，原本西歐政治上的左右派政黨紛爭，如今重新洗牌成左右派聯盟起來抗衡反移民的極右派新政黨。

（三）從康德永久和平論延伸的反對世界政府論述

羅爾斯依然秉持著康德〈永久和平論〉的反對世界政府觀點

---

5. 四大福音書由古希臘文書寫，因此我們稱謂的東正教應該準確稱之為希臘正教，而由於希臘正教是俄羅斯的主要信仰，因此我們會發現俄羅斯文與古希臘文有一定的相似度。而羅馬公教梵蒂岡的發展，主要是因為耶穌所處的時代正是羅馬帝國時期，拉丁文是官方文字，也因此福音書被普遍翻譯為拉丁文，特別是四世紀時羅馬公教成為羅馬帝國的國教，也因此更加強了羅馬公教核心梵蒂岡教宗的地位。而後來的宗教改革運動，從羅馬公教轉變而來的各種不同新教派別，成為繼希臘正教、羅馬公教之後，大基督教世界的第三支派。不過從羅馬公教分裂而成的新教在經歷十七世紀慘烈的30年宗教戰爭後，在面對希臘正教之前，是較為親近西歐羅馬公教的鬆散聯合。

（政府之規模越是擴大，法律失去的力量就越多），因此世界政府「要不是變成全球性的專制統治，就是變成一個脆弱不堪的統治帝國」（Rawls, 1999b, p. 36）。然而，在今天網際網路愈加讓世界成爲一體的趨向，排除世界政府選項似乎愈來愈不切實際[6]。特別是今天世界貿易組織（WTO）推動的國際貿易，已經來到人與人跨國移動的服務業之後，事實上當前許多迫切課題，早已不是任何單一國家所能獨立面對。然而我們卻看到現實世界的發展是，最像世界政府的聯合國在1973年成立了「聯合國跨國公司研究中心」（UNCTNC），希望能對跨國企業進行追蹤研究；然1993年卻在美國政府的要求下，聯合國關閉了這個研究中心。

聖奧古斯丁（St. Augustine）曾經說了一個故事——亞歷山大大帝擒獲了一個海盜，問這強盜說：「你怎麼有膽子在海上興風作浪？」那海盜居然反將一軍回答：「那你又怎麼有膽量在整個世界興風作浪？我只有一艘小船，所以被稱爲海盜；而你有一支海軍，所以被稱爲皇帝。」因此法學者格倫農（M. Glennon）曾表示：整個國際法體系只不過是一大堆空話，想使權力統治服從於法律規範，只能算是一種偉大的嘗試（Chomsky, 2004, p. 13）。

---

6. 康德曾在〈永久和平論〉中談及中國與日本的鎖國政策，稱這是中國與日本的賢明之處（Kant, 1970, p. 106-107）。而十九世紀日本學者曾經與當時執意要日本開放門戶的俄國艦長戈弗寧（V. Golovnin）有以下的對話。日本學者問：「如果日本、中國同西方各國建立邦交，相互往來，並仿效西方制度，豈非世間戰爭將更加頻繁，人類將要流出更多的血嗎？」戈洛弗寧說：「是的，說不定會這樣。」「如果是這樣」，日本學者繼續說：「那麼在兩小時以前，雖曾聽到你們就同歐洲交往做了各種說明，但對於日本來說，與其同西方交往，倒不如堅守向來的立場，不是反能使各國人民少遭不幸嗎」（周啟乾等譯，1990[1]，頁130），於今我們是否應在全球化與鎖國之間，重新尋求新的平衡點呢？！

左排由上而下依次為路德派新教的
赫爾辛基大教堂,右為希臘正教的
烏斯佩斯基大教堂。

而在最下圖中,可以看見赫爾辛基
有著希臘正教的烏斯佩斯基大教堂
(近)與路德派新教的赫爾辛基大教
堂(遠),兩個大教堂相距不遠。

比利時布魯塞爾的歐盟行政總部。它是否也會如康德所說：「政府之規模越是擴大，法律失去的力量就越多。」

　　事實上第二次世界大戰即將結束之際，英國首相邱吉爾即認為未來世界的完美藍圖是，世界政府必須為富足國家所管理，因為這些國家想要的東西都已經不虞匱乏，反之若落入飢荒國家則會造成永久危險。因此，在後來成立的聯合國除了確立五大強權國家的安理會否決權外，其入會是有資格限制的選擇原則。但選擇原則最後變成普遍原則的原因是：1953年韓戰結束後，美蘇兩大超強為爭取亞、非、拉丁美洲新興國家支持，紛紛積極同意新興國家加入聯合國。1955年，同意讓16國入會，總共達到76個會員國；1960年，又有17國入會，數目來到100個會員國；一直到1960年代結束，又共有25國入會，聯合國的總會員數在那時就已經來到125國（中央社，2002，頁605）。

　　從以上過程看出，由於第三世界新興國家加入聯合國之後，其在數量上掌握聯合國的多數優勢。他們在聯合國裡要求國際間更公平的對待，更可說是對原來西方強權的挑戰。顯然這時的聯合國已不是如邱吉爾所說的由富足國家管理，反而是由他所認為的飢荒國家掌控，而處於危險狀態之中（Chomsky, 2000, p. 7）。於是往後的發展是，以美國為首的工業國家開始亟思反制：一方面由美國帶頭長期積欠聯合國會費，讓聯合國處於財政赤字運作困

荷蘭海牙的國際法庭。

難；另一方面則以 G7 能掌控的布列頓森林體系，如國際貨幣基金與世界銀行，邊緣化聯合國的角色。

不過，聯合國轄下的荷蘭海牙國際法庭，其歷次判決結果雖沒有強制力，但對形成中的世界輿論，卻愈來愈有重大指引力。

我們看到早先在二十世紀八零年代，國際法庭做出譴責美國對尼加拉瓜「非法使用武力」的裁決時，當時雷根政府的回應是：一方面進一步升高戰爭層級，對尼加拉瓜非軍事目標也進行攻擊；另一方面則告訴大家，國際法庭已成為對美國充滿敵意的論壇，它本身的公信力已經玩完了（Chomsky, 2000, p. 3-4）。2002 年 8 月美國國會甚至通過「美國公務人員保護協議」，這個被稱為「入侵海牙法案」授權美國總統可以在有美國人受到國際法庭審判時，以武力入侵荷蘭。不過即使有此「入侵海牙法案」的插曲，進入二十一世紀後的國際法庭在引導國際輿論的影響力明顯與日俱增。2004 年國際法庭做出釋義：主張以色列區隔約旦河西岸的「隔離牆」違反國際法，而且所有國家都有義務不承認豎立此牆帶來的不合法局面。2016 年 7 月在中國缺席的情況下，仲裁庭宣布支持菲律賓在南海相關問題上的幾乎全部訴求。仲裁庭一致裁定，在〈聯合國海洋法公約〉下，中國對南海自然資源不享有基於「九段線」的

所謂歷史性權利。仲裁庭還認定中國在南海的填海造陸，帶給環境不可挽回的損失，要求中國立即停止該活動。另外，2020年11月5日川普頒布行政命令，向部分海牙國際刑事法庭人員實施經濟及旅遊制裁，以阻止其對涉入阿富汗衝突的美國軍人進行司法追究；而歐盟立即回應，對美國的制裁令嚴重關切。

由於目前世界僅存的超級強國美國，是人類歷史上第一個會定期改選的民主國家，因此美國選民的選票抉擇是天秤上最重要的砝碼。特別是在世界政府尚未成立之前，美國選民究竟是選擇單邊主義或多邊主義的總統，對接下來四年的國際政治走向實為重要關鍵。

三、新世紀全球化的各項挑戰

1995年羅爾斯在回應哈伯瑪斯（J. Habermas）關於其《政治自由主義》的論述裡，困惑並大哉問「為什麼政治自由主義沒有更早一些建立起來：若政治生活中的理性多元事實是既定的，則提出自由主義的理念似乎就是一種很自然的方式。難道是這一學說具有各種為以前的著作家們可能會在我所沒有看到的地方發現的深刻缺失，而這一點導致他們放棄了這一學說」（Rawls, 1996, p. 374）？作者認為，羅爾斯此一謙遜的困惑，正是任何一位西方中心主義者在今天全球化後殖民時代終究必須正視的問題。政治自由主義沒有更早建立起來，正是不願面對後殖民新興國家可以獨立自主的事實。包括過去殖民的歷史以及因為地理區隔的遠在他方。

（一）歷史學：當最後一位殖民者士兵離開之後

經歷兩次世界大戰後，如法農所說希臘羅馬的雕像正在殖民地破碎。事實上在關於印第安人慘痛歷史的回顧裡，1534年梵蒂岡教宗還曾應西班牙殖民者的請求，最後諭令「印第安人是人」（索颯，2003，頁91），才延伸後來拉丁美洲殖民者與當地印第安人的大混血。

另外從1992年開始的10月12日哥倫布（C. Columbus）紀念日爭議升高以來，原本將哥倫布日訂為國定假日的美國，在許多州則以「原住民日」」取代，而這一天到目前為止都還仍是西班牙的國慶日。面對上述世界歷史的廓清與挑戰，探討國際正義問題時是否還仍能像羅爾斯一樣抽離現實思考，把過去西方社會超過五百年以上的殖民歷史脈絡排除在外，在今天愈加顯得說服力薄弱。正如杭士基在《宣傳與公共意識》書中表示：在1960年代之前，我們從沒有真正認識過歷史上的美洲原住民，直到研究機構以外的學者如詹寧斯（F. Jennings）等人的著作出現後，我們在當年大規模驅趕他們的史實，才第一次部分地潛進公眾的良心中（Chomsky & Barsamian, 2001, p. 194）。

克萊恩甚至在《刻不容緩》中引述，2019年倫敦大學學院一支科學家團隊於《第四紀科學評論》發表論文指出，何以十六與十七世紀會有「小冰期」的全球寒化？有力證據顯示，部分是因為美洲原住民在接觸歐洲人之後遭種族滅絕所致。這群科學家研究發現，隨著數百萬人死於疾病與屠殺，先前被用於農耕的廣大土地被野生植物與樹木取回，隔離了碳、使整個地球降溫，論文文字描述美洲原住民的大滅絕致使有足夠的乾淨土地被棄置，促使碳攝取，而對大氣中的二氧化碳和全球表面氣溫造成可覺察的影響，該論文的共同作者馬斯林（M. Maslin）則稱此因為種族滅絕而造成的二氧化碳下降，實令人不寒而慄（Klein, 2019, p. 159）。

法農（1925-1961）。

　　此外，十九世紀英國殖民印度的黑暗歷史也在羅爾斯的《萬民法》中付諸闕如。當1927年英國要決定印度的未來而成立西蒙委員會（Simon Commission）時，其中成員竟然沒有任何一位印度人，而英國的工黨竟與當時的保守黨、自由黨作為如出一轍，對甘地來說，這是他決定與英國分手的最後一根稻草。因為被英國權貴壓迫的英國工黨，竟然在對外政策上也同樣扮演壓迫者角色，正如法農後來所說的「帝國從不可能在善意之外放棄任何東西」（Fanon, 1968: 106），甘地自此之後成為一個「可怕的溫柔者」，1930年發起製鹽長征號召之後，印度脫離英國獨立只剩時間的早晚。

　　法農提及當最後一位殖民者士兵離開之後該如何，這些擺脫被殖民的國家如何走向健全法制的康莊大道，是法農更為憂心的主題。法農預知阿爾及利亞在未來脫離法國後：在國內方面，將會產生民族主義救亡路線與如何真正啟蒙解放路線的區分，而前者通常會較易佔優勢，在破除殖民壓制同時自動建立起另一個剝削系統；而在國際應對上，過去殖民歷史也會留下幾難喘息的遺產，如1965年格瓦拉在阿爾及利亞脫離法國殖民不久時演說，他譴責社會主義集團（暗指當時蘇聯）是第二號帝國主義，也在掠奪

他們自己的保護國（Garcia & Sola, 1997, p. 152）。

　　事實上，當救亡民族主義其實已完成其階段任務時，真正能夠長治久安的啟蒙人文主義如何穿過歷史積澱的枷鎖，是法農關心的更為艱難的挑戰。在內有封建傳統的掣肘、外有國際強權的牽引，這絕對是任何新興國家崎嶇考驗的真正開始。而這無比艱難的治國大道，絕非羅爾斯以歐美自給自足社會基本結構所能設想的公平正義那樣簡單；在較為理想的全球基本結構才剛萌芽起步之際，如此地內外夾擊，時常會嚴重挫敗滿懷素樸期待的國家。曼德拉之後的南非，經濟大權依舊牢牢掌握在南非白人手裡是如此；翁山蘇姬長期抗衡緬甸軍方的情勢，目前也還是如此。

（二）地理學：跨國資本移動與全球化生產組裝

　　康德是十八世紀極少數反對殖民主義的思想家，然在地理學者哈維2005年於加州大學爾灣校區的韋勒克圖書館批判理論講座裡，卻揭示了令人不安的康德地理學論述。（德文譯為法文直到1999年完成，而德文譯為英文則竟遲至2009年。）哈維告訴我們，康德《地理學》被刻意的忽略縮小化是不符康德自己的評估，康德從1756年起講授地理學多達49次，甚至超過了倫理學與人類學的各46次與28次，主要原因是康德受到環境決定論的吸引，並為其核心形上學反思提供潛在穩定的科學基礎。

　　康德《地理學》大部分的篇幅是致力於描繪自然地理，但他對世界自然系統中的不同居民風俗習慣的評論，竟迥異於他一向的深思熟慮。以下是哈維引述康德《地理學》的部分內容，著實會讓許多新康德學派的支持者瞠目結舌：

　　　在炎熱的國家，人在各方面都成熟得較快，但他們沒有達

到溫帶的完美無瑕。白色人種實現了人類的最完美境界。黃種印度人少了幾分天賦。黑人差得多了，某些美洲居民更在他們之下。

炎熱地帶的全部居民都極爲懶惰；他們也很膽小。這兩種特質也描繪出住在遙遠北方者的特徵。膽怯引發迷信，國王統治的國度則導致奴役。奧斯托耶克人（Ostoyaks）、撒摩耶人（Samoyeds）、拉伯蘭人（Lapps）、格林蘭島人（Greenlanders）等，在膽怯、懶惰、迷信和渴望烈酒上類似炎熱地帶的人，但缺乏後者的妒忌特質，因爲他們的氣候不會強烈刺激他們的熱情。

流汗程度過猶不及，都會使血液混濁且黏稠……山區地帶的人堅忍、快樂、勇敢、熱愛自由及其國家。遷移到另一國度的動物和人，會逐漸被他們的環境改變……往南遷移到西班牙的北方人，生下的後代不如他們自己那樣高大強壯，在性情上也跟挪威人與丹麥人不同（王志弘等譯，2014，頁36）。

在對康德《地理學》的揭曉後，哈維就接著論述羅爾斯《萬民法》的論點基礎也是建立在類似康德上述國族性格與文化方面的原始構想，於是哈維表示，針對如此政治哲學立基的地理學基礎問題，我們必須嚴肅以待，而非習以爲常（王志弘等譯，2014，頁38）。對照羅爾斯堅持以封閉社會基本結構的自給自足爲正義理論設想背景，遲遲裹足不前於擺在眼前的全球基本結構，哈維的地理學提醒提供了重要的解答線索。

於是，有美國做靠山的跨國企業資本家，漸漸成爲這個世界的真正老爺。因爲政治人物是有任期限制的，而這些大老闆財產

卻可以不斷累積世襲，跨國大企業慢動作政變傳統民族國家，在接下來數十年後逐漸成眞並且幾乎牢不可破。[7] 在早先時候，這些大老闆還要辛苦地跨國移動，懲罰那些不遵守新自由主義規則的國家；到了中期則是，將即使是汽車、手機等產業，其整個生產供應鏈組裝全球化；以致今天，一家公司成功與否，其關鍵並非生產產品而是經營品牌。

傳統強調經濟發展不會有環境問題的庫茲尼特（Kuznets）曲線認爲：一個國家的環境破壞與平均所得的關係是，當平均所得更高時，其環境破壞就會下降。但眞實的情況卻是，高所得國家會將污染輸往別國，此即所謂的「外部性」。然而對於西方社會來說，從大航海時代所看到無窮盡自然資源、沒有邊界的殖民開發主義，往非洲、美洲的空間得以拓展。而如今，擺在眼前的事實是已經沒有遠處他方可繼續外部化。這種空間地理學的國際不正義長期被漠視，爲此杭士基特別提到，由於歐盟的廢棄物污染，破壞了索馬利亞的海岸線：「他們把有毒廢水傾倒在索馬利亞的鄰近海域，破壞了養魚場，然後還抱怨索馬利亞人變成海盜」（Chomsky & Vltchek, 2017, p. 140）。

---

7. 2020 年拜登在選舉時提出「離岸罰款附加費」，其內容是未來美國公司若在海外製成產品、運回本土販售，將課徵 28% 公司稅，並額外附加 10% 懲罰稅。希望藉此抑制美國企業在不同國家間轉移收入和稅收減免的能力。事實上，早在 1988 年馬凱迪斯（C. Markides）和伯格（N. Berg）就曾投書《哈佛商業評論》發表〈離岸製造是個壞生意〉（Manufacturing Offshore Is Bad Business），批評離岸製造將傷害企業長期競爭力造成產業空洞化；與其一味降低成本，不如專注提高品質和創新，這些都是海外廉價勞動力辦不到的。事實上這樣的政策，美國現在是應起帶頭大哥角色，那麼跨國企業主導民族國家政策的趨勢才能獲得逆轉，國際正義才能得到真正的落實。

（三）氣候變遷與新冠肺炎對全球基本結構的挑戰

　　克萊恩在《不能光說 No》中認為，新自由主義是一種極端的資本主義，但當前氣候變遷的事實將會帶來新自由主義的最終章（Klein, 2017, p. 81）。根據美國國家科學院（NAS）的調查，地球生態容量在1980年就已達百分百，之後開始生態透支。這個不斷擴大的生態透支，正在世代不正義地蠶食我們未來子孫的自然環境。

　　如果說，1992年的里約熱內盧地球高峰會是全世界第一次大規模的正視地球生態危機的國際盛會，那麼2016年的巴黎氣候協定是聯合國195個成員國，在這氣候峰會中決定繼京都議定書[8]之後，明確提出要將全球平均溫度控制在工業革命之後低於攝氏兩度，並盡可能努力控制在攝氏一點五度之內（目前已經升高攝氏一度左右），堪稱是對感受生態大限的重大回應。不過正如一位加拿大大學生阿帕都瑞（A. Appadurai）參加2011年在南非德班舉行的聯合國氣候變遷會議所言：「我這一生的時間就是看著你們一直在協商」（林鶯譯，2015，頁52）。對於不遵守巴黎氣候協定還是沒有相關的強制罰責，甚至2017年6月1日，世界上主要碳排放國美國竟片面宣布退出巴黎氣候協定。也因此2018年8月瑞典發生百年森林大火，當時15歲的瑞典女孩桑柏格（G. Thunberg）發起「氣候罷課」運動，引起全球逾百萬人響應。

　　國際間最被信賴的氣候觀察單位聯合國「政府間氣候變化專門委員會」（簡稱 IPCC）在2018年10月公布最新氣候調查報告，若按照現在的溫室效應趨勢，地球最快在2030年突破升溫大限，屆時夏季高溫將越來越極端，北極海甚至出現無冰狀況。也就是說現在人類只剩下十年時間能挽回失控的升溫。該調查報告指出，自工業革命以來，人類活動已讓地球平均溫度升溫攝氏一度，若

5.2

杭士基之所以重要，是因為他總能清楚告訴我們國際間的不正義。

持續依現在的溫室氣體排放程度，地球最快在2030年突破攝氏一點五度的升溫大限，屆時各地會出現更極端的乾旱、野火、水患、飢荒，颱風、颶風等嚴重災害，而這些都是大部分現代人很快就會面臨到。這份具公信力的報告指出，各國政府應立即採取行動，不僅全球淨碳排量得降低至45%，且必須在2050年以前達成零排放。2019年9月在紐約舉行聯合國大會期間，聯合國祕書長古特瑞斯（A. Guterres）在氣候行動峰會上表示「2015年至2019年這五年全球平均溫度，創下人類有記載以來的新高紀錄。」根據世界氣象組織（WMO）的研究資料指出，「近五年碳排放量較上一個五年（2011年至2015年）增加二成」。WMO還指出，近五年全球平均氣溫較工業化時代升高一點一度，較上一個五年增溫零點二度，並提醒當前的暖化速度大幅超越十年前的預測。古特瑞斯認為各國在這場氣候變遷的競賽將逐漸失去優勢，這份報告更突顯

---

8. 不過，根據美國《國家科學院院刊》公布一份針對簽訂京都議定書之工業化國家的排放情況所進行的研究發現，雖然排放已穩定下來，但那是因為國際貿易已允許這些國家將骯髒的製造搬到中國等地。研究人員的結論是，在發展中國家製造、但在工業化國家消費的商品，排放的碳比工業化國家省下的碳多六倍。

出人類所採取的行動與暖化速度，兩者間的差距正在擴大。不過，就如2018年9月28日紐西蘭總理阿爾登（J. Ardern）在聯合國大會中所說：對於全球社區來說，自從聯合國成立以來，沒有任何事物比氣候變遷更能證明集體行動和多邊主義的重要性。我們應該要團結起來面對這個問題（廖崇佑等譯，2021，頁267）。然而從2020年世界各地普遍高溫、氣候異常與森林大火等各種狀況，很多人們現正開始體會真實的氣候災難。2021年8月IPCC更進一步警告，全球正危險地接近「失控暖化」，全球平均升溫幅度在20年內就會超過攝氏一點五度，比原先的預期快十年。

　　為此2021年拜登一上任，立即重返巴黎氣候協定並逆轉川普過去多項有害環境的政策，其中包含停止租賃北極野生動物保護區的石油鑽探權，以及撤銷基石輸油管的許可（該油管將從加拿大亞伯達省輸油到墨西哥灣沿岸的煉油廠）。另外更積極的是，拜登未來四年將發動乾淨能源的綠色新政。聯邦政府將投入兩兆美元投資，包括基礎建設、潔淨能源等可一起帶動就業成長的計畫，以達到2035年無碳發電、2050年碳中和的目標。另外拜登的氣候變遷特使凱瑞（J. Kerry）認為，中國是全球最大溫室氣體排放國，但在減碳方面不夠積極（2020年9月習近平在聯合國大會承諾，要到2060年前才實現碳中和）。新上任的拜登不僅要以美國自身做起，同時也向各國施加外交壓力，要求更積極應對氣候變化。

　　另外目前全球基本結構另一重大威脅是，不民主與不科學的中國在2019年至今所造成的新冠肺炎疫情災難。事實上，當中國謀求霸權指向世界衛生組織（WHO）這個普遍被世人信任的最大公共衛生組織時，很少人會注意到當中國與世衛不科學地、不實事求是地處理全球公共衛生時，會產生多大的代價。世衛的祕書長從2007年至2017年，就由中國推薦來自香港的陳馮富珍擔任；

而自2017年起，則繼續由中國支持的來自非洲衣索比亞，曾任該國衛生部長、外交部長但專業爭議不斷的譚德塞（Tedros Adhanom Ghebreyesus）接任。而當被世衛排除在外的台灣，在2019年12月31日向世衛通告病毒有人傳人的跡象時，世衛竟僅以「知道了」回應而無所作爲。世衛官方聲明從2020年1月一開始袒護中國掩蓋疫情，一直到1月30日才對疫情發出最高級警報「國際關注公共衛生緊急事件」，甚至悲觀評估疫情影響恐會持續數十年。

而令人遺憾的是時任美國總統川普雖早在1月就得知新冠肺炎的可怕，但他卻以不想製造恐慌爲由刻意淡化其嚴重性。曾經揭發美國水門案的華盛頓郵報記者伍華德（B. Woodward），在9月出版的《憤怒》書中指出，中國武漢封城五天後的1月28日，副國安顧問博明（M. Pottinger）就認爲全球顯然面臨等同於1918年西班牙流感所可能造成的可怕衛生事件。十天後的2月7日，川普確曾致電伍華德，指稱疫情遠比他公開發言時所說的還要嚴峻。但川普竟在同一時間的公開發言說，此疫情並不比季節性流感嚴重、病毒很快就會消失，以及一切都在政府掌控之中。3月19日伍華德在訪問中詢問川普：爲何改變對新冠病毒嚴重性的看法？川普直言：「我之前就是想要淡化，現在還是想要淡化，因爲我不想製造恐慌」（Woodward, 2020, p. 286）。川普對疫情的漫不經心應對（包括對口罩的排斥），被認爲是美國疫情後來失控的關鍵。

而拜登一上任立即停止美國退出世衛的程序，並派他的首席醫學顧問佛奇（A. Fauci）率團參與世衛執委會會議，並在21日會中發表演說。此外，拜登也啓動「100天戴口罩挑戰」計畫，要求民眾盡他們國民義務，未來100天戴上口罩。拜登同時簽署行政命令，規定所有聯邦政府人員在大樓內皆需配戴口罩，並保持安全社交距離。另外，爲了確保聯邦政府能迅速對抗疫情，行政命令

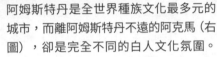
阿姆斯特丹是全世界種族文化最多元的城市,而離阿姆斯特丹不遠的阿克馬(右圖),卻是完全不同的白人文化氛圍。

中也設立「2019冠狀病毒應對協調官」,將負責協調跨部會疫情應對,包含疫苗的生產與配發。拜登一連串針對美國疫情的應對政策,終讓美國慘重的疫情看到改善曙光,並之後獲得解決。

四、全球基本結構的國際正義如何可能

過去人們思考問題主要在一國之內,然在經歷西方五百多年的殖民過程後,如今人們必須從全球化國際角度思考,才能掌握問題核心。就以今天歐美社會的反移民聲浪,我們看到西方世界向全世界要求商品自由流通、反對鎖國(十九世紀大英帝國甚至為此向當時的大清王朝發動鴉片戰爭),不管在說理或道義上,當然也不能阻止人員的自由流通。然而排外的反移民問題,如今變成西方社會的重大分歧,重新洗牌過去左右派之間的分野。目前城市的接受移民與鄉村的反對移民,成為歐美國家的普遍難題。所以對此問題的國際正義提問是:歐美社會排斥外來移民的風潮,

與其幾百年來要求世界各地開放市場，是否有前後不一的雙重標準？而這些二十一世紀的關鍵難題，對於主要生活在二十世紀的羅爾斯要能清楚理解，確實是強人所難。

（一）晚期羅爾斯國際正義論的未完成

羅爾斯不只參加1967年在華盛頓的反對越戰會議，1969年在哈佛大學的春季學期，他還開設了一門「戰爭問題」課程。羅爾斯認為造成這場不義之戰的癥結在於財富分配嚴重不均，以及美國政治的運作方式，允許有錢人和大公司（尤其是軍火工業）通過其捐助政黨和政治組織去掌控政治競選。羅爾斯有以上的國際認知理解，然為何在《一種正義論》將基本結構設定在一國之內而非國際，而到《萬民法》時才開始面對國家間的正義問題？

羅爾斯在《一種正義論》裡的第40小節說明其公平正義如何作為康德式的詮釋，而到其《政治自由主義》時才修正說明，康德哲學仍是一種道德式建構而非政治式建構。事實上公共生活的真實情況是，每個人、每個族群、每個民族的認知都是有限的。但人類明明知道自己的所知與經歷都是部分有限的，但卻永恆地都傾向將這部分擴張解釋成無限與全部，這是人性認知的弱點所在。就如羅爾斯在《政治自由主義》裡闡明的，這種經驗認知是一種判斷的負擔，如何將這人性無法避免、傾向全知的「全面性教條」（comprehensive doctrine）認知，提升到反省自己有限的「合理的（reasonable）全面性教條」信念，這正是公共政治生活可以獲得「重疊共識」（overlapping consensus）的關鍵所在。

不過羅爾斯仍舊不接受全球差異原則以及反對世界政府的存在可能，認為對「受不幸條件所牽累的社會」只須進行適當的國際援助。事實上，羅爾斯的國際援助政策，會讓他再次受到國內與

國際標準不一的批評。因為羅爾斯在國內積極設定社會基本結構並反對福利國家慈善基金會的運作。羅爾斯認為社會基本結構的正義制定，是制度上的有效公平運作；然而慈善基金會則是社會基本結構公平稅制之外的額外補償救濟。而確實目前慈善基金會的運作方式是，大量減低企業應繳交的稅使其成立慈善基金會，而制度根本的國家稅收卻呈現嚴重赤字，造成目前本末倒置的現象。事實上從國內向國際往外推，社會基本結構蛻變成全球基本結構，而國際援助不就是慈善基金會概念的向外延伸版。更何況回顧這些「受不幸條件所牽累的社會」，特別是透過世界歷史學與地理學的檢視，不正就是過去五百多年來西方殖民主義政策所造成的牽累災難，而今依舊持續不斷地加大這些「不幸條件」的強度。

　　如果西方社會仍然堅持上對下的國際援助姿態應對國際正義問題，不願坐上有世界歷史地理脈絡的公平談判桌，商討全球基本結構的公平正義如何可能達成？那麼如今在中國、印度、巴西與印尼等人口大國要繼續進行經濟發展優先的國家政策時（正如巴西人說他們也有權利過好日子而破壞亞馬遜雨林時），西方社會如何能有正當理由，說服他們要放棄經濟發展而保護生態環境？

　　事實上，格瓦拉早在1965年的阿爾及利亞演說時，提出了一個「全新的國際關係概念」，其要點有三：一是公平轉讓知識，放棄現行的專利許可做法，讓不發達國家可以得到發達國家的技術；二是尊重各地的文化，也就是提供服務的專家必須以身作則，理解環境、語言與風俗習慣的差異；三是重開債務談判，讓不發達國家擺脫沉重的外債負擔（王曉峰等譯，1999，頁456）。這個當時被視為烏托邦的國際政策，如今看來卻顯得務實且迫切。

　　就如同這次新冠肺炎疫情的應對，後來日漸恢復正常運作的

WHO，其所建立的疫苗全球取得機制（COVAX）平台，即是希望未來疫苗的研發成果能夠公平普及於世界各國。然現實上，我們還是看到超買疫苗的仍都是歐美日等先進國家。英國傳染病專家法拉爾（J. Farrar）指出，倘若只有部分國家讓大量人口接種，世界上大部分地區仍無法控制疫情，將會導致病毒出現更多變異。事實上在全球化地球村時代，只要有一定比例國家缺疫苗而管控不好疫情，那麼這些大國的疫苗防疫非常可能會受到國際疫情的再反撲。所以，目前先進國家要巴西保護雨林，但在疫苗取得上卻依然搶購超買，這正是我們國際社會的真正現實；希望這次能透過國際輿論的制衡，可以漸漸趨近於如前面格瓦拉所期待的一個全新的國際關係。

（二）建構世界公民社會的可能

1845年法國對普魯士要求驅逐馬克思，於是馬克思逃亡到比利時的布魯塞爾。12月1日，馬克思宣布脫離普魯士國籍，並表示無意加入任何外國國籍，成為一個沒有國籍的世界公民。對此馬克思說：我是世界公民，我走到哪裡就在哪裡工作。

而世界公民終於成為更多人心中的理想與實踐是在1960年代。「胡、胡、胡志明，切（Che）、切、格瓦拉」，這是1968年5月巴黎學運廣場上學生們響徹雲霄的口號。成千上萬法國學生加入遊行行列，其訴求的主題並非自身利益，而是關心遠在千里之外的越南與拉丁美洲人民。

另外對世界輿論的期待，是在2003年3月英美聯軍攻打伊拉克之際，來到了日漸成熟的時機點。早在戰爭前一個月的2月15日全球上千萬人遊行，是人類歷史上最大規模的反戰行動（事實上，在此之後美國再也沒有發動大規模的入侵他國軍事行動）。歐

這是馬克思在布魯塞爾大廣場
經常與恩格斯(F. Engels)光顧
的天鵝餐廳,從1845年至1848
年,〈共產黨宣言〉正是在這餐
廳中完成的。右圖是這餐廳正
面標示的門牌。

洲新康德學派哈伯瑪斯與德希達(J. Derrida)為此聯名發表文章,
直指這一天是象徵歐洲公共領域的誕生(鄧伯宸譯,2007,頁34-
36)。而在3月21日戰爭發生之前,全世界反戰言論與民眾抵制
的規模可說是空前的,杭士基認為這就是目前能制衡美國的第二
超級大國——世界輿論(Chomsky, 2004, p. 10)。本章認為杭士基
的世界輿論正是未來世界政府的重要地基。

哈伯瑪斯在2004年針對2003年戰爭發表《分裂的西方》指出：美國公然違反國際法對伊拉克發動戰爭，已使自己規範性權威頹圮於廢墟之中。哈伯瑪斯並將美國如此走向單邊主義霸權的原因，歸結為美國承襲的是穆勒的自由民族主義，而不是現在歐洲希望的康德世界公民主義。自由民族主義背後的價值觀是穆勒的功利主義。穆勒會認為，迫害屠殺他認為落後的野蠻人是合乎道德的，因為這是為他們好、目的是進步的，而手段是有效地服務於這個目的。然而更早之前，當康德談到同樣一個問題時卻認為：即使有理由相信，暴力對付野蠻人可能對人類有利……但所有這些好的動機，都不能洗刷這種手段的不正當。顯然今天聯合國是建基在穆勒的自由民族主義之上，以致衍生成如此困境。哈伯瑪斯的說明，讓我們意識到有另一種更好的立基選擇，那就是康德世界公民觀點[9]的平等普遍主義（Habermas, 2006, p. 35），並由此基礎設想有效的制度制衡之道。

　　事實上，2003年英美聯軍攻打伊拉克引起的全球幾千萬人上街遊行反戰，是這世界公民社會的起始，2016年制定的巴黎氣候協定因應全球氣候變遷則是凝聚共識的初試啼聲，而2020年美國大選拜登所代表的多邊主義獲得較多數美國選民的支持，更是讓這凝聚力更強。透過這次美國大選數位科技的快速傳播，儼然世界公民社會更加成熟。

---

9. 雖然康德在1795年〈永久和平論〉裡論述世界政府的不可行，但他在1784年書寫的〈世界公民觀點下的普遍歷史概念〉卻早已揭示世界公民觀點（Kant, 1970）。在康德那個時代，即使經歷十多年的反覆思考，康德依然還是停留在有著世界公民視野，但卻沒有世界政府藍圖的困境。這之中理想與現實之間的難以聯結，至今依然挑戰著進入二十一世紀的我們。

（三）美國在制定全球基本結構角色的重要性

羅爾斯在《萬民法》中，對一國之內的民族區分爲五類時，對於究竟美國是合理自由主義民族還是法外國家並沒有明說[10]；而且羅爾斯也明白表達反對美國在二戰之後推翻智利、瓜地馬拉、伊朗與尼加拉瓜等民主體制國家，並認爲那是少數寡頭利益團體驅使美國政府的非法祕密行動（Rawls, 1999b, p. 53）。晚年羅爾斯強烈意識到，未來的美國究竟是趨向光明還是黑暗，總統是政治家還是政客至爲關鍵。遺憾的是，就在羅爾斯過世後一年，小布希發動了第二次波斯灣戰爭。

以作者的觀察，美國在經歷1974年尼克森水門案辭職與1976年美國最高法院「巴克利訴瓦利奧」政治獻金無上限之後，1976年當選的卡特總統之後的民主黨發展與1980年當選的雷根總統之後的共和黨發展，約略可區分出光明與黑暗的美國（當然不可能全然二分沒有例外）。

我們發現在此之後民主黨主政下的美國，是光明面大於黑暗面的全球基本結構較被重視的美國多邊主義政策。民主黨從卡特、柯林頓、歐巴馬與現在的拜登對於改善貧富差距、生態環境與約束跨國企業課以責任是遠大於雷根、布希父子與川普。

事實上，就是歐巴馬的八年執政經歷讓全球基本結構的國際正義問題，清楚呈現並挑戰著大家。而川普單邊主義以及管控新冠肺炎疫情嚴重不及格下，不僅造成美國與歐盟、阿拉伯世界等地區的扞格，同時也讓美國內耗弱化。在2020年美國大選選民的踴躍投票下[11]，曾任歐巴馬副手八年的拜登取代川普，目前美國可說重回多邊主義的對外政策。

目前在台灣，許多人對歐巴馬的中國政策多所誤解，認爲歐巴馬在中國崛起過程迴避、放寬或違反所有談妥的國際商務規定，

加速中國在全球供應鏈裡成為世界經濟大國。但就如前面歐巴馬對溫家寶的氣候變遷政策喊話外，歐巴馬也在回憶錄裡提到，他上任時美國經歷了2008年金融海嘯後，中國握有超過7000億美金的美債，也累積了大量的外匯存底，因此是管控金融危機的必要夥伴，所以未對中國進行經濟制裁（Obama, 2020, p. 475-476）。事實上習近平一連串違反國際期待，是從2018年修憲讓國家主席任期無限制開始，歷經2019年對香港愈加嚴厲的一國一制以及2019年起對新冠肺炎疫情隱匿造成目前全球浩劫後，目前美國對於中國上述發展的抗衡，已是朝野不分黨派的共識。

「全球基本結構的國際公平正義如何可能」在康德與羅爾斯都還是認為不可能達成；但進入這個世紀後，雖然目標艱難但卻無可迴避，如今天的氣候變遷與遊走國際間的跨國企業等棘手問題。而究竟是光明或黑暗的美國，對達成「全球基本結構的國際公平正義」是非常重要的變數。而世界輿論也更應督促美國走向光明道路，不應將目標僅侷限在狹義的美國國家利益上，而是將目標指向更長遠的全球基本結構的公平正義上。因為，只有全世界變得更好，美國國家利益才能獲得真正長遠的保障。

---

10. 除了「合理自由主義民族」、「法外國家」與前面提過的「受不幸條件所牽累的社會」外，羅爾斯在書中還提了「正派民族」與「仁慈的絕對主義社會」兩種（Rawls, 1999b, p. 4）。

11. 2020年美國從黑暗再次走向光明，美國選民的踴躍投票實為重要，拜登當選的最關鍵原因是投票率高過六成甚至接近七成。過去幾十年的大選歷史顯示，只要投票率高過六成，民主黨候選人很難不會當選。事實上美國投票日是星期二，由於不放假因此受薪階級上班族（這族群投票傾向較多是民主黨）要投票，必須要很有熱情或特殊原因才會登記選民並投票。但由於受到疫情影響，這次提前親自投票與郵寄投票的美國選民超過一億人，彌補了投票日未放假所造成的上班族投票權益。

五、從未完成到艱難前進

羅爾斯對於自己多年的學思努力，一直保持著謙遜開放態度，在他〈關於我教學的幾點說明〉的結尾這樣說著：

> 不過如我所說，在把握康德的總體觀念方面，我的理解從來都不能令我滿意。這留下了許多缺憾，也使我想起了關於馬丁（J. Martin）——他與霍墨（Homer）、莎吉特（Sargent）同屬美國偉大的水彩畫家——的一個故事。你們中的大部分人肯定都見過馬丁的畫，某種具象表現主義作品。在二十世紀40年代後期，他被高度評價爲我國頂級的藝術家或少數頂級藝術家之一。在觀看他的畫時，我們能夠知道它們是什麼：例如，紐約城的摩天大樓，新墨西哥州的道斯山，緬因州的帆船和港口。十九世紀20年代，馬丁曾到緬因州的斯朵林敦畫了八年的畫。寫過一本關於馬丁很好的書的懷恩（R. Fine）告訴我們，她去了斯朵林敦，想了解一下當地是否有人認識馬丁。她最後找到了一位以捕龍蝦爲生的人，那個人說：「我們每一個人都知道他。他日復一日、周復一周、夏復一夏地外出在他的小船上畫畫。你知道，可憐的夥計，他是如此的努力，但卻從未完成。」
>
> 而這話也完全適用於我，此刻我也是「從未完成」（Rawls, 2007, p. xv-xvi）。

萊寧在《羅爾斯政治哲學導論》裡特別提及，他這本導論參考了羅爾斯的全部著作，從1951年羅爾斯第一篇論文〈簡論適用於

倫理學的一種決策程序〉開始，其後50多年的羅爾斯學思歷程，包括直至2007年才被整理出版的《政治哲學史講義》，嘗試進行一個整體的闡述。不過，對羅爾斯有一定理解的人都知道，除了《一種正義論》、《政治自由主義》、《萬民法》與《重述公平之正義》這四本書，是羅爾斯主動出版的。其餘的文稿、講義與論文集，是幾經周遭好友與學生的請託之下才得以出版。甚至在羅爾斯個人的學思認知上，即使是那四本自己主動出版的作品，也都不是定稿完成而是隨時保持開放等待被修訂。

羅爾斯的謙遜從其書名「一種正義論」（A Theory of Justice）而非「正義論」（The Theory of Justice）可看出。目前許多中譯書名譯為《正義論》並不恰當，因為羅爾斯在陳述其正義論的態度是，此理論僅是眾多正義論中的「一種」，而不是「全稱」的《正義論》。然來到《萬民法》（*The Law of Peoples*），羅爾斯卻使用全稱的The，而不是「一種萬民法」（A Law of Peoples）。透過書名的轉變，從個人謙遜到後來的強勢全稱，羅爾斯究竟要傳達什麼特殊訊息，幾十年來作者深為所惑。[12]特別是上述「從未完成」再次表達羅爾斯論述的開放，如何在羅爾斯思考正義的大廈基礎之上，接棒屬於我們這一世代的國際正義問題，應是任何有志於此者的艱難挑戰。

---

12. 作為非西方社會的一員，作者仍將羅爾斯的《萬民法》視為非全稱的「一種」，特別是本章前面提出的當今全球化的歷史學與地理學觀照。對比《一種正義論》論述完整結構嚴謹，羅爾斯《萬民法》內容則明顯看出結構鬆散與論述的片段條列。

參考書目

中央社（2002）。《2003世界年鑑》。台北：中央通訊社。

王志弘等譯（2014）。《寰宇主義與自由地理》。台北：群學。

王曉峰等譯（1999）。《切‧埃內斯托‧格瓦拉傳》。西安：太白文藝。

汝龍等譯（2000）。《列夫‧托爾斯泰文集》共17卷。北京：人民文學。

吳四明等譯（2012）。《錢買不到的東西：金錢與正義的攻防》。台北：先覺。

周啓乾等譯（1990）。《日本近代政治史》共四冊。台北：桂冠。

林鶯譯（2015）。《天翻地覆》。台北：時報。

孟祥森譯（1982）。《華爾騰——湖濱散記》。台北：遠景。

孟偉譯（2012）。《羅爾斯政治哲學導論》。北京：人民。

索颯（2003）。《豐饒的苦難——拉丁美洲筆記》。廣西桂林：廣西師範大學。

廖崇佑等譯（2021）。《我可以當母親，同時當國家總理》。台北：大是文化。

鄧伯宸譯（2007）。《舊歐洲‧新歐洲‧核心歐洲》。台北：立緒。

閻紀宇譯（2019）。《美國夢的悲劇》。台北：遠足文化。

蔡惠伃等譯（2014）。《為什麼我們需要公共哲學：政治中的道德問題》。台北：麥田。

Chomsky, N. (2000). *Rogue States.* London, UK: Pluto Press.

Chomsky, N. & D. Barsamian (2001). *Propaganda and the Public Mind.* London, UK: Pluto.

Chomsky, N. (2004). *Hegemony or Survival: America's Quest for Global Dominance.* New York, NY: Henry Holt and Company.

Chomsky, N. & A. Vltchek (2017). *On Western Terrorism: from Hiroshima to Drone Warfare.* London, UK: Pluto.

Fanon, F. (1968). *The Wretched of the Earth.* (C. Farrington, Trans.). New York, NY: Grove Press.

Garcia, F. & O. Sola (1997). *Che: Images of A Revolutionary.* (R. Whitecross & T. Wells, Trans.). London, UK: Pluto Press.

Habermas, J. (2006). *The Divided West.* (C. Cronin, Trans.). Cambridge, UK: Polity.

Hart, H. L. A. (1973). 'Rawls on liberty and Its Priority'. University of Chicago Law Review, 40, 534-555; reprinted in N. Daniels, *Reading Rawls.*

Kant, I. (1970). *Kant's Political Writing.* (H. Nisbet, Trans.). Cambridge, UK: Cambridge University Press.

Klein, N. (2017). *No Is Not Enough.* London, UK: Penguin Books.

Klein, N. (2019). *On Fire: The (Burning) Case for a Green New Deal.* New York, NY: Simon & Schuster.

Lehning, P. (2009). *John Rawls: an Introduction.* New York, NY: Cambridge University Press.

Obama, B. (2020). *A Promised Land.* New York, NY: Penguin Random House.

Obama, M. (2018). *Becoming.* New York, NY: Penguin Random House.

Rawls, J. (1996). *Political Liberalism(2nd ed).* New York, NY: Columbia University Press.

Rawls, J. (1999a). *A Theory of Justice.* Cambridge, MA: The Belknap Press of Harvard University Press.

Rawls, J. (1999b). *The Law of Peoples: with "The Idea of Public Reason Revisited".* Cambridge, MA: Harvard University Press.

Rawls, J. (1999c). *John Rawls: Collected Papers.* (S. Freeman, Eds.). Cambridge, MA: Harvard University Press.

Rawls, J. (2007). *Lectures on the History of Political Philosophy.* (S. Freeman, Eds.). Cambridge, MA: The Belknap Press of Harvard University Press.

Said, E. (1994). *Culture and imperialism.* New York, NY: Vintage Books.

Said, E. (2004). *Humanism and Democratic Criticism.* New York, NY: Columbia University Press.

Woodward, B. (2020). *Rage.* New York, NY: Simon & Schuster.

網路與影像資源

1. 羅爾斯理論的英文簡介：
   https://www.youtube.com/watch?v=5-JQ17X6VNg
2. 桑德爾〈正義是一場思辨之旅〉的 DVD 中，評述羅爾斯的差異原則：
   https://www.youtube.com/watch?v=HmoogoKIxT8&t=63s

第六章
走出新自由主義困境的
韋依義務論

6.1

2019年3月15日紐西蘭發生對穆斯林的恐攻。
兩天後總理阿爾登戴著頭巾緊抱受難者家屬的照
片，被投影在杜拜的哈里發塔上。阿聯酋甚至發
布官方聲明：「謝謝阿爾登總理和紐西蘭，感謝
您真摯的同理心和支持，在撼動全球穆斯林族群
的恐怖襲擊後，贏得15億穆斯林的尊重。」

2020年的紐西蘭總理阿爾登與芬蘭總理馬林（S. Marin）。

2019年12月美國前總統歐巴馬表示，如果世界各國都由女性治理，人民的生活水準和施政結果將會出現大幅改善。他同時指出，當前世界上的多數問題，都是因為老人（絕大多數是男性）戀棧權位不肯放手所致。

國家主政者年紀愈來愈輕。原本法國總統馬克宏（E. Macron）2017年5月當選時，不滿40歲已經夠稀奇了，隔不到幾個月，阿爾登以37歲的年齡讓世人見識到還可以再年輕；然後，2019年12月芬蘭總理則由剛過34歲的馬林出任，更是令人驚嘆。馬林是一個在女同性家庭成長的孩子，她與夫婿拉孔恩（M. Räikkönen）於2020年8月結婚，而他們的女兒艾瑪（Emma）則早在2018年1月28日就出生。

一、力量決定權利的大小

1937年剛過28歲的韋依[1]，在一篇名為〈對服從與自由的沉思〉的文中第一次闡述對於力量的概念。文章的第一段充分呈現她的問題意識與困惑：「最大多數人對最少數人屈膝臣服，這個根本

事實幾乎存在於所有的社會組織中，並一直讓所有多少還能反思的人們感到驚愕」（楊依陵譯，2018，頁213）。韋依提及義大利佛羅倫斯透過伽利略（Galileo）給人類帶來力量的概念，但「社會力量」卻不符合自然法則。對此，馬克思在《資本論》中提及，當資本家與工人的權利相抗衡時，雖然這兩種權利同受商品交換規律所承認，但現實是「在平等的權利之間，力量就起決定作用」（中共中央馬克思恩格斯列寧斯大林著作編譯局譯，1960，頁262）。

我們在自然界中看到的是，較重的物種勝過較輕的，繁殖力強的物種勝過其他；但在人類社會中，社會力量卻與自然法則相反，公克竟然比公斤重，關鍵的力量決定著彼此權利的大小。

---

1. 韋依（1909-1943）是二十世紀法國哲學家、社會活動家、神祕主義思想家。雖然其一生著述甚多，卻從未以本人之名發表。但隨著其著作的陸續整理出版，聲譽日隆。她於1928年考入高師，1931年取得哲學教師學銜，隨即被任命為勒浦伊市女子中學教師。在那裡她明確表達對政府政策的不滿，向市政府公開表示對該市失業者的同情並以實際行動幫助他們。1933年她決定告假一年，希望能全面體驗工人生活，並在雷諾汽車廠找到一份工作。儘管她有嚴重的頭痛病，身體又虛弱，但她絕不允許自己的生活條件與車間工人有任何不同。1936年8月，她前往西班牙內戰中的巴塞隆納，與共和派軍隊一起對抗佛朗哥將軍，後來因為腳燙傷返回法國。1940年6月因為第二次世界大戰離開巴黎，同年10月在馬賽暫居。1941年6月，經朋友介紹，她認識馬賽修道院的神父貝蘭（Le. R. Perrin）與梯篷（G. Thibon）。之後韋依住在梯篷家裡，這期間參與農家體力勞動，幫助收成莊稼與葡萄，與此同時，她研究古希臘思想與印度哲學，並進一步體驗神祕主義，這些經歷使她寫下許多期待上帝的宗教文字。1942年6月，她離開法國抵達美國紐約、11月又轉赴英國倫敦，主要目的是希望能重回法國，籌劃執行其「戰地護士培訓計畫」。後來她在倫敦被分派任務，負責規劃未來法國如何復員計劃的要項之一，為此她起草撰寫，人類應承擔的「義務宣言」。由於韋依執意分擔法國淪陷區人們所經受的磨難，長時間地嚴格遵行食物配給以致嚴重營養不良。1943年4月她健康惡化，數月後與世長辭。

韋依認爲馬克思主義者們選擇了經濟作爲社會之謎的解答，但她認爲，即使生產條件的變化也不足以說明此一多數服從於少數的現象。結果其眞實是數量並不等於力量，甚至人多反而勢弱，人少反而能建立某種凝聚力強的整體，而數量多的人群僅僅只是並列個人的鬆散軟弱組合。雖然歷史上些許時刻會發生，人民大眾統一在一個偉大的理想之下，他們的追求、言語和行動都趨向一致並形成無可抗拒的力量，如1936年6月發生在法國的總罷工運動及其接續的社會黨執政。但這樣的奇蹟時刻往往不會長久，大眾又漸重回分散個體、勝利的記憶也會逐漸遠去，某種無可救藥的無力感漸漸蔓延，在有力少數者刻意營造多數無能爲力的氛圍終又重站舞台，並加重多數群眾的再一次順服與更深沉的自卑。

　　而在稍後的〈《伊利亞特》，或力量之詩〉與其同一主題續篇〈從一部史詩看一種文明的終結〉與〈奧克文明啓示何在？〉，韋依幾乎清楚建構了人類社會的力量主導。力會讓人變成物，即使是活生生的人，因爲力的驅使也會早早成了物。這種現實是人的苦澀，也是人的共同艱難。韋依認爲「只有認知力量王國，並懂得不去順服這個王國，才有可能去愛，並做到公正」（吳雅凌譯，2012，頁35）。芸芸眾生能夠理解沒有人能眞正擁有力量，然後強者學會節制自己的力量並知道力量之有限，同時能夠在不同的力量之間找到均衡的平衡點，在韋依看來，這是可以抗衡力量王國的超自然眞實古希臘史詩精神，是人類困境朝向神性完美的橋樑。

　　本章嘗試以上述力量觀點，檢視從1970年代開始立基並在1980年代在美國、英國與中國擴大，並在進入二十一世紀後，席捲全世界的新自由主義建立與擴大過程中所帶來的當代困境。原來新自由主義是擁有力量的資本家，聲稱在自由市場中不應有被干預的權利，用以取代原本封建社會貴族的目的之善，並阻卻工

人等普羅大眾沒有力量為後盾的權利。而今新自由主義所要面對的全球氣候變遷大限危機，本文認為原來「目的論傳統的各種個人之善」與「本務論傳統的要求平等權利」都已不足以應對，文中提出的社會道德學習理論第三階段「古希臘史詩傳統的超驗義務」，才有可能面對今天的困局。

二、新自由主義的建立與擴大過程

（一）美國作為實踐新自由主義的軸心國家

每一個社會從來就不是靜止不動的，美國社會的蛻變值得我們關注，因為這個國家是歷史上第一個會定期選舉的世界超強「民主」國家。

由於美國必須定期選舉，在這一次新自由主義資本力量重建的過程中，她記取1960年代平權與反戰運動的教訓，所以需要透過眾多活動、特別是職業運動，轉移多數美國公民的視線，特別是年輕人的注意力。透過巧妙時間間隔的美式足球、籃球與棒球的三大職業運動（當然還包括散布在其中的各類運動），讓許多人對國內公共政策討論感到那是有錢人的事，同時也讓多數美國民眾日漸遠離與陌生這個超強國家在國際政治的作為，並進行公民參與等有實質意義的討論[2]。

而取代凱因斯主義的新自由主義撙節措施，早在1975年的紐約面對財務危機時就已初試啼聲。當時的紐約被認為正在進行一場大膽的社會民主主義實驗，從圖書館、大眾運輸到醫院，紐約

---

2. 薩依德曾經把美國人對於運動的討論與世界發生重大事件的感知比較，其落差令人咋舌（單德興譯，2005，頁307）。

成爲全美國擁有最好的公共福利系統。史學家菲利浦‧芬恩（K. Phillips-Fein）在其著作《恐懼之城》（2017）中，讓我們得知紐約在經歷財政危機後，金融機構刻意明確表達對紐約危機的任何援助都要「具有懲罰性，整件事要具有痛苦的教訓，從而沒有城市或政治力量再敢走同樣的道路。」泰布（W. Tabb）總結說「1980年代雷根政府的政策僅僅是1970年代在紐約上演的劇本擴充版」；而菲利浦‧芬恩卻更進一步告訴我們，紐約的恐懼過程正是全球撙節政策拉開序幕的開始，正如《恐懼之城》一書副標題「紐約財政危機與撙節政治的興起」。

1975年紐約危機之初，雖然聯邦政府放任不管，但一開始金融機構是打算對市政府進行融資。然當時的花旗銀行卻力排眾議，決定把紐約市推向技術破產邊緣。而在之後的資金援助過程，接管這座城市預算管理的新型機構建立起來，這個新機構首先要求城市的收入必須先償還債務，剩下的才可用於基本服務。如此一來，紐約工人階級過去30年所積聚的力量逐一瓦解：地鐵系統缺乏維修經費幾年後變得頹敗不堪、學費第一次被引進紐約城市大學系統、地方協會必須將養老基金投資城市債券。而另一方面，冉冉升起的是如何創造一個良好的商業氛圍，將公共資源投入在建立起適合商業環境的基礎設施，企業福利取代了平民百姓福利。

對於這次資本力量的重建，哈維在《資本之謎》裡，衍生自馬克思《資本論》第一卷第13章「機器和大工業」第四個附註中提及機器演化的達爾文（C. Darwin）與維科概念，哈維提出七個資本主義演化活動領域，分別是：「技術和組織形式、社會關係、制度和行政安排、生產和勞動過程、與自然的關係、日常生活和人類的再生產以及對世界的心智概念。這些活動圈沒有一者獨占主導地位，但也沒有一者與其他活動領域毫無關聯。此外，任一活動領

域也非其他活動領域所能集體決定。每個活動領域會自行演化並總是與其他活動領域保持動態互動」（Harvey, 2011, p. 123）。也因此，哈維認為對資本主義的挑戰是何等艱鉅，因為需要大幅改革的地方必須遍及以上七個活動領域。1917年蘇維埃的最終失敗，如今看來即是輕忽了這有機組合的七項要素，天真地認為只要改變生產力就可以走上共產主義的道路。

　　哈維觀察到新自由主義即是資本主義社會在面對最近一次危機時，所進行的力量重建過程。在1973年至1982年的危機時期裡，雖然新自由主義不均等的地域發展顯然到處可見，但這七個不同活動領域會彼此動態互動地演化，也因此資本主義社會的力量至今依舊擁有極大的調適能力。我們從上述的諾貝爾獎增設經濟學項目到美國最高法院針對「巴克利訴瓦利奧」的判決，可以觀察到這一次資本力量重建的細膩與有步驟的進逼、水到渠成。

　　另外，就以其中日常生活與心智概念兩個活動領域為例，我們看到主導新自由主義最力的美國共和黨，1960年代後如何與南方州的所謂基督教右翼勢力結盟，而形成一個穩固牢靠的選民基礎（對比民主黨左支右絀、內憂外患），讓我們見識到資本主義面對危機的適應能力。在新自由主義下的廠商外移，尋找低工資國家設廠的過程中，美國白人工人階級是受創最重的。然而在1960年代平權運動的過程中，這些勞動白人不僅利益方面絕大部分沒有他們的份，在文化與道德正確上還反遭圍困指責。於是透過擁護道德和傳統價值的社群主義論述，這個社會群體被說服投票給造成他們失業的最主要政黨。這樣的矛盾投票行為，在歷史上不是第一次，十九世紀法國農民主要投給路易·拿破崙（L. Napoleon）即是一例；相信2016年美國勞動白人主要投給川普，也不會是最後一次。

這種思想觀念一旦牢靠形成且不容質疑時，政黨輪替後的民主黨總統不只覺察可挪動改變空間很小，甚至後來成為新自由主義的跟隨者。我們看到：是柯林頓任內撤銷銀行業管制，間接鋪陳了2008年金融海嘯；另一方面也是歐巴馬選擇不對應負責的銀行家起訴，量化寬鬆的印鈔救市。

新自由主義取代凱因斯主義是全世界資本家的大勝利。也因此，即使當歐巴馬在2008年金融海嘯後，新自由主義最為脆弱之際上台，歐巴馬那時是擁有對銀行業、汽車業未來走向以及重大基礎建設的決定大權，但他並沒有讓美國重返凱因斯主義的路徑，這是歐巴馬的重大歷史時刻錯誤。事實上，阻止歐巴馬轉向的關鍵原因正是，新增的諾貝爾經濟學獎近50年來建立的強大意識型態對他的制約，歐巴馬依舊十足是「反計畫」時代的產物，即使他握有像履行羅斯福總統新政的計畫時刻，他竟然還是認為，任何計畫都是應該趕快丟掉的包袱。歐巴馬不僅沒有積極強化與轉變美國公共領域的體質，反而是透過原有的企業運作方式進行他所謂的「改變」。雖然歐巴馬傾全力在健保改革上遭遇強大阻力，但美國眾多的基礎建設卻連計畫都付諸闕如。歐巴馬不僅沒有進行全國性的大眾運輸與高速鐵路整體計畫，反而進行的是國家公路系統建設，讓更多的汽車製造更多的空氣污染。

（二）全球化的地理政治學

1. 世界是平的品牌

於是，有美國政府作為強力靠山的跨國大企業資本家，漸漸地成為這個世界的老爺。政治人物是有任期限制的，而這些大老闆的財產卻可以不斷累積世襲，跨國大企業慢動作政變傳統民族國家[3]，在接下來數十年後逐漸成真並且幾乎牢不可破。在早先

時候，這些大老闆還要辛苦地跨國移動，懲罰那些不遵守新自由主義規則的國家；到了中期則是，將即使是汽車、手機等產業，其整個生產供應鏈組裝全球化；以致到今天，一家公司成功與否，其關鍵並非生產產品，而是經營品牌。

在這樣跨國公司移動下，所有原來民主政治允諾的勞動者的福利、生態環境保護等願景，漸成天邊彩虹。而就在那時刻，鄧小平的改革開放帶給全世界最大的衝擊是，中國提供給全球資本家，可以揮霍的生態與低廉薪資。此外，在冷戰結束蘇聯瓦解後，原蘇聯與東歐、中歐的勞動力，還有更後面的印度與印尼、越南等東南亞國家勞動力也加入這個破底競爭行列。在全球勞動力市場嚴重供過於求的趨勢下，這個首次在人類歷史上整合成功的地理政治學，原本還需要跨國移動以訓誡不服從新自由主義的任何國家，如今則是將整個生產供應鏈全球化。

除了重要戰略物資（如石油）、原料（金銀銅鐵甚至稀土等）侷限在特定地區出產外，接下來選擇要在哪裡研發、生產組裝到可以在市場販售的成品，跨國大企業發現嗷嗷待哺的全球勞工多到不僅僅是所謂的待價而沽。當一份相當可觀的訂單，從跨國企業釋出時，誰能讓發訂單的老闆獲得最低成本與最高利潤，誰就是這個新自由市場法則的贏家承包商。至於勞工要怎樣生產、每小時薪資多少、工作環境以及連續工作必須限制多少小時，完全不在承包製造商的考量清單中。當代世界比過去奴隸工作環境更為可怕的血汗工廠，就是在這樣的勞力自由競爭市場情境下產生。

---

3. 2009年紀錄片《資本愛情故事》，導演摩爾（M. Moore）在片中的第20分鐘前後，呈現出雷根總統的總參謀長（前美林證券總裁）瑞根（D. Regan）對雷根頤指氣使、嗤之以鼻，而雷根卻全然聽命行事的畫面。

這是鹿特丹的天鵝橋。作者曾經走上上面，剛好看到一艘滿載重金屬垃圾的船隻（下圖），航向馬斯河的出口，不知將會航向何處？而這應就是國際間不平等的生態外部性地理學。

另外，新自由主義的運作模式，總是在成本無極限下降、利潤無上限增加的推陳出新下，最終進一步蛻變到品牌經營。在2000年《No Logo》書中，原來迷戀品牌的克萊恩，她看到了這個新自由主義的眞實運作圖像，那是全然排除企業社會義務的「超級品牌」行銷管理學。在回應2016年超級品牌川普竟然當選美國總統的《不能光說No》裡，克萊恩更清楚地說明超級品牌的核心管理學概念：一家成功的公司，生產的主要商品並非產品，而是品牌。這些高度品牌化的公司（如耐吉球鞋、蘋果電腦與星巴克咖啡等）認爲：製造商品不過是他們業務附帶的一環，而由於近年大量推廣貿易自由化與勞工法改革的結果，將製造的工作交由承包商，由其轉給薪資低廉到不能再低廉的世界各地勞工。

克萊恩對於品牌經營的全球風行草偃，有以下全球力量運作邏輯的話語，她說：「業界的管理階層很快的達到共識：不使用這種經營模式的企業都太過膨脹了，他們擁有的東西太多、聘僱的員工太多，被太多事物拖垮。舊時的製造業——自己經營工廠、對數萬名全職的長期勞工負責——在人們眼中越來越不向通往成功的道路，反倒成了笨重的累贅。企業的新目標就是成爲有名無實的品牌——雖然擁有的實物不多，卻必須爲一切事物打上品牌的標誌」（Klein, 2017, p. 26）。

然而這樣的品牌經營策略，造成擁有資本者人數比例愈少、財富聚斂更極端，人數數十億以上的勞工呆立在生產線外，不僅自覺一無是處，同時也因爲收入下降而幾無購買力。於是當供給方，一次又一次地推出更新、更時尚與更有效率的產品時（如球鞋、手機與汽車等）；需求方這邊雖然有些人財富愈來愈多且幾進炫富地購買，但購買的人數卻愈來愈少。網路商品手機幾乎是需求方財富下降時，第一個被節省下的商品，於是從美國開始2001

年網路產業的泡沫破滅後，從科技股股市撤出的資金大多投向美國房地產市場。

而又因為新自由主義主導取消對美國銀行業的各項金融管制，衍生性金融商品以及由銀行鼓勵無限大的資金槓桿操作，並完全放棄監控房地產市場貸款人的還款能力，於是由次級房貸（也就是幾乎不審核貸款人還款能力的銀行放款）產生的房地產被法拍崩潰危機，2008年終至引發傳導到全世界的金融海嘯。次貸危機造成數百萬美國家庭失去居住房屋，這個全球最大消費市場的萎縮，造成世界上眾多以美國為出口市場國家的重大經濟危機。這之中尤以中國被影響最大，以美國本地失業人數700萬人的嚴重情況，而中國要面對的是，超過3000萬人從有工作變成失業。

2. 中國的崛起與挑戰

如同過去1852年路易·拿破崙決定讓資本與勞動動起來，透過巴黎城市改造以鞏固其新王朝統治的穩定性。他授權豪斯曼（B. Haussmann）執行此一戰略化美學的巴黎公共工程，以凱旋門為核心的星形廣場，12條放射出去的大通道，不僅美化了整個巴黎公共景觀，同時也讓過去困擾當政者的街壘抗爭成為過去。[4] 而1945年戰後的美國莫西斯（R. Moses）的基礎建設，同樣緩解復員後的失業問題。州際公路系統將西岸和南方聚攏在一起，將美國經濟做了重要的空間整合，洛杉磯從普通小鎮蛻變為大城市，另外還有他對紐約都會區的郊區化設計，甚至改變了美國人的日常生活形態。

事實上，中國在2008年之後的大規模城鎮化與固定資產投資拯救了世界經濟，正如同前面提及的十九世紀法國與二十世紀美國的例子。而中國此一大規模基礎建設是透過債務進行融資建設

的，即使其公開債務已高達其國民生產總額的250%，但因為中國債務並非以美元而是以其人民幣結算，所以不會遭到外部干涉。

然當中國此一基礎建設熱潮過後，生產水泥和鋼的過剩產能變成了問題，對全世界原物料的需求也明顯萎縮。為了要替這些產能與原物料尋找新的資本出路，於是推出了以北京為核心的京津冀協同計畫（建設高速交通與通訊設施為紐帶的超過1.3億人超級城市），以及夾帶著中國模式霸權的一帶一路（「絲綢之路經濟帶」與「二十一世紀海上絲綢之路」）。

哈維在意識中國崛起的背後當下，立即提出質疑與不認同。到處大興土木以避免資金危機的方式是否合理？在這種吞噬一切的超級城市發展面前，要想保持個人或集體的價值、尊嚴與意義，幾乎是不可能完成的任務？如果在當今主導世界政治經濟體系下，像中國向全世界推出的一帶一路計畫般，資本的維持和再生產必須以前所未見的速度進行鋼筋水泥建設，那麼其最終的合理界線在哪裡？以目前生態環境暖化的情況下，我們人類還能夠繼續這樣模式，而不會產生可能的嚴重後果？可以這樣說，一個美國生產與消費模式的國家就已經讓地球承受不了，如今又要多一個國家如此，對於終究只有一個地球的無上限制，究竟該當如何？

三、全球氣候變遷的升溫大限挑戰

1995年WTO成立，新自由主義進行全球更廣泛的自由貿易協

---

4. 看過雨果（V. Hugo）《悲慘世界》音樂劇或電影的人，會知道原來巴黎狹小街道的地形，對於不滿當政者進行街壘抗爭是極其有效的。但路易・拿破崙此一現代化都市設計，其核心香榭麗舍大道讓這樣的抗暴行動成為歷史。巴黎城市美麗身影的背後，其實是很殘酷的。

議簽訂。當中國與俄羅斯在2001年與2012年，也分別成為WTO
的正式會員國之後，WTO可說結合資本統治與官僚統治於一身，
成為比聯合國更有實際決策力與影響力的機構。事實上，新自由
主義與氣候變遷曾在1988年正面遭遇。許多人回顧何以在那時，
後者的各項會議淪為無意義的一直協商，而前者的各項協定則繼
續大步向前。

　　1988年6月23日時任美國航太總署（NASA）哥達德太空研究
所所長韓森（J. Hansen），在擠滿聽眾的國會聽證會上作證，他有
99%的信心認為，與人類活動相關的暖化真實發生。接著數天幾
百名科學家和決策者在多倫多舉行歷史性的「大氣層變遷的世界會
議」，首度討論排放減量。然後聯合國的IPCC在該年舉行了第一
次會議，他們將氣候變遷的威脅提供給各國政府。由於此一議題
如此突出，美國《時代雜誌》宣布1988年的年度風雲人物是「瀕危
的地球」。然就在同樣的1988年，美國與加拿大簽署了自由貿易
協定，形成當時世界上最大的雙邊貿易協定，開啟全球化開端，
然後1994年納入墨西哥，擴展成北美自由貿易協定。

　　這兩者正面遭遇後，接下來的發展幾乎是平行時空各做各的。
關於氣候變遷的協商從未間歇，但也從未達成有強制規範的協議；
而後者的自由貿易協定則在WTO強力主導下，對未有效遵守貿
易規範的國家課以嚴厲貿易制裁。而正如前面「全球化的地理政治
學」所說隨著自由貿易體系就位、資金可自由全球流通，中心國家
致力於品牌經營，而將實際的產品製造交付給承包商負責，任其
在海外邊陲國家進行低到不能再低的成本生產。於是伴隨勞工工
作條件的惡化，當對人是這麼盡可能剝削與利潤極大化時；那麼
對生態環境也不可能友善。對能源廢氣與工業廢水的任意排放，
是我們在血汗工廠外同時也會看到的生態景觀。

因此，二十一世紀初期的污染排放大爆發，正是新自由主義這套不斷蛻變到品牌企業的全球化生產模式的必然副產品。當中國成為世界工廠時，同時也成為吐出最多煤污染的世界煙囪。不過當中國在2011年開始成功地轉化2008年由美國引起的金融海嘯後，當其內部基礎建設飽和而轉向對外的一帶一路產能輸出後，被污染的空氣河川也就跟著傳導到全世界，特別是缺乏資金技術的第三世界。正如克萊恩在2019年《刻不容緩》一書中所說，雖然中國民眾因難以忍受有毒空氣污染而關掉許多燃煤發電廠與阻止新廠的興建，但正如目前全世界正興建中的百間新電廠，卻也發現中國介入甚深。於是我們發現這個地理政治學的事實是：就像過去歐美將碳排放與製造業外包給中國，而今中國在發展茁壯之後，則將一部分的碳排放繼續外包給世界上更貧窮的國家（Klein, 2019, p. 80）。

　　在2018年11月美國期中選舉時，奧卡西奧‧科爾特斯、歐瑪爾（I. Omar）、特萊布（R. Tlaib）等三位聯邦眾議員候選人於競選時，共同提出氣候變遷與社會不正義間的關聯性，倡導結構性的體制變革。期中選舉後，紐約州當選的眾議員奧卡西奧‧科爾特斯與麻州參議員馬基於2019年2月提出「綠色新政」決議文，明示綠色新政要以十年大規模社會動員期，學習當年小羅斯福總統的新政經驗，正面應對IPCC在2018年提出的2030年升溫大限，讓美國實施如登陸月球般充滿決心的去碳計畫。克萊恩在《刻不容緩》書的副標題即是倡導綠色新政。克萊恩發現在過往30年裡，推動氣候行動的一大阻礙就是全球市場波動，因為只要經濟一呈現衰退趨勢，民眾對於氣候行動的支持就隨之降低。而就像新政一詞，是為因應1930年代的大蕭條所提出，綠色新政將藉由大規模公共投資，以創造綠色就業機會之政策主軸，如此可消弭民眾

過往疑慮，使其不因總體經濟趨勢而阻礙氣候行動。在集結跨界支持力量一環上，克萊恩更以法國黃背心運動為例，若無法將氣候政策整合至追求經濟正義的政治議程中，必定會引發民眾抗爭[5]，進而無法支持積極的氣候政策。因此克萊恩強調綠色新政必須同時結合氣候行動以及社會正義，然後由政府帶頭規劃，就像1930年代小羅斯福總統的作為一樣。

然正如描述紐約財政危機《恐懼之城》作者菲利浦‧芬恩的另一著作《看不見的手：商人的反新政聖戰》（2010）提及，即使當時小羅斯福在經濟大蕭條時，如此大規模重掌公共領域主導權，卻仍引起一群銀行家打算密謀軍方政變，甚至許多當時媒體社論仍主張速度慢一點與規模小一點的新政，但小羅斯福不為所動地依照凱因斯主義模式開展美國公部門影響力，然後在1936年的大選獲得連任。以小羅斯福總統當時情境對照此時全球氣候大限，我們看到新自由主義依然無視嚴重危機已經迫在眉睫。

四、社會道德學習的第三階段韋依義務論

三階段的「社會道德學習理論」，是從羅爾斯的《一種正義論》中第70至72小節「道德學習三階段」延伸而來，它是在經歷了主觀善願望的目的論以及每個人都應有平等權利的本務論之後，來到認知每個人都有屬於他應盡的職責本分。

目的論的正義觀，強調社會整體的最大目的善，對社會貢獻較大者必須享有較高的基本權利，反之則較低；而本務論的正義觀，則強調每一人皆自由平等，應有共同平等的基本權利，是建立在認知每個人皆有平等之善的權利觀。正如羅爾斯在《作為公平的正義：正義新論》中，強調權利優先於善的同時，也說明善的重

要性：「權利劃定界限，而善實現意義」（Rawls, 2001, p. 141）。而作者提出的源自古希臘史詩傳統的韋依義務論，正是在經歷前面兩個階段之後，因應羅爾斯力有未逮的氣候變遷等國際正義問題，社會道德學習來到第三階段，開始認識人類義務的重要性。

（一）目的論傳統的各種個人之善

主觀善願望的目的論，一直是人類數千年封建社會的主要正義價值觀，亞里斯多德的《倫理學》與《政治學》是此一價值觀的重要論述。而進入資本主義社會的目的論，則是邊沁（J. Bentham）與穆勒的功利主義論述。封建貴族與布爾喬亞資本家彼此敵視幾百年，在進入十九世紀之後，由於要面對後面人數更多的雅克賓中下勞動階級要求分享權力，於是兩個原本對抗的階級化干戈為玉帛展開歷史性妥協。

由於代表各自不同善的目的論，只是利益上歷史性妥協，其價值觀依舊各異，比如強調血統淵源的貴族仍然會不滿功利主義，強調錢無法買到所有東西，並搬出亞里斯多德美善生活目的的論述；對比之下，資本家則是視市場為無上命令，在供需之間終究是錢可以買到所有東西，他們認為只要沒有政府不當干預，市場會完美地完成這一切，本义的新自由土義就是當今最強有力的功

---

5. 由於法國總統馬克宏對氣候變化高度關注，他鼓勵民眾購買電動車等更有利於環境的交通工具，並宣布 2019 年提高燃油稅計劃，以減少對化石燃料的依賴，並為可再生能源投資提供資金研究。然而這一過程中，國際油價上漲，法國人民的購買力卻沒相應提升，油價一路上漲使得必須住在郊區依賴汽車通勤的中產階級憤怒。另外馬克宏在部長會議上反對恢復徵收又稱富人稅的物業稅，讓中低收入民眾的相對剝奪感升高。2018 年 11 月 17 日引發的黃背心運動，是法國自 1968 年 5 月風暴以來最大規模的社會動盪。

利主義論述。

　　而究竟錢買得到或買不到什麼東西？抑或是市場自由競爭運作究竟公不公平，對於目前掌控真正力量的新自由主義資本家來說，只要真實世界贏了，他們不會在乎現在功利主義到底還如何言說。因此目前論述目的論之善，主要是失去歷史舞台的貴族亞里斯多德學說。

　　亞里斯多德在《倫理學》中認為人的善就是幸福，所有的人都追求幸福美好的生活，同時幸福的定義是靈魂順乎全德的活動。因此，亞里斯多德認為，了解人的德性並進而實踐，是人的善、也是幸福。然而亞里斯多德對德性的詮釋，其實充滿主觀期望，最大的問題在於德性的標準難定，而這在推廣到公共領域的公民普遍落實，就會出現難題：「但德性卻沒有能力促使大多數人去追求善與美。這些人在天性上就是不顧羞恥，只知恐懼。他們避開邪惡並不是由於羞恥，而是懲罰……理論怎樣來塑造這類人呢？」「顯然，對德性的共同關心要通過法律才能出現。」也因此，亞里斯多德的《政治學》是源於他對倫理學在適應眾人時之不足而思予以補足，研究城邦之學是期待《倫理學》的理想可以向外推廣，這從亞里斯多德《政治學》中一再強調「政治團體的存在並不由於社會生活，而是為了美善的行為」可以看出。

　　亞里斯多德進一步認為政治上的善就是正義，而其意義是「政治權利的分配，必須以人們對於構成城邦各要素的貢獻大小為依據。」亞里斯多德的正義觀是「得所應得」，而這與蘇格拉底、柏拉圖所主張的正義觀是「各盡本分」的義務論觀點，幾乎是天差地遠。也因此章依認為在柏拉圖之後的亞里斯多德，是人類文明偏重權利忽略義務的開端，是古希臘文明的特殊例外。

　　不過，正如前面提及亞里斯多德是封建貴族時代的代言人，

其核心價值是德性；而這與後來資產階級核心價值是追求利潤截然不同。只不過後來歷史性妥協後，要應對更主要對手是人數眾多的中下階級，因此亞里斯多德關於逐利經濟的批評被擱置一邊。事實上，桑德爾的〈正義是一場思辨之旅〉正是承襲亞里斯多德的主要論述，強調正義核心是美善生活、是錢所買不到的，而這與現實世界「錢幾乎可以買到所有東西」是格格不入的。只不過，桑德爾應是秉持兩方歷史性妥協的脈絡，訴說的理念絕對不會與現實力量對決，正如前面所提桑德爾絕對不會對賦予資本家龐大力量的關鍵「巴克利訴瓦利奧」判決說三道四。

　　亞里斯多德是第一位以政治學為書名的作者，他在《政治學》中也首次以「家務管理」定義經濟學，並且是從「城邦目的是，公民經由政治參與培養美德，從而能獲得好的優良生活」這一前提下設想如何家務管理的經濟之道。在優良生活前提下，亞里斯多德以合乎自然與否為標準，區分了他贊成的合乎自然的「獲得財產技術」，並反對不合自然的「獲得金錢技術」。為了簡化以物易物的麻煩，人類發明了錢幣此一工具。然而隨著交易方法的變遷與繁複後，錢幣從工具變成目的，產生了以牟利為目的「獲得金錢技術」的販賣。亞里斯多德接下來陳述「起初，販賣不是複雜的；這樣進行了好久以後，販賣商積累經驗越多而操籌益精，他發現了在物品供求兩方之間如何獲取最大利潤的方法。財富觀念從物品轉向錢幣，人們因此想到致富的途徑就是聚斂錢幣，大家由此竟然認為以錢幣作中介的貿易會產生錢幣，而積聚這些錢幣正是財富了」（吳壽彭譯，1981，頁27）。

　　而與今天資本主義社會最為格格不入的是，亞里斯多德對錢生錢的極度反對：「至於錢貸則更加可憎，人們都厭惡放債是有理由的，這種行業不再從交易過程中牟利，而是從作為交易的中介

的錢幣身上取得私利。為了交易的方便，人們引用了貨幣，而錢商竟然強使金錢進行增殖。這裡顯示了希臘人慣用的子息一字的真義，兒子必肖其親，如金錢誕生子錢，所謂利息正是錢幣所生的錢幣。我們由此認識到，在致富的各種方法中，錢貸確實是最不合乎自然的」（吳壽彭譯，1981，頁31-32）。

目的論中個人之善之間最大問題是，貴族強調美善生活反對無限積聚財富，而今天資本家當道的追求利潤卻是最高指導原則，彼此衝突卻不面對各種善在社會基本結構下如何協調折衝。而目的之善更棘手的問題是，其無法面對他人（他種族、他文化）之善。從最早的亞里斯多德合理化奴隸制度、西方社會進入大航海時代無視他人之善的殖民與劫掠，在進入全球化1960年代強調多元繽紛之後，更顯其少數權貴或有權力者之善的一元獨斷缺陷。

而今天當歐美社會面對排外反移民問題時，我們終於看到其在社會道德學習第一階段「目的論傳統的各種個人之善」的困難學習。自從西方世界向全世界要求商品自由流通、反對鎖國的保護主義後（十九世紀大英帝國甚至為此向當時的大清王朝發動鴉片戰爭），不管在說理或道義上，當然也不能阻止人員的自由流通。然而排外的反移民問題，如今變成西方社會的重大分歧，重新洗牌過去左右派之間的分野。目前城市的接受移民與鄉村的反對移民，成為歐美國家的普遍難題。不過即使如此，跨出的步伐常常是前進一步又後退一步。我們看到2008年美國選出第一位黑人總統歐巴馬，但八年執政之後2016年卻也選出白人至上主義的川普；2016年5月倫敦選出來自巴基斯坦信奉穆斯林的移民後裔可汗為市長，但同年6月的英國脫歐公投竟出乎預料地通過。

目的論傳統的各種個人之善，在今天確定無法成為一個社會或全世界基本結構的正義論述，就像羅爾斯道德學習理論第一階

段「權威道德」一樣，任何個人或階級在政治社會化過程中形成自己獨特的主觀之善，是必然存在而且也不須否定，但主觀之善無論如何也無法合理證成為多元社會的客觀正義判準。即使一向為絕大多數中下階級發聲的韋依，她也強調不能固守勞動階級的本位主義，某些資本家的權利也不應該被剝奪（王蘇生等譯，2004，頁543），因此所謂無產階級專政也是另一種形式的目的之善。

只不過，在龐大力量的支撐之下，像桑德爾那樣說著亞里斯多德之善，其實仍是白種人優越意識嘗試合理化美國過去奴隸制的另一變種；還有，儘管幾次市場失衡造成世界經濟災難，但有諾貝爾經濟學獎加持的市場之善[6]，依舊是新自由主義讓人難以承受之重。

（二）本務論傳統的要求平等權利

從1789年人權宣言到1960年代平權運動，我們看到這個爭取平等權利的前進過程。然而要人們在獲得權利同時，也學會相對義務的對等付出，卻艱難地考驗著人性，不管是王公貴族、布爾喬亞或大多數平民百姓。

羅爾斯《一種正義論》是總結1960年代平權運動的平等權利之書。而其核心要旨與推導出的正義兩原則，是依據公平正義來制定社會基本結構法則，這個標準是現在與未來的公民代表們，在無知之幕下一致同意的。過去僅有少數可以發聲的權貴資本家的

---

6. 西方社會對國際市場與自由貿易的推崇，其實僅是選其所要。以農產品為例，降低關稅以減低國與國之間的關稅貿易壁壘，對於西方社會的農產品則完全不適用。我們看到歐美社會對其農產品外銷給予高額補貼，讓其價格在國際上擁有競爭優勢。因此，西方社會標榜的市場之善是有選擇性的，選擇對其有利的一般貨物，而避開對其不利的農產品。

目的論之善，而今則是每個人都可透過選舉參與公共決策，讓本務論的平等權利得以實現。而其中羅爾斯差異原則主張，個人天賦才能不應屬於個人所有，而應當成社會共同資產（Rawls, 1999a, p. 87），更是其關鍵主張與爭議焦點。

在《一種正義論》的第23小節，羅爾斯以五個形式要件證成平等權利的公正客觀，分別是：一般的（general）、普遍的（universal）、公開性（publicity）、次序性（ordering）與終極性（finality）。[7] 而這五個條件共同形成權利的正當性則是：「形式是一般的、應用上是普遍的、而且被公開地作爲排列道德人的衝突要求之次序的最後結論來接受」（Rawls, 1999a, p. 117）。

羅爾斯長達50多年的學思歷程，我們看到一位重振契約論傳統的思想家，如何公平正義地建立社會基本結構，將各種難以化爲客觀的主觀目的論之善，重新立下每個人都是目的的平等權利架構。然當羅爾斯被問到，其差異原則是否也應推展到國際正義「全球平等主義原則」時，羅爾斯卻呈現前後不一的困境。也就是各民族的稟賦才能不應屬於該民族所有，而應當成全世界共同資產，羅爾斯卻表達不同意。在《萬民法》的16.2諸民族之間的分配正義裡，羅爾斯提及貝茲（C. Beitz）與柏格兩人關於國際正義的平等主義原則主張。不過，羅爾斯依舊堅持其「最少受惠者的最大利益」差別原則分配正義，只能在一國之內。面對柏格在1994年提出的全球平等主義原則，羅爾斯仍秉持著康德〈論永久和平〉的反對世界政府觀點（政府之規模越是擴大，法律失去的力量就越多），因此世界政府「要不是變成全球性的專制統治，就是變成一個脆弱不堪的統治帝國」（Rawls, 1999b, p. 36）。另外，羅爾斯也認爲會因爲徵稅與人口成長率，造成國與國之間無法彼此一致行動的後果（Rawls, 1999b, p. 115-118）。

然而，在今天網際網路讓世界愈加成為一體的未來趨向時，排除世界政府選項，似乎愈來愈不切實際。而關於國際正義這方面的討論，也就是羅爾斯第三階段的拓展問題，在今天愈顯須重新審視羅爾斯的反對理由，如今是否必須重新評估？同時透過後殖民的眾多論述裡，我們發現今天西方社會的財富積累，是建立在對於非西方社會傳統的破壞與劫掠之上，因此，羅爾斯認為差別原則分配正義不能從一國之內推展到國際，於今漸成另一種形式的西方中心論。

　　此外，如前「最近一次的資本力量重建」裡提及的新自由主義是從芝加哥學派獲得財團刻意加持。但事實上左翼政黨偏重平等權利伸張的同時，對於獲得權利之時也應注意義務的承擔，卻選擇刻意忽略。如同我們觀察到當前民主運作的主要邏輯是，從政候選人在競選時，只會詢問並反映選民所需要的利益，而大都不會與選民表達其所應盡的義務，以致造成目前普世皆然的赤字預算、債留子孫。新自由主義取得政權與論述主導性，是從英國保守黨柴契爾夫人上台為開始，而那時的工黨對於勞工運動在1970年代無視他者、無視後果的大罷工竟束手無策，以致讓右翼政黨得到抨擊的憑據。

---

7. 一般的：不能使用專有名詞，不能涉及到特殊的個人或團體的知識，必須是任何世代任何人都可以了解的。普遍的：對每一個道德人都適用，假如現在有一個法律規定，不管你地位多高，也要跟一般百姓受到同樣的規範。公開性：對大家公開的宣告然後共同遵守。次序性：當兩個權利觀念衝突時，如果能對重要性和優先性做次序性的排列，就會是一個較佳的正義原則，日常生活中也有很多次序性的問題，當遇到不同的主張，要如何去取捨。終極性：當一個原則被訂下之後，它就是最具決定性的，不能因為自身的利益考量去重新改變這個原則。

正如舍夫勒（S. Scheffler）曾表示，如此沒有符合個體責任的日常思想，正是羅爾斯理論在學術界之外缺乏共鳴的主要原因。舍夫勒認為：為什麼各種自由主義的理論會與責任的思想不相容，其原因在於這些理論並非在個體應得基礎上有其相對應的責任。[8]左翼聯盟主要關注物質分配，而低估個體責任的必要，造成有所謂「開著凱迪拉克的福利女王」或「領失業救濟金的衝浪者」等攻擊論述，這是造成1980年代新自由主義論述廣被接受的原因之一。

不過，羅爾斯《一種正義論》來到第八章「正義感」，還是有相當信心地認為他所建構的正義兩原則，就可以推導出一個良序社會。然而，羅爾斯這樣的信心，在面對人們要求權利往往大於他們所應盡義務，以及前面提及國際正義的複雜歷史脈絡。羅爾斯的正義論或許可以推導出良序的一國社會，但卻推導不出一個良序的國際社會。

「本務論傳統的要求平等權利」在今天我們只有一個地球升溫大限挑戰，與前面社會道德學習第一階段「目的論傳統的各種個人之善」一樣，同樣確認無法成為全世界基本結構的國際正義論述，就像羅爾斯道德學習理論第二階段「社團道德」一樣，它只會

這是108-2學期，第一組報告同學們的課後合影。她們即席演講的報告主題，即是證成平等權利的五個形式要件，內容精彩又易懂，讓羅爾斯的思想洋溢著青春活力（從左邊開始，分別是楊博雅同學、詹乃竹同學、作者、郭子璇同學與康嘉婕同學）。

形成一種利益團體式的政治：雖然社會存在許許多多不同的社團，但每個社團猶如國中之國；事實上功利主義與共產黨，都屬於這種利益團體式的政治，即自己所屬社團的優先性，不管是資產階級的社團或是無產階級的社團皆是如此。然當每個團體皆把自己社團利益擺在第一位，無視於更高社會整體利益，那麼社會必定永無寧日。盧梭在《社會契約論》中，批評「眾意志」（the will of all）提倡「全意志」（the general will），其考慮的要點即在此。不過與權威道德一樣，社團道德也不應被全然拋棄，因為大部分人們一開始也不可能就會把社會整體利益擺在所屬社團利益之上，它必須先經歷小團體的社團道德學習而來。

也因此韋依在 1937 至 1938 年之間，在歷經蘇聯官僚主義的背叛，以及這種利益團體式的政治運作，她難以掩飾在公眾活動上的失望。韋依自述「從童年起，我的同情就轉向那些自稱在社會等級中受壓制和受蔑視的群體，直到後來的經歷使我逐步意識到，這些群體的本性往往會讓我們所有的同情心落空……」（王蘇生等譯，2004，頁617）。而今當開發中國家也要比照先進國家，希望有同等優渥生活方式時，在中國、印度、巴西與印尼等人口大國也進行經濟發展優先於生態保護的發展時，正如巴西以他們也有權利過好日子而大肆破壞亞馬遜雨林時，我們明確知道這本務論傳統要求平等權利思想的根本論述，也走到沒有說服力的盡頭。韋依在生命最後轉而強調義務比權利更為重要的宣言論述，再次讓我們看到她對當代文明的發展有一定的識見。

---

8. 以上參見舍夫勒 "Responsibility, Reactive Attitude, and Liberalism in Philosophy and Politics," *Philosophy and Public Affairs*, 1992, 21(4): 299-323.。

（三）古希臘史詩傳統的超驗義務

本章提出的三階段社會道德學習理論，正如羅爾斯《一種正義論》中道德學習三階段一樣，第三階段的原則道德涵蓋了前面權威道德與社團道德的兩階段，是道德學習發展的最後階段（Rawls, 1999a, p. 419），其第三階段的「古希臘史詩傳統的超驗義務」也涵蓋了前面目的論傳統的各種個人之善與本務論傳統的要求平等權利，是社會道德學習的最後發展階段。

不過，不管是社會道德學習的第一階段目的論傳統的各種個人之善以及現在第三階段的義務討論，都不應忽略對於社會基本結構的整體討論。如前面所提的桑德爾的社群主義、錢買不到的東西等，僅是少數權貴之善的獨白；亦或是柴契爾夫人與雷根等一邊削弱社會基本結構公共領域應有的支援，一邊批評底層民眾沒有善盡自己的義務。到目前為止，第二階段本務論傳統的要求平等權利的主要論述裡，羅爾斯代表的公平正義建構，是極少數建基在整體社會基本結構的正義觀論述，只不過羅爾斯的社會基本結構只設想在一國之內如何運作，面對今天國際社會的基本結構難題則顯得捉襟見肘。

回顧韋依義務論的緣起，是第二次世界大戰期間流亡倫敦的戴高樂（C. de Gaulle），成立了許多委員會，而其中之一是國家改革委員會正在法國大革命的人權宣言基礎上，準備起草一份新的宣言。由於韋依知曉這份新宣言並沒有根本改變，依舊環繞在權利上，為此她特別寫下比權利宣言更為重要的義務宣言。因此我們可以這麼說，韋依的義務論建構，是第一位思想家意識到要將義務論建基在一國之內的社會基本結構，甚至不同於羅爾斯的疏忽，也意識到義務論需建基在國際社會的基本結構上才可能充分與完整。這從以下韋依對於國際協定的重視與殖民地問題的關注，

可以觀察出。

　　早在1937年11月〈工人的境遇〉裡，韋依即列舉其調查報告指出：不同國家的工人狀況存在著很大的差異與不平等。而那些工人狀況得到改善的國家，在國際競爭中會處於劣勢。據此，韋依認為當務之急是要達成一個國際協定，讓一個國家取得的社會進步也能在其他國家引起相應的變革，否則，即使在某些國家取得的初步改革，也將很難在世界範圍內維繫下去（王蘇生等譯，2004，頁592）。財政困難是法國社會黨布魯姆（L. Blum）政府1937年下台的主因，當他想推行國有化與社會福利政策時，他沒有辦法阻止法國資本家將錢匯出法國，難以想像外逃的資金將近600億法郎。韋依的此份調查報告，對比新自由主義主導的國際資金任意流動的當代世界，實有著先見之明。[9]

　　另外關於殖民地問題，則早在1931年韋依求學時在報章上讀到魯博（L. Roubaud）關於法國在越南的殖民作為時，她即無法接受法國民族主義的想法。韋依認為殖民地問題與維護歐洲和平之間有著千絲萬縷的聯繫，法國人很可能因為他們對殖民地苦難的冷漠而遭到懲罰。她無法接受國人，對自己殖民地暴行（特別是阿

---

9. 歷史似乎時常週期似地重演。1981年法國社會黨密特朗（F. Mitterrand）當選總統後，一開始執行其選民負託的重要產業國有化時，法國資金就開始嚴重外流。據統計，1981年外流資金約500億法郎，1982年逃漏稅約達900億法郎，幾乎等於法國當年的財政赤字。大資本家的反對和抵制，進一步加重了政府的財政危機，使國有化改革帶來嚴重的後果。後來密特朗為了希望阻擋資金外流而調高法國利率，但這些大資本家根本不領情，結果反而加重經濟蕭條。之後當民眾把不滿情緒反應在國會議員補選後，密特朗只好做政策調整。以上例子告訴我們：在國際資本跳脫民族國家的束縛之後（特別是有國際貨幣基金與世界銀行為其背書時），任何嘗試想進行偏向勞工政策的政黨，其所可能面對的窘境。

爾及利亞與越南）的漠視，甚至認為歐洲未來是否能維繫和平，實與殖民地政策息息相關。

唯一讓韋依寬慰的是，歐洲目前面臨的不幸，會有助於殖民地人民命運的改善。歐洲各國目前最能體會有可能遭到希特勒（A. Hitler）的內部殖民，在己所不欲勿施於人的同理心下，理應展現與希特勒對外政策的不同，從而修正原本對殖民地的不當措施。這是對抗希特勒未來可能的侵略，建立堅實的道德基礎。在〈法蘭西帝國殖民問題的新情況〉中，韋依認為，由法國帶頭賦予殖民地自治是最佳辦法，而不要等到殖民地人民起義反抗。韋依想得更遠的是，自治可以使那些至今還不得不對各種壓迫俯首稱臣的人民獲得部分自由，而不會把他們推向狂熱的民族主義。自治同時可以使他們的國家避免重蹈過度工業化、走向國家主義甚至軍國主義的覆轍。韋依甚至夢想著，這將會使所有熱愛自由的正義人士，為法國作為自由泉源的存在而感到高興（Weil, 2003, p. 70-71）。遺憾的是，韋依的主張離真實的政治現實還很遙遠。不過，韋依以上關於國際協定以及殖民政策的國際主義主張，對於今天因為新自由主義造成傳統民族國家競相破底競爭的困境，不僅早有預見，同時在那時代，提出相當前瞻的主張而今依然歷久彌新。

可惜的是，韋依提出義務論論述已是她生命的最後，8月14日在〈自由法國行動〉上刊登她的〈人類義務宣言〉之後，8月24日即與世長辭。而在她未完成的《扎根──人類責任宣言緒論》裡，韋依對比權利與義務的差別：闡述權利的概念是善惡混雜的，因此擁有一項權利，意味著以此為名，其行善或作惡的雙重性；相反地，義務的履行則是純然的善。「一項義務不為任何人所承認，對其存在的豐富性也絲毫無損；而一項權利若不能被任何人所承認，則將一錢不值」（Weil, 2002, p. 3）。而義務之所以被韋依稱之為

超驗（超越人的有限經驗），則是她認為，假如這世界上只有一個人，那他將毫無權利可言，但他仍有義務。而各種權利始終都與各種附帶條件密切相關，而只有義務才是無條件的，義務置身於超越各種條件的層面之上（Weil, 2002, p. 4）。

在超驗義務的詮釋上，韋依幾乎是古希臘柏拉圖的傳人，並在這一論述上，將她與馬克思思想拉出一段明顯的距離。柏拉圖把社會比做一頭巨獸，每個公民面對這頭巨獸皆有所認識，以致於當有人問公民何為善時，他們會根據各自經驗做出回答：第一個人會認為，善就是替巨獸梳毛；第二個人認為，善就是替巨獸搔癢；第三個人則認為，善就是替巨獸剪指甲。這樣一來，人們不可能認識真正的善，而韋依認為人世間的一切荒誕與不公正即來源於此。一旦落入某種社會決定論的論述中，人只能做巨獸的盲目崇拜者。對比之下，在追求真理與正義的道路上，韋依認為馬克思很努力避開某些謬誤，但卻陷入另一種謬誤之中，馬克思還是僅從個人有限經驗推導出屬於自己的社會決定論。因此韋依認為，馬克思正是所有任何拒斥超驗的人之困境。人唯有體會自己的經驗之餘，還能看向眾多他者的經驗，亦即超越自己的經驗之上，一個人才有可能真正領會善的第一步。

另外在柏拉圖《理想國》中，藉出蘇格拉底陳述出的正義條目，讓國家基石可以穩定的原則是，一個人只應當從事一種最合他天性的行業（433a）。就一般公民而言，要使人人能依其天賦去做事，一個人做一件事，然後人人各守其職，就成為一體而非分歧。那樣則整個城邦都是一體而非散亂的（423d）。因此，過去一直被誤解的金銀銅鐵，只有金的哲學家才適合當皇帝，從上述義務論的角度理解後，則是各盡本分而非世襲的特權等級制度。

事實上早在剛滿17歲的韋依，即在其長篇習作〈美與善〉中陳

述了亞歷山大大帝履行義務的故事。亞歷山大與自己的士兵們在穿越沙漠時一樣忍受著乾渴的煎熬，爲了不比士兵享受更多的特權，他將別人從很遠的地方爲他帶來的一壺水灑在地上。所有人都爲這件事而感到震撼與感動。亞歷山大透過這個要與士兵共苦難的義務行動，凝聚了整個軍隊甚至是他的帝國。韋依隨後指出，表面看來亞歷山大的行動對任何人都沒有好處，而僅僅呈現了亞歷山大的純潔與堅毅，但正是透過這一點，在精神層次上團結了所有人。「如果他喝了水，他將因自己的幸福而與他的士兵們分離。」絕大部分的義務通常都是拒絕聽從自身的動物本能、忍受痛苦，進而達到人之所以爲人的價值與可貴。

王公貴族的亞歷山大知道他擁有並主導絕對力量的權利，但他更清楚與之相對的應盡義務本分是什麼。而從《伊利亞特》記載的故事到亞歷山大主導的古希臘化時代，韋依告訴我們她最大的憂心是，人類最終會失去古希臘這罕見的以義務爲核心的可貴文明，因爲這是人類知曉人性困境之後，可以趨向神性完美的橋梁。而就像眾多希臘悲劇著作中所呈現的，爲了維護生命的尊嚴與意義，英雄們會義無反顧地承受巨大苦難，而英雄們的悲劇死亡卻反而使我們感到生命的活力溫暖及其意義之所在，讓我們瞥見一個比我們生存其間的世界，更爲深邃至極的眞實境界。

對比今天新自由主義全面主導的全球化世界，人們對於他人、所處的生態環境，逃避命運、崇拜力量、仇恨敵人與輕視不幸的人，新自由主義所推崇的市場力量幾乎是古希臘史詩精神超驗義務的所有反面表列。誠如聯合國教科文組織在1997年通過「世界人類責任宣言」，在其中序言的第二段提及「鑒於片面堅持權利產生衝突、分裂及無止境的爭執，而忽視人類責任則可導致法紀蕩然、秩序混亂」。於今新自由主義產生的巨大困境，再也不是

前面「目的論傳統的各種個人之善」與「本務論傳統的要求平等權利」可以應對，社會道德學習第三階段「古希臘史詩傳統的超驗義務」，其無須任何條件前提的義務履行就再也不是力量王國所能左右。

五、一種具有世界基本結構考量的義務正義論芻議

前面提及韋依的義務論建構，是第一位思想家意識到要將義務論建基在一國之內的社會基本結構，而非選擇性地僅要求弱勢者要盡義務，忽略了製造最多問題的少數權貴富豪才是首要應盡義務的帶頭者。韋依甚至沒有羅爾斯的疏忽，充分意識到義務論也要建基在國際社會的基本結構上，才可能充分與完整。

在社會道德學習中的第一階段「目的論傳統的各種個人之善」走到第二階段「本務論傳統的要求平等權利」，其最反面的教材就是新自由主義，原本成千上萬的已開發國家擺脫壓迫的平民百姓，在獲得權利的同時，不僅無視第三世界被殖民的受壓迫者，同時也永不滿足於更多權利，早就忘記了其同時也應盡的義務。如今地球資源明顯有限的前提下，塑膠袋使用不手軟、休旅車大行其道，以及對於行銷一段時間就需更新或改版的商品與電子產品趨之若鶩，無不帶給這個有限的地球更大的壓力與破壞，正如前面提及的近十年（2010－2020）史無前例的螺旋升溫。誠如高茲（A. Gorz）在《經濟理性批判》所說的：由消費主義社會化的個體不再是融入社會的個體，而是被鼓勵藉由與其他人區分以便「做自己」的個體；他們與其他人唯一相似之處，在於他們拒絕藉由採取共同行動，為共同的境況承擔責任 （Gorz, 1989, p. 47）。

因此在現階段面對新自由主義的真正困境是，如何從第二階

段「本務論傳統的要求平等權利」邁向第三階段的「古希臘史詩傳統的超驗義務」。而這必須面對社會以至全世界基本結構的韋依義務論陳述，不能僅限於如前所述的亞歷山大大帝、托爾斯泰與韋依等人的少數身影，而是能夠普及的、涉及社會與全世界基本結構改變的義務普及。因此，就如羅爾斯為權利寫出一種以社會基本結構為基礎的正義理論一樣；本章嘗試在韋依義務論述上，芻議式地倡議一種以世界基本結構為基礎的更周全的義務正義理論。2015年依然沒有約束力的巴黎氣候協定，或許是勉強踏出這倡議的關鍵第一步；接下來愈來愈廣為人知、廣被推廣的再生能源綠色新政應是第二步；而更多的對新自由主義的結構性調整，則是我們必須更集思廣益的第三步。

這第三步如：一、從減低以至徹底消除外部性，當要求消費者要使用者付費時，那麼生產者產生的污染等外部成本更應納入企業的損益平衡表；二、要求各國必須實施平衡預算，有多少稅收才能花多少錢，即使特殊狀況有幾年必須預算赤字，但也必須標示在一定的年限內調整回來；三、盤整目前不會造成過度開發的全球資源存量，即使宣稱未來新科技可以帶來新能源，也必須是當下就可上工的可行內容，而非紙上作業願景就說了算；四、各國必須依據自己天然資源概況，訂定自己的人口上限；以及五、人與其他物種如何和平共處，維持生物多樣性與尊重其他物種的生存權利。

韋依的義務亮光已至，但走出困境的社會道德學習馨香是否俱來？事實上前一段的第三步義務列舉只是承續韋依論述的一小部分，在未來，如何凝聚一種兼具理論與實踐、更為完整的世界基本結構考量的義務正義論，是每一位世界公民都應有的一份責任，也是一份實在但可以做到的有限力量。

參考書目

王蘇生等譯（2004）。《西蒙娜・韋依》。上海：上海人民。

中共中央馬克思恩格斯列寧斯大林著作編譯局譯（1960）。《馬克思恩格斯全集》第23卷。北京：人民。

何兆武譯（1987）。《社會契約論》。台北：唐山。

吳四明等譯（2012）。《錢買不到的東西：金錢與正義的攻防》。台北：先覺。

吳雅凌譯（2012）。《柏拉圖對話中的神》。北京：華夏。

吳壽彭譯（1981）。《政治學》。北京：商務。

苗力田譯（1990）。《尼各馬科倫理學》。北京：中國社會科學。

侯健譯（1980）。《理想國》。台北：聯經。

洪世民譯（2020）。《刻不容緩》。台北：時報。

徐詩思譯（2003）。《No Logo》。台北：時報。

徐衛翔譯（2003）。《扎根——人類責任宣言緒論》。北京：三聯。

單德興譯（2005）。《權力、政治與文化——薩依德訪談集》。台北：麥田。

楊依陵譯（2018）。《壓迫與自由》。台北：台灣商務。

鄧伯宸譯（2005）。《綠色全球宣言——讓經濟回到升斗小民手上》。台北：立緒。

蔡惠伃等譯（2014）。《為什麼我們需要公共哲學：政治中的道德問題》。台北：麥田。

Gorz, A. (1989). *Critique of Economic Reason*. (G. Handyside & C. Turner, Trans.). London, UK: Verso.

Harvey, D. (2005). *A Brief History of Neoliberalism*. Oxford, UK: Oxford University Press.

Harvey, D. (2011). *The Enigma of Capital: and the Crises of Capitalism*. London, UK: Profile Books.

Harvey, D. (2018). *Marx, Capital, and the Madness of Economic Reason*. New York, NY: Oxford University Press.

Klein, N. (2007). *The Shock Doctrine: the Rise of Disaster Capitalism*. New York, NY: Metropolitan Books.

Klein, N. (2017). *No Is Not Enough*. London, UK: Penguin Books.

Klein, N. (2019). *On Fire: The (Burning) Case for a Green New Deal*. New York, NY: Simon & Schuster.

Phillips-Fein, K. (2010). *Invisible Hands: The Businessmen's Crusade Against the New Deal*. New York, NY: W. W. Norton & Company.

Phillips-Fein, K. (2017). *Fear City: New York's Fiscal Crisis and the Rise of Austerity Politics*. New York, NY: Metropolitan Books.

Rawls, J. (1999a). *A Theory of Justice: A revised edition*. Cambridge, MA: The Belknap of Harvard University Press.

Rawls, J. (1999b). *The Law of Peoples: with the Idea of Public Reason revisited*. Cambridge, MA: Harvard University Press.

Weil, S. (2002). *The Need for Roots*. (A. Wills, Trans.). New York, NY: Routledge Classics.

Weil, S. (2003). *Simone Weil on Colonialism: An Ethic of the Others*. (J. P. Little, Trans.). New York, NY: Rowman & Littlefield Publishers.

網路與影像資源

American Weil Society 的韋依網站：

http://americanweilsociety.org/about_weil

參 | 許諾一個更人性化的社會

台中中興大學旁的綠川，劉銘傳原本要在這附近設台灣
政治中心，但無奈繼任者更改至台北，形成今天台灣政
治上的南北問題（沈明彥提供）。

對一名今日的大學教授來說，所謂「學術自由」的真義，不過是「有自由成為學院派」罷了。於是，一名今日典型的教授，其實是畏首畏尾的：他傾向於在甜蜜幻覺中謀求自身安全，而且不僅絕非是勇於發抒觀念、自由散播思想的使徒，反而是幾近最為謹慎、敏銳於權力風向，且永遠站在優勢文化霸權一方的傢伙。所以，讓我們用雅各比（R. Jacoby）在《最後的知識分子》的概述，直言其間弔詭吧！他說：「在過去的50年間，知識分子的棲息地、態度與慣用語已經有所改變。年輕一輩的知識分子不再需要或想要一群廣大的公眾；他們幾乎全都是大學教授，而校園是他們的居所；同僚是他們的讀者；專題論文與專業刊物是他們的媒體」（傅達德譯，2009，頁30-31）。但，最令人感到錯愕的是，如此與公眾生活脫節的知識群體（也就是在校園中的這些年輕學者），多半成長於叛逆的1960年代。

　　作者2010年寫下這篇雅各比《最後的知識分子》的書評〈下一輪社會教育盛世備忘錄〉時，其積極意義是希望大學體制教育可以邁向更為寬廣的社會教育，為一個更人性化的台灣社會做出應有努力。

參考書目

王賀白（2010）。〈下一輪社會教育盛世備忘錄〉，《人籟論辨月刊》67:104-106。

傅達德譯（2009）。《最後的知識分子》。台北：左岸文化。

第七章
走出地下室悲劇的
卡拉馬助夫少年

思想小說家杜斯妥也夫斯基。

一、地下室悲劇

　　杜斯妥也夫斯基的地下室悲劇問題意識，是一種對人性有著深刻認知，對於人們必須言不由衷、話中有話，進行同情性地理解。誠如他在1864年《地下室手記》[1]裡明白講著的：

> 每個人的回憶中都有這樣一些東西，它們不能向眾人公開，而只能向朋友坦露。另有一些東西，就是對朋友也不會公開，而只有對自己坦誠，並且諱莫如深。最後，還有一些東西，甚至害怕對自己公開，而這樣的東西，在每一個體面的人那裡都積累得相當多。情況甚至是這樣：一個人越是體面，他所積累的這類東西就越多（陳燊編，2010[6]，頁206）。

　　本章的地下室悲劇問題探討，是建立在巴赫金複調小說觀點之上的延續與補充。正如巴赫金在《陀思妥耶夫斯基詩學問題》[2]所言，杜斯妥也夫斯基「創造了一個複調世界，突破基本上屬於獨白型（單旋律）的已經定型的歐洲小說模式」（錢中文編，1998[5]，頁6）。而地下室悲劇的論述，則是在此一複調小說「人身上的人」、「話中之話」上，進一步指出：如同杜斯妥也夫斯基在《少年》「前言稿」[3]所自稱的，他是唯一寫出地下室悲劇、同時也是第一個寫出代表俄羅斯大多數人心聲的作家。他提及，究竟是什麼力量讓果戈里被迫「撒謊與獻醜」？杜斯妥也夫斯基的答案就是地下室。地下室悲劇由於是那麼地符合真實，所以杜斯妥也夫斯基認為自己被稱為地下室詩人，不僅不是貶抑、反而是他的榮耀。

在《地下室手記》之後，杜斯妥也夫斯基從溫情人道主義蛻變至最高意義上的現實人道主義。在此之後的五部長篇小說[4]創作歷程中，特別是最後兩本《少年》與《卡拉馬助夫兄弟們》，巴赫金在《陀思妥耶夫斯基詩學問題》中引述格羅斯曼（L. Grossman）的話表示：「陀思妥耶夫斯基的晚期小說是神祕劇」（錢中文編，1998［5］，頁21）。巴赫金進一步論述神祕劇觀點，認爲神祕劇的多元與複調只是形式上的，其結構並沒有眾多意識與各自的世界。這裡一切都已預先決定，一切都是封閉、完結了的，儘管確非單是在某一點上完結的。而本章「走出地下室悲劇的卡拉馬助夫

---

1. 關於杜斯妥也夫斯基著作的書名以及小說中的人名中譯，主要參考2010年陳燊（主編），河北教育出版社《費‧陀思妥耶夫斯基全集》共22卷（這個譯本主要參考1972年—1990年，由列寧格勒科學出版社出版的30卷《費‧米‧陀思妥耶夫斯基全集》版本）。另外，也參考其他中譯本與英譯本。此外以英文寫作，前後歷經約30年的杜斯妥也夫斯基傳記作家弗蘭克（J. Frank）的五本著作（1976, 1983, 1986, 1995, 2002）也是重要參考，特別是許多俄羅斯人名從俄文轉換成英文，主要就是依據弗蘭克的英文翻譯。

2. 巴赫金1963年《陀思妥耶夫斯基詩學問題》是根據1929年《陀思妥耶夫斯基創作問題》修訂而成，在《巴赫金全集》第五卷。另也參考英譯本 *Problems of Dostoevsky's Poetics*（1984）。

3. 本章主要論述的緣起，來自閱讀這篇杜斯妥也夫斯基沒有公開發表的《少年》「前言稿」，作者寫於1875年3月22日。中譯在河北教育出版社《費‧陀思妥耶夫斯全集》22卷中的第14卷，其中的頁755-758。另參考的英譯本則是1969年出版的 *The Notebooks for A Raw Youth*，其中的 p. 424-426。

4. 這五本長篇小說的順序分別為：《罪與罰》、《白痴》、《群魔》、《少年》與《卡拉馬助夫兄弟們》。2009年紀錄片《一個女人與五本大象》，德國導演傑德科（V. Jendreyko）透過影像，記錄著一位猶太裔烏克蘭翻譯家斯薇特蘭娜（G. Swetlana）翻譯杜斯妥也夫斯基這五本長篇小說的心路歷程。影片拍攝斯薇特蘭娜在翻譯過程中，如何熟讀俄文後，以德語口述給朋友打字，然後再請一位音樂家朗讀。

少年」要旨，即是嘗試對巴赫金以上神祕劇評論的另一種說明。

　　由於巴赫金有著與杜斯妥也夫斯基相同的政治牢獄之歷，因此能夠詮釋出杜斯妥也夫斯基的複調小說論點，其實是有脈絡可循。只不過1963年發表的《陀思妥耶夫斯基詩學問題》時，依舊是在顯性極權的蘇聯時空背景下，巴赫金只能說出他可以說的複調小說部分；而在該書的後半部，巴赫金轉而提及作品的莊諧體、梅尼普（Menippus）諷刺式的狂歡與笑的民間文學題材討論。我們看到，巴赫金也有他自己難言之隱的「地下室」，所以如果戈里、杜斯妥也夫斯基一樣，他也沒有清楚言明那地下室悲劇問題的根本「迫使力量」之所在。

　　地下室問題在顯性極權體制下，不管是沙皇或蘇聯時代比較容易覺察，如杜斯妥也夫斯基在《地下室手記》之後，在五本長篇小說裡布下重重的密碼與暗號，以免再次文字入獄。對比之下，在隱性極權的所謂「自由民主」當代資本主義社會裡，地下室問題則是被更細膩地操控隱藏著，因此更加晦暗不明難以覺察。本章主旨，即是希望言明那巴赫金的「難言之隱」，以及從果戈里以來那「迫使力量」為何；亦即對於杜斯妥也夫斯基的人身上的人、話中之話，試圖提出一種解碼觀點。然後以此對照著，在隱性極權資本主義社會之下，其有可能的、更深沉的「地下室悲劇問題」為何？而作者自知之明的是：這個地下室問題不可能有一致答案，因為每一個人也都應有屬於自己的地下室問題。

二、從果戈里、杜斯妥也夫斯基到巴赫金

　　巴赫金在對果戈里文學的評語中，有一段是這麼寫著：「從果戈里那兒延伸下來的只有一條線——杜斯妥也夫斯基。除了這一例

外，沒有人承傳果戈里的美學」（錢中文編，2009，頁329）。一向自謙低調的巴赫金，並沒有繼續如此說著，延續在這之後「地下室問題」的繼承者就是他自己。

（一）書報檢查下的果戈里、杜斯妥也夫斯基與巴赫金

杜斯妥也夫斯基1849年因為彼得拉舍夫斯基小組案發被判死刑，臨刑前改為流放西伯利亞鄂木斯克囚堡服四年苦役，之後充當列兵五年，十年後1859年重返彼得堡文壇。杜斯妥也夫斯基會被捕判刑，主要是因為他在彼得拉舍夫斯基小組會上宣讀1847年〈別林斯基致果戈里信〉，信裡別林斯基（V. Belinsky）抨擊果戈里違背《死靈魂》創作信念的新作《與友人書簡選》，並主張廢除俄羅斯的農奴制。

而當杜斯妥也夫斯基十年流放歸來之後，別林斯基派一分為自由主義與革命民主主義，與斯拉夫派鼎足而三。杜斯妥也夫斯基在這些派別之外，另立「根基論」，認為忠於沙皇、篤信希臘正教的平民百姓是俄羅斯大地的根基，如何讓這彼此之間恢復過去的融合是當務之急。在接下來的創作中，杜斯妥也夫斯基主動迎戰在他看來脫離根基的革命民主主義與自由主義；而實質上從1861年發表早期著作《窮人》擴大版的長篇小說《被侮辱與被損害的》，資本主義核心主題的羅特希爾德[5]「金錢至上」思想，才是被作品抨擊的主要對象。在書報檢查的監視下，杜斯妥也夫斯基將革命民主主義者以虛無主義者之名批評，究竟是真誠還是刻意

---

5. 羅特希爾德是一位十九世紀的巴黎銀行家，他在菲利普（L. Philippe）執政時期壟斷國債，成為法國僅次於國王的第二大富豪。而他關鍵致富的原因是，在1815年他是第一個獲得拿破崙戰敗消息的人。

的政治表態，值得我們深思探究；另一方面，他對代表羅特希爾德金錢至上功利主義的一以貫之批判，至今依舊是思想小說的典範。而這也某種程度說明，杜斯妥也夫斯基作品在資本主義全盛期的今天，依舊備受冷落的主要原因之一。

在書報檢查的險境下，處境最爲坎坷的是果戈里。據果戈里稱，《死靈魂》小說的主題是普希金提供的，而他之後花了八年才完成的作品。寫作過程中，果戈里甚至悲歎地說著：善良的主啊，我們的俄羅斯是多麼令人悲痛！然而完成後，出版檢察官的刁難讓經濟拮据的果戈里一度陷入絕境。《與友人書簡選》更是遭到前後夾攻：政府的報刊檢查令其五篇文章不得發表否則全書不能出版[6]；而讓果戈里自稱因此而「徹底毀壞了健康」的，則是別林斯基對他抨擊的〈別林斯基致果戈里信〉。而這封信，正是前面提及杜斯妥也夫斯基在彼得拉舍夫斯基小組宣讀賈禍的文件。

果戈里告訴大家《死靈魂》將會有三卷，第一卷出版後雖受到熱烈歡迎但他本人卻滿意有限。在之後又花了十年完成的第二卷（1852年），並向友人稱每個字、每個字都似乎是用鉗子夾出來的。然其完成後卻在一位教士的勸說下，親自將第二卷完全燒毀，隔了幾天後不幸與世長辭。

而巴赫金的遭遇幾與上述兩人相似。1929年前後，巴赫金因爲研讀康德哲學被捕，判刑流放五年；若非有人營救，流放地方可能是死亡地帶，而非後來的北哈薩克斯坦的邊區小城庫斯坦奈。歷劫歸來的巴赫金以他人爲名著書，《佛洛伊德主義》、《文藝學中的形式主義方法》與《馬克思主義與語言哲學》等著作，一直到他過世前一年才公開承認是他寫的。

經此劫難，巴赫金接下來的言行令人難以捉摸，其公開活動與私下言行時常不一致。他不會詬病那些違心讓步的人，同時也

善於同各種主張的人互動；甚至面對檢查制度要求他修改文稿時，巴赫金也只是聳聳肩、修改了事（語冰譯，1992，頁8）。而巴赫金在彌留之際，特別又請人講了一次《十日談》中的一個故事。這故事是說，有一個人死後被奉爲聖徒，並且在墓前顯現奇蹟，但實際上這個人生前是個壞蛋。巴赫金生在果戈里與杜斯妥也夫斯基之後，類似的生命經歷，使他成爲杜斯妥也夫斯基地下室悲劇的繼承者。

（二）從「不幸的人」到「地下室人」

杜斯妥也夫斯基在未滿18歲時，1839年8月16日寫給他哥哥的信裡，其中有如下這樣一段話：「人是一個祕密，要識破它。如果你一生都在識察這個祕密，那你就別說你浪費時間；我正在研究這個祕密，因爲我想成爲一個人」（陳燊編，2010［21］，頁21）。而命運之神似乎殘酷地但也像是眷顧地，回應了他的期待。

從政治牢獄與之後隨時的經濟拮据，杜斯妥也夫斯基果眞以他整整的一生，現實也眞實地體會這人性之謎。他的一生創作，不管是看到的發表內容，或是這發表背後的辛酸歷程，在世界文學史上都屬奇特與獨樹一幟。在那幾乎難以承受、無以復加的苦難情節或經歷裡，杜斯妥也夫斯基時常選擇與果戈里一樣，與其悲苦地敢問蒼天，倒不如嘲弄混亂地狂歡、付諸一笑。[7]

事實上在牢獄之前，杜斯妥也夫斯基的首部作品《窮人》獲得

---

6. 這五篇被政府報刊檢查裁定不可刊出的文章分別是：〈應當愛俄羅斯〉、〈應當在俄羅斯各地走走〉、〈何謂省長夫人〉、〈俄國的恐怖事件與慘象〉與〈致身居高位者〉。這五篇文章直到果戈里去世百年之後，人們才得以看見，而其中譯本在《生命集：果戈理精品集》（2009年）裡的頁109-148。

注目後，他即以詞義是「窮光蛋」為主角名稱的「戈利亞德金」，發表了也可譯為「雙重人格」的《化身》。在關心人的痛苦、維護逆來順受者的人性尊嚴上，杜斯妥也夫斯基希望找出活生生的、沒有被泯滅的人性光輝。而在《化身》裡，他揭露了在扭曲的社會制度下，維護人的尊嚴是如何的艱難。貴族官僚社會將人貶低到骯髒破抹布，而戈利亞德金因怕被現實取代，於是屈辱與多疑終至使他精神錯亂。《化身》的「雙重人格」描述，可說是作者最早的地下室人雛形。

而杜斯妥也夫斯基的遭遇，使他從「雙重人格」先變成「不幸的人」。杜斯妥也夫斯基將自己牢獄經歷寫成《死屋手記》，而就像該書中譯本的後面「題解」裡引述赫爾岑的評論指出：《死屋手記》就像但丁（Dante）鐫刻在地獄入口的題辭一樣，永遠高懸在尼古拉黑暗統治的出口；作者用自己戴上手銬的手，將西伯利亞監獄的眾生相，描寫成米開朗基羅（Michelangelo）在西斯汀教堂壁畫中的「最後審判」（陳燊編，2010［5］，頁403-404）。

《死屋手記》1860年9月第一次發表後，檢查機關竟以「苦役生活的描寫可能會對罪犯產生一種誘惑力」為由，準備阻止其繼續發表。為此，杜斯妥也夫斯基特別向彼得堡書刊檢查委員會主席寫信，指出沒有自由、但可盡情享受的宮殿，再怎樣就是暗無天日的囚堡，難怪百姓會稱這些苦役囚犯為「不幸的人」。這封未公開的書信，重新使得後面的出版發表得以順利。

由於基督教的先天原罪觀念，再加上後天的被判刑，囚犯被烙印為不幸之人。在《死屋手記》裡，作者竭力地在每個犯人身上找到人，即找到犯人身上具有人性的一面。以下書中的話語，可看出作者既表達了他想表達的，但也做出了重要的「必要」妥協：

囚犯自己也知道他是囚犯，是爲社會所不齒的人，他也知道他在長官面前自己所處的地位；但是不管什麼烙印，不管什麼手銬腳鐐，也不能使他忘記他是一個人。既然他是一個貨眞價實的人，那就應當像人一樣對待他。我的上帝！而且人道的態度甚至可以使那些怎就失了人模樣的人變成人。對待這一類「不幸的人」，就應當用最人道的態度來對待他們。這是對他們的挽救，他們也樂於接受這樣的挽救。我就遇到過這類心腸好、爲人高尚的指揮官。我也看到過他們在這些橫遭屈辱的人身上所產生的影響。幾句親切的話──就幾乎能使囚犯們在精神上復活。他們就像孩子一樣歡天喜地，就像孩子一樣開始愛自己的長官（陳燊編，2010［5］，頁145-146）。

誠如作者在該書第六章「第一個月」最後描述的狗沙里克，當舔他時「是一種令人心碎的苦澀感」，《死屋手記》那糾纏於能寫

---

7. 關於「笑」，《少年》中阿爾卡季名義上的父親馬爾卡，有一段對笑的詳細描述，並說「笑是心靈的最可靠的試金石」（陳燊編，2010[14]，頁475）。另外，巴赫金在《陀思妥耶夫斯基詩學問題》中，有一段關於笑的解說：「笑，是對現實的一種確定的但卻無法譯成邏輯語言的審美態度，亦即藝術地觀察和把握現實的一種確定的方法，因之也是架構藝術形象、情節、體裁的一種確定的方法」（錢中文編，1998[5]，頁218）。巴赫金特別提及《堂吉訶德》上卷比下卷笑聲響亮，而「笑聲弱化」是當代文學的普遍現象。不過，我們在閱讀果戈里與杜斯妥也夫斯基的作品時發現，在許多「多麼令人悲痛」的情節中，卻常閱讀到上述兩人反諷地鋪陳著笑聲響亮的對白。巴赫金在〈拉伯雷與果戈理──論語言藝術與民間的笑文化〉中，提及果戈里自我提問「為什麼我心裡這麼悲苦？」而果戈里也自答地說著「誰都沒有在我的戲劇中發現一個真誠的面孔。這個真誠高尚的面孔便是笑」（錢中文編，1998 [4]，頁12）。

出來的、與不能寫出來的，猜想這個終能歸來的不幸之人，其堅持為了寫作而必須承受的苦澀何止心碎。而隔了三年之後的《地下室手記》，不僅有檢察官的監視，甚至在發表時還有檢察官的刪改。這讓作者在1864年3月寫給長兄的信裡抱怨：「有什麼辦法呢？這些豬玀檢察官，我對一切進行嘲弄、為了做樣子而時有褻瀆上帝的那些地方，他們放過了，而我據之得出需要信仰和基督之結論的那些地方，卻被禁止了……」（陳燊編，2010［6］，頁731）。

回顧杜斯妥也夫斯基的一生作品，除了評論與旅遊見聞遊記外，《地下室手記》裡罕見地沒有主人公名稱，從頭到尾都是第一人稱記述。在這裡，我們看到「雙重人格」首先成為「不幸的人」，再到現在的「地下室人」。[8]

《地下室手記》到最後，作者甚至感嘆「要知道，我們甚至不知道，那活生生的一切如今生活在何處，它是什麼樣子的，它叫什麼名字」（陳燊編，2010［6］，頁299）。在書的第二部，主要是40歲的地下室人回憶他24歲時的往事。年輕的他因為貧窮蒙受過去同學的屈辱，他多想給茲維爾科夫一拳，但結果卻是昧著良心、卑躬屈膝地寫了一封信，給另一位同學西蒙諾夫。

杜斯妥也夫斯基在手記中，是明講著地下室人是如何虛偽、不得已地寫這封信，並表達那是多麼地錐心愁苦。而我們是不是也可以據此推論：為了過去的「政治經歷」，他也不能明講這樣的內心悲苦，甚至對於許多人的異樣眼光，他也無奈地不能做出該有的回應。而在多年後《少年》「前言稿」裡，首度在那沒有發表的筆記裡直言：究竟是什麼……迫使一個誠實和嚴肅的人如此撒謊。

（三）嘗試解開人中人、話中話的地下室密碼

許多人經歷文字獄之後，通常會選擇從此不再觸碰文字，更

別說繼續發表創作、甚至表達思想。然杜斯妥也夫斯基卻在對其長兄的書信裡頑強地表達，假如不能寫作將會死去的執著信念。或許正是這樣的信念，讓統治者一直戒慎恐懼地監視著他。既堅持寫作、又擔心再次文字獄，並且也明知檢查機關隨侍在側，然後隨時必須向出版單位預支稿費維持家計，再加上癲癇症不時發作。如此重重難關之下，依然能完成如此眾多令人驚嘆的作品。然而即使杜斯妥也夫斯基如何地小心翼翼委曲求全，過世前幾天沙皇政府仍一再搜查他鄰居並逮捕兩個民意黨領導人，甚至過世後還是派人在他住宅裡進行了十分仔細的搜索。

杜斯妥也夫斯基作品中寓意的「人中人」，除了前面提及的《化身》主角戈利亞德金，其詞義是「窮光蛋」外；《罪與罰》的主角拉斯柯爾尼科夫這個姓氏，其意指「分裂派」，是與官方希臘正教為敵的異教徒；《群魔》主角之一斯塔夫羅金，其詞源意義為「十字架」。而較為隱晦、但許多文評家已經指出的《白痴》主角梅什金公爵，其名字「列夫‧尼古拉耶維奇」（Lev Nikolayevich）與托爾斯泰的名字是一模一樣[9]；另外，《少年》中阿爾卡季的生父為爾西洛夫，則是最接近屬於別林斯基、赫爾岑那一代人的恰達耶夫（P. Chaadaev），而書中提及的「那位假設的小說家」正是指托爾斯泰。

杜斯妥也夫斯基明白說《群魔》，將會寫成一部反對西歐派自由主義與現代虛無主義者的政治謗書[10]，其書裡意有所指的人幾

---

8. 《地下室手記》除了閱讀2010年陳燊編《費‧陀思妥耶夫斯基全集》第六卷外，也參考1993年的英譯本以及2014年的繁體字中譯本。

9. 《白痴》除了閱讀2010年陳燊編《費‧陀思妥耶夫斯基全集》第九、十卷外，也參考1998年的英譯本。

乎是一長串。那位西歐派「幾乎已經喪失了思考能力，但他仍深深地陷入了沉思」的斯捷潘・特羅菲莫維奇・為爾霍文斯基，就是以格拉諾夫斯基（T. Granovsky）為原型；另外，堅持文學朗誦會以及跳「文學卡德里爾舞」的卡爾馬濟諾夫，則是對屠格涅夫的嘲諷，這讓屠格涅夫大表不滿。而以當時「涅恰耶夫罪行」為背景描述的，則是以彼得・斯捷潘諾維奇・為爾霍文斯基為首的「五人小組」叛變計畫，那是虛無主義脫離俄國生活根基的一群人。

《群魔》後來敬獻給當時皇太子，因此杜斯妥也夫斯基獲得統治階級的「信任」，甚至當時沙皇還要他充任諸位皇子大公的精神導師。我們甚至還看到杜斯妥也夫斯基在敬獻的書信裡這麼說著：「我們的別林斯基和格拉諾夫斯基之流是不會相信的，如果有人說他們是涅恰耶夫的生身父親的話。而我在我的作品中要表達的正是這種父子相傳的思想上的血緣關係和繼承關係。我寫得遠未成功，但卻是本著良心寫的」（陳燊編，2010［12］，頁877-878）。最後的「本著良心」，是不是就是他在《少年》「前言稿」裡所說的，他是第一個寫出俄國大多數真實人的「畸形與悲劇性」。

在這部杜斯妥也夫斯基自稱是「傾向而非藝術」的《群魔》裡，幾乎沒有人覺察到五人小組之首的彼得・斯捷潘諾維奇・為爾霍文斯基，極可能就是暗喻彼得大帝。「為爾霍文斯基」這個姓，俄文有「最高統治」之意。另外小說中描述，當斯捷潘・特羅菲莫維奇・為爾霍文斯基十年之後得見兒子彼得，高喊「彼得魯沙」並將之抱在懷裡；而「彼得魯沙」也正曾是彼得大帝的小名暱稱。[11]本章認為，正是這個關鍵「地下室密碼」讓我們思索杜斯妥也夫斯基關於對革命派虛無主義批評的「話中話」：究竟曾經身為彼得拉舍夫斯基小組成員並因此被流放的他，對於革命派虛無主義的批評是否出自真心，還是為了讓自己還能為文創作發表的

「護身符」。而我們也看到，杜斯妥也夫斯基在自知可能是最後著作的《卡拉馬助夫兄弟們》裡，終對虛無主義者伊萬充滿惻隱之情，並且還預告主角阿廖沙後來成爲革命者，變成政治犯後被處極刑。

《群魔》可能是一部必須倒過來看的長篇小說。關於彼得‧斯捷潘諾維奇「五人小組」的敘述，主要從第二部第六章「彼得‧斯捷潘諾維奇在忙碌中」開始。爲了「共同事業」四個字，我們開始漸覺作者是以漫畫卡通式的方式描寫。這之中，當小組成員有些許質疑、要求平等自主時，但彼得一說「必須絕對服從中央」，大家也就接著照辦了。更奇特的是，讓彼得有龐大影響力的竟是官方的省長夫人尤莉婭。這夫人的離奇性格是：她一直希望，彼得可以向她透露一個顛覆國家的大陰謀（陳燊編，2010［11］，頁424）。事實上，存在於社會的現象或趨勢，即使是這群脫離「根基」的虛無主義者，也一定有其社會淵源與脈絡可循。但五人小組中，最重要的核心人物彼得只讓人覺其權謀，而不見其何以能夠號召一群人的想法陳述。情節裡還設計了遊樂會，爲了增加捐款而跳文學卡德里爾舞，所有人都要化裝，每一種服裝代表一個文

---

10. 杜斯妥也夫斯基在1873年出版《群魔》單行本時，甚至將此書敬獻給當時皇太子，信中文字還寫著「請允許我敬獻我的作品。它近似一部歷史專論，我希望在其中說明：爲什麼在我們這個奇特的社會裡有可能出現諸如涅恰耶夫（S. Nechaev）罪行的駭人聽聞的現象？我的看法是：……這些現象是整個俄國教育歷來脫離俄國生活本身獨特本原的直接後果」（陳燊編，2010[12]，頁877）。

11. 波諾馬廖娃（G. Ponomaryova）寫於2001年，並在2011年中文出版的《陀思妥耶夫斯基：我探索人生奧祕》明確提及了以上彼得‧斯捷潘諾維奇‧爲爾霍文斯基與彼得大帝之間的聯結。波諾馬廖娃甚至說著這兩人「在背離俄羅斯民族根基和信仰傳統上的聯繫」（張變革等譯，2011，頁221）。

學流派，甚至還有人化裝「正直的俄羅斯思想」翩翩起舞（陳燊編，2010［12］，頁572）。《群魔》這部關於革命民主主義的謗書，其實寫得並不高明。[12]

關於杜斯妥也夫斯基對革命派的嚴厲批評，托爾斯泰也深表困惑與不滿。而有意味的是，當前面所述托爾斯泰說著杜斯妥也夫斯基沒有深入革命者內心的同時，我們不禁想要問的是：托爾斯泰有深入理解杜斯妥也夫斯基的內心世界嗎？那種曾經被文字下獄但仍堅持創作，其心中的「地下室」糾葛，哪是威名在外、幾乎是俄羅斯人民心中另一個沙皇，政府也只敢逮捕他的祕書的托爾斯泰伯爵所能理解？[13]

也因此，對於杜斯妥也夫斯基1859年重返文壇後的任一部作品，特別是在閱讀《地下室手記》以及1875年未發表的「少年前言稿」後，我們實應回顧其《地下室手記》裡那不是信念的「信念」，並重新審視在這之後作品的人中人、話中話。我們甚至可以推敲、猜測或甚至是「穿鑿附會」地拆解，重新評價其所發表文字的背後意涵。

是之以此「地下室」觀點重新審視杜斯妥也夫斯基後期的五本長篇小說，這被號稱五本大象的地上堅固大廈，應會漸覺其有著深厚的地下室底層地基。然後覺得過去眩目的磚瓦著作建築，上面的瓦片開始掉落、甚至紛飛，杜斯妥也夫斯基本人好像早就獨自一人在那裡敲，並邊敲邊說著「沒有任何東西是神聖的」。[14]（巴赫金對杜斯妥也夫斯基的複調小說詮釋，應該是清楚杜斯妥也夫斯基的內心地下室世界，但外在環境卻還是讓他欲言又止。）然後，就在這漸漸傾頹變成「廢墟」瓦礫堆後的重生過程中，或許我們更能理解與感同身受這個曾經被損害的生命，如何地掙扎、但終究還是要捍衛人性尊嚴的辛酸與堅持。

三、地下室悲劇的三個思想問題

英國女作家伍爾夫（V. Woolf）對杜斯妥也夫斯基與托爾斯泰那一時期的俄國小說，曾經如此感嘆地說著：「很可能會令人感覺到，除了他們那種小說之外，要撰文評論任何其他小說，都是白費時間。如果我們想了解靈魂和內心，那麼除了俄國小說之外，我們還能在什麼別的地方找到能與它相比的深刻呢」（瞿世鏡譯，1990，頁13）？

應該說那時期俄國作家並非天縱英明或特別聰穎，而是西歐資本主義社會的作家們，實已難體會那種既要面對已經來到門前的資本主義、又要面對仍在當道的專制王權的雙重夾擊。傳統俄羅斯社會首先眼睜睜地看著，政治上聲稱自由平等博愛衍生的拿破崙直接踏入莫斯科，並由此喚起衛國戰爭。《戰爭與和平》中羅斯托夫伯爵家的尼古拉，看著自己的皇帝與他認為的罪犯拿破崙會面，喝悶酒地感嘆「那些丟胳臂缺腿的人和犧牲的人又是為了什

---

12. 《群魔》除了閱讀2010年陳燊編《費·陀思妥耶夫斯基全集》第11、12卷外，也參考1994年與2008年的英譯本。對比之下，托爾斯泰《復活》裡的男主角聶赫留朵夫跟隨女主角卡秋莎流放西伯利亞時，遇見一群政治犯，而書中的政治犯描述，作者有正面描述的謝基尼娜、西蒙松與納巴托夫等人，也有負面描述的如諾伏德伏羅夫（草嬰譯，2002，頁462-525）。

13. 托爾斯泰終究還是不能理解何謂「地下室悲劇」，所以在1883年寫給斯特拉霍夫（N. Strakhov）的信裡，竟還是說杜斯妥也夫斯基是隻被絆住的良馬，全都枉費工夫了（劉季星譯，2009，頁89）。

14. 《群魔》大概是這五部作品中，最具爭議，以及讀者最應保持「距離」的作品。作者曾經在《死屋手記》裡，幾乎是竭力在每個犯人身上，尋找其有人性的一面。所以，當作者在《群魔》中以接近漫畫式地描述「五人小組」的言論、開會與行為時，那高度反差，彷彿作者在不斷地推開讀者，然後說著：跟我保持距離、跟我保持距離。

麼呢」（草嬰譯，2004，頁566）？而當1860年代人們困惑於「拿破崙思想」時，托爾斯泰可以明明白白地在《俄國導報》連載《戰爭與和平》，而杜斯妥也夫斯基卻必須小心翼翼地與《俄國導報》編輯們懇求「看在上帝的分上，其餘的請不要再改動了……愛惜我這可憐的作品吧……」（陳燊編，2010〔8〕，頁700）。而這個作品就是《罪與罰》，其中主角拉斯柯爾尼科夫糾結的拿破崙思想，正是地下室的第一個問題。

除了上述法國政治思想衝擊，1870年代的俄羅斯則必須再面臨來自英國經濟思潮所帶來的社會變遷。這次明顯可見的是鐵路，而且永遠無可逆轉。托爾斯泰創作《安娜·卡列尼娜》裡，其中列文厭惡經濟思潮並身陷精神危機；而杜斯妥也夫斯基的《少年》則延續過去以來關於金錢至上的批評。《少年》幾與《安娜·卡列尼娜》同時連載。1877年杜斯妥也夫斯基在《作家日記》裡關於《安娜·卡列尼娜》的評論，既是批評列文「反對塞爾維亞戰爭是又一例獨行其是」，同時卻也高度讚許安娜「是可以向西歐展示我們特有的獨立性」。事實上，托爾斯泰的列文是從貴族高高在上的角度批評新興經濟思潮，而杜斯妥也夫斯基則是從「窮人」阿爾卡季另一邊批評金錢至上。不過，金錢至上的羅特希爾德思想絕非杜斯妥也夫斯基不敢明說的地下室問題，他甚至是明擺著將之當成箭靶的。杜斯妥也夫斯基或許想著，對著這第二個羅特希爾德問題，可以避開可能間接指涉可以推翻沙皇政府的第一個拿破崙問題。

地下室的第三個問題是作者關於上帝存在與否的思考。由於監獄裡唯一允許閱讀的書籍是新約福音書，出獄後的杜斯妥也夫斯基不僅延續之前對人性的探索，同時也對超驗的宗教問題表達個人觀點。然而在俄羅斯希臘正教的氛圍下，對上帝存在的質疑仍有一定風險。一個期待自由思想的作家，不希望對此一宗教議

題有任何慣性約束，但杜斯妥也夫斯基清楚認知到要深刻探索此一問題，仍須有一定的「掩護」。在《卡拉馬助夫兄弟們》的宗教大法官話語裡，其實是潛藏著無神論觀點的陳述。

（一）拿破崙思想問題的省思

《罪與罰》被認為是杜斯妥也夫斯基前期創作的總結，它在1866年《俄國導報》上發表，同一時間托爾斯泰的《戰爭與和平》也在該刊連載。而這兩本書環繞的主題，正是關於拿破崙事蹟的如何詮釋。事實上早在普希金的《葉甫蓋尼·奧涅金》第二章的14中，就呈現了當時許多年輕人崇拜拿破崙而藐視平凡百姓的現象：「我們都在向拿破崙看齊；成千上萬兩隻腳的東西，對於我們只是工具一件，我們認為感情滑稽、野蠻」（智量譯，2012，頁51）。然而到了杜斯妥也夫斯基與托爾斯泰這裡，詮釋觀點明顯倒轉過來。

早在1846年的短篇小說《普羅哈爾欽先生》裡，杜斯妥也夫斯基就首次討論到拿破崙問題，而到《罪與罰》這裡[15]，詞意是「分裂派」的小說主角名字拉斯柯爾尼科夫，正是因為拿破崙思想的困惑而犯下罪行。罪行被分裂為兩邊：一邊是拉斯柯爾尼科夫的犯罪，他想藉此抗議社會的不公；另外一邊則是「超人意識」的犯罪，就像拿破崙一樣犯下眾多罪行後，竟然還受到後世人們尊崇。而這兩邊，最終會被如何評價，正如拿破崙曾說的：從高超到可笑，只有一步之差，讓後代子孫去評斷吧。

---

15. 馬爾克·伊萬諾維奇對著普羅哈爾欽先生質問：「怎麼，難道世上只有您一個人不成？這世界難道只是為您一個人創造的嗎？難道您是什麼拿破崙嗎？！說呀，先生，是不是拿破崙」（陳燊編，2010[1]，頁403）？另外，《罪與罰》主要引述2010年陳燊編《費·陀思妥耶夫斯基全集》的第七、八卷外，同時也參考2006年英譯本以及1998年桂冠出版社的汝龍譯本。

困擾著杜斯妥也夫斯基的拿破崙思想問題，透過《罪與罰》拉斯柯爾尼科夫犯下罪行後的這一段自言自語清楚表露，他說：

> 不，那些人可是非同一般的。真正的主宰者是能夠為所欲為的：他攻克土倫，在巴黎展開了大屠殺，在埃及扔下了一支軍隊，在莫斯科的遠征中耗費了50萬生命，可在維爾那用一句語意雙關的俏皮語就推卸了自己的責任；但在他死後，人們還為他樹碑立傳。由此可見，他是可以為所欲為的。不，這類人顯然不是血肉之軀，他們是用銅鑄成的（陳燊編，2010〔7〕，頁345）！

　　拿破崙思想是把自己當作唯一目的，而別人是促成自己目的的工具。而將經濟自利的金錢至上資本主義推到極致，其實就是將拿破崙思想呈現在經濟領域上。於是拉斯柯爾尼科夫對著妹妹的未婚夫盧仁說：「若是實行您剛才宣揚的觀點，結果就是說：人是可以宰割的……」（陳燊編，2010〔7〕，頁190）。雖然從溫情人道主義蛻變成現實人道主義，杜斯妥也夫斯基還是從根本的道德基礎（所有人都是目的，不應成為他人的工具），透過拉斯柯爾尼科夫的重生經過，否定拿破崙思想並期望能扭轉這樣的政治經濟觀點。而在後面杜斯妥也夫斯基對普希金的推崇裡，我們也再一次看到他對「任何人都是目的，不應當成工具」的理念堅持。這是人道主義最根本的基石所在。

　　即使是抗議社會不公，但也不能自詡自己是人類的立法者或主宰者，可以像拿破崙一樣，自認超人般越過這個「每個人都是目的」的道德底線。於是《罪與罰》的後半段是，拉斯柯爾尼科夫透過索尼雅的宗教信仰而有了重生的依靠，為自己犯下的罪行，一

步一步地走向懺悔與救贖。雖然小說結尾，拉斯柯爾尼科夫向索尼雅借的福音書一直都放在自己的枕頭下從未翻過，但作者卻說著，這確定是新生故事的另一開端。分裂的拉斯柯爾尼科夫漸漸合而爲一。

關於拿破崙思想問題，作者在《罪與罰》之後就無多談。可能的原因是，那將會觸碰到沙皇政府的合法性議題，因爲過去以來的歷史一直都還是成王敗寇，沙皇政府終究還是可能會被類比爲拿破崙。對比之下，羅特希爾德思想的銀行家問題無此顧慮，況且時代趨勢也顯示，羅特希爾德思想在未來會比拿破崙思想更有主導力量。不過，晚年杜斯妥也夫斯基對普希金《葉甫蓋尼・奧涅金》的極力推崇，特別是該書女主角達吉雅娜對於婚姻的忠誠，認爲自己的幸福不能建立在別人的不幸之上，這與《罪與罰》中強調必須將人當成目的而非工具，是前後相互呼應的。

（二）金錢至上的羅特希爾德思想

在《往事與隨想》中卷第39章標題裡，赫爾岑戲謔地寫著「皇帝詹姆斯・羅特希爾德和銀行家尼古拉・羅曼諾夫」。赫爾岑在該章內容描述，尼古拉皇帝一直扣留著他的財產，但他卻因爲結識銀行家羅特希爾德而最終得以解圍。赫爾岑描述著羅特希爾德銀行家如何威脅尼古拉皇帝，「完全像一個政權對另一個政權的談判」（項星耀譯，1998，頁438）。另外，在杜斯妥也夫斯基《少年》中，少年阿爾卡季說明其「思想」是，成爲羅特希爾德那樣的富豪。

如果說《堂吉訶德》是從封建社會內部自我瓦解，王公貴族被第三階級的資本家漸漸取而代之；那麼《少年》裡爲爾西洛夫的起落，則是俄羅斯貴族從外部被法國所影響而漸漸退出舞台。多餘

人形象從普希金的奧涅金開始，直到杜斯妥也夫斯基的爲爾西洛夫結束。杜斯妥也夫斯基在《少年》最後，甚至還間接提及托爾斯泰是「那位假設的小說家」，其《安娜‧卡列尼娜》的列文「是個退場人物，並且確信人生舞台已經不再給他留下位置了」（陳燊編，2010〔14〕，頁752）。而確實在其接下來的《卡拉馬助夫兄弟們》裡的人物，都沒有了貴族角色，多餘人正式走入歷史。

阿爾卡季談及其所謂羅特希爾德思想及其力量就在於：金錢是唯一的手段，它甚至可以使微不足道的人成爲高人一等的人物（陳燊編，2010〔13〕，頁114）。事實上早在《白痴》裡，納斯塔西婭將盧戈任給她的十萬盧布扔進壁爐，用以測試人的靈魂時，圍觀的人不僅驚呼「上帝呀，上帝呀」，甚至許多人還畫起十字時（陳燊編，2010〔9〕，頁236-237），金錢就幾乎象徵地取代世間上帝的角色。而在《少年》這裡，更是直指羅特希爾德之名，其金錢至上的思想是如何扭曲著少年阿爾卡季的價值觀。

在《少年》這裡，杜斯妥也夫斯基明確地認知，即使他如何地不願順服這個金錢「力量王國」，但此刻的資本家即將成爲歷史主角已是勢不可擋。藉由阿爾卡季在莫斯科時的收養恩人謝苗諾維奇的回信，呈現了杜斯妥也夫斯基如此之識見：

> 再往後，連這種厭世的孫輩也會消失，將會出現目前還不知道的新的人物，出現新的幻景；但究竟是什麼樣的人物呢？如果他們不美，那麼往後的俄國小說就會令人十分難堪了。可是，唉！到那時令人十分難堪的難道只有小說嗎（陳燊編，2010〔14〕，頁752）？

對比杜斯妥也夫斯基與馬克思，我們驚訝地發現他們兩人，

幾乎是同一時代、然後以不同學科的寫作模式，記述這個資本主義社會崛起的經過。馬克思1848年的〈共產黨宣言〉與1867年的《資本論》，從政治經濟方向推論資本主義終將崩壞；然而杜斯妥也夫斯基卻是從小說文學角度，告訴我們資本主義時代才正開始。在俄羅斯，即使列寧讓馬克思的預測，曾經階段性地對了將近80年；但1991年之後，我們卻赫然發現，原來杜斯妥也夫斯基的識見才更符合真實。

巴赫金在《陀思妥耶夫斯基詩學問題》裡，更是指出複調小說只有在資本主義時代才能出現，並且最適宜的土壤就是那時剛碰到資本主義有著眾多社會矛盾的俄羅斯。巴赫金甚至引述考斯（O. Kaus）《陀思妥耶夫斯基和他的命運》書中的話：杜斯妥也夫斯基是歌頌資本主義時期的人中最堅決、最一貫、最鐵面無私的歌手。對於我們這個誕生於資本主義水火之中的現代世界來說，杜斯妥也夫斯基的作品不是送葬曲，而是搖籃曲（錢中文編，1998［5］，頁24）。

（三）上帝缺席的無所不可思想

杜斯妥也夫斯基在《少年》最後，間接提及托爾斯泰的《安娜·卡列尼娜》是部向後看的歷史小說，因為那樣美的典型在當代已不復存在。所以其最後天鵝之歌的《卡拉馬助夫兄弟們》作品，杜斯妥也夫斯基希望呈現的是朝前看，寫當代幾乎被毀的俄羅斯人，如何能夠在這「無所不可」的混亂無序中復甦重生。

杜斯妥也夫斯基認為，這個資本主義無所不可的新時代，使得他稱之為「大家都一樣」[16]的卡拉馬助夫人性，不僅衝垮王公貴族原本自認「自己都沒錯」的舊時代，同時也對上帝存在的傳統信仰造成重大危機。

巴塞隆那聖家堂中，其十字架上仰望的耶穌。

　　會有這樣的疑惑是，人世間有這麼多的問題與不幸，讓人懷疑起如果是仁慈的上帝怎麼會讓許多這樣殘酷的事情發生？阿廖沙的二哥伊萬控訴著：那大冷天被關在茅房的小女孩，向上帝哭訴的眼淚；那在母親面前，眼看著一大群獵犬將她的孩子撕成碎片。於是伊萬對著阿廖沙說：「這世界就是建立在荒謬之上的……阿廖沙，我不是不接受上帝，我只是恭恭敬敬地把門票退給祂罷了」（陳燊編，2010〔15〕，頁381, 385）。這麼多的世間苦難，要說上帝是仁慈的，怎麼會放任不管而「缺席」呢？難道世間的合目的性，是人所不能妄想理解的神祕，並要繼續接受上帝僅以「沉默不語」來回應受難者的呼喊「為什麼」？

　　事實上，在〈馬太福音書〉與〈馬可福音書〉裡都記載著，當耶穌被釘上十字架後，其生命最後是大聲哭喊著：「我的上帝，我的上帝，為何你要捨棄我？」

　　在伊萬對阿廖沙闡述的「宗教大法官」寓言裡，九旬老翁大法官對耶穌詰問，為何要如此相信凡人的自由意志。而人性的真實

與現實是：人們生得比你想像得要弱一些、矮一些，你這麼尊重他們，反而是不同情他們……減少一點對他們的尊重，降低一點對他們的要求，這樣才是真正地愛他們，他們的負擔也才不會那麼重。要他們自己對自己的行為負責，自由地決定自己的行為，其實反而讓他們更加迷惘與痛苦。

這段寓言，從頭到尾都是大法官的獨白，耶穌始終平靜不發一語，而最後耶穌起身向這位老翁一吻，在大法官心中注入一股暖流，但老人原來的想法並沒有改變，並對耶穌說著「走吧，別再回來了……永遠不要再回來了……永遠，永遠也不要再回來了」（陳燊編，2010〔15〕，頁418）！

耶穌選擇不語但如暖流般地吻別，杜斯妥也夫斯基的言外

---

16. 在介紹父親費奧多爾時，作者杜斯妥也夫斯基描述當他得知第一任妻子過世時，又是慶幸解放、又是號啕大哭，其前後不一的乖張行徑時，作者就說了「其實我們自己也一樣」。另外，費奧多爾在一次對其子阿廖沙這麼說著：「放蕩的生活更有味道，人人都責罵放蕩，可人人都過著放蕩的生活，只是人人都偷偷摸摸，而我完全公開。正因為我老實，所有那些放蕩的傢伙都罵我。」而阿廖沙雖早有仁愛之心，但當大哥米佳說其「性好放蕩」與二哥伊萬說「但願米佳弒父」的念頭時，當時的阿廖沙還尚未學會如何超越這，大家可能都一樣的人性。另外，大哥米佳說自己是正人君子，「就因為一心想做個君子……老是打著燈籠在尋覓君子風度，其實一輩子幹的盡是壞事，正像我們大家一樣。」二哥伊萬則在法庭上自白時，說著「問題恰恰在於我沒有瘋……我有著正常人卑鄙的頭腦，和你們一樣，和所有這些……醜惡的嘴臉一樣。」私生子斯梅爾佳科夫則雖是嚮往法國，但卻也對阿廖沙說：「在腐化放蕩方面那邊的人和咱們的人全都一個樣。都是騙子，不過外國人穿著發亮的皮靴，而咱們的混蛋窮得臭氣沖天還不覺得這有什麼不好。」這裡關於《卡拉馬助夫兄弟們》的中文引述，除了人名參考2010年陳燊編《費‧陀思妥耶夫斯基全集》第15、16卷外，主要引述2000年貓頭鷹出版社的榮如德譯文。

之意是，上帝並非不存在，而是上帝選擇缺席於這個人世間。而在杜斯妥也夫斯基看來，「上帝缺席」的世界比「上帝介入」的世界，一方面更眞實，如伊萬控訴的荒謬世界；但另一方面卻是上帝更大的愛與期待。這大起大落的卡拉馬助夫「人性」，會仰望九霄雲外、但也會俯視萬丈深淵。人如何純粹自發而非「假言的」（hypothetical）、有條件的、有目的地尋求「做好事有好報」的恩賜；而是逐步點滴建立在屬於人自己可以相信的「定言的」（categorical）、自我規範的、可實現烏托邦塵世，這是上帝對人更尊重的期待。因此，當上帝選擇在人世間缺席，以及對十字架上耶穌的「捨棄」，那是對人更高層次的愛。

在前面三大問題的陳述中，杜斯妥也夫斯基在《卡拉馬助夫兄弟們》這裡，以第三、但可能是最根本的問題，逆轉了前面兩大問題的幽暗面。亦即人們認知到現世的「權力王國」與「金錢王國」是如此的絕對強大有力，但人卻也可以積極自主地（如阿廖沙），爲所應爲、選擇走自己的路。雖然這樣期待的人性尊嚴與理想，依舊是未完成的、像天堂般的塵世歷程；但卻是人之所以爲人，最爲獨特與寶貴之所在。

四、嘗試走出地下室悲劇的晚期杜斯妥也夫斯基

1875 年 3 月 22 日，在爲《少年》而寫的「前言稿」中，杜斯妥也夫斯基明白陳述何謂地下室悲劇：

> 他們只不過表達了淺薄自愛的詩意而已。唯有我一人寫出
> 了地下室的悲劇性，這種悲劇性在於受苦、自虐，意識到
> 美好的東西卻無能力去達到，而且關鍵是，這些不幸者深

信所有人全都如此，因此連改正都無必要！有什麼能支持改正者呢？獎勵、信仰？獎勵——無人能給，信仰——無人可信！……地下室，地下室，地下室詩人——小品文作者們口口聲聲這麼說，作為對我的貶辭。一群傻瓜，這是我的榮耀，因為真實在此（陳燊編，2010［14］，頁757）。

而杜斯妥也夫斯基從《少年》到《卡拉馬助夫兄弟們》的創作過程中，不只走出了象徵黑暗的地下室，更是呈現了充滿亮光的光明大道。從阿爾卡季「未成熟青年」的新思想、新生活，到阿廖沙「青年」在巨石旁與兒童們手牽手，期許未來生命更美好的演說。

杜斯妥也夫斯基全集的主編陳燊在第一卷的總序裡提到，根據多利寧（A. Dolinin）《陀思妥耶夫斯基的最後兩部長篇小說》描述，杜斯妥也夫斯基在1876年前後的轉變。杜斯妥也夫斯基一反過去激烈反對俄國所謂最進步知識分子的代表人物別林斯基、赫爾岑和涅克拉索夫（N. Nekrasov）等人的態度。1874年4月，涅克拉索夫為自己主編的《祖國紀事》向杜斯妥也夫斯基邀稿，杜斯妥也夫斯基罕見應允，沒多久即在此連載《少年》（陳燊編，2010［1］，頁47-48）。另外，格羅斯曼在其《陀思妥耶夫斯基傳》中也指出，正是因對「少年」阿爾卡季需要不尋常的文學描寫，杜斯妥也夫斯基的晚期作品呈現出「特殊而又複雜的風格」。格羅斯曼認為，這種風格預示著小說家逝世後現代藝術流派的出現：「在最後一個時期，他特別喜歡作品結構的矛盾性乃至『怪誕』，認為並非一切都應該一目了然，簡明易懂，作者有權不把話說完，甚至玩弄一點玄虛也未始不可。『讓讀者自己去動動腦筋吧！』他在1872

年寫道，並聲稱自己有權創造一種特殊的、艱難的、複雜的、別出心裁的、甚而是超自然的風格」（王健夫譯，1987，頁665）。

（一）《少年》阿爾卡季的蛻變過程

岡察洛夫《奧勃洛莫夫》的小說最後，阿加菲婭與奧莉加一起痛哭奧勃洛莫夫的逝去；甚至，僕人扎哈爾固執地不願離開他貴族主人的最後棲息地。確實，從岡察洛夫描述的「奧勃洛莫夫精神」裡，特別是奧勃洛莫夫與施托爾茨兩位主角對比，使得該書呈現的不僅是一部貴族即將退隱的黃昏之歌，同時也是貴族對布爾喬亞的批判之書。既然，「奧勃洛莫夫之夢」已經是維持不了；但我們大家雖沒隨時想躺著，但成天忙碌卻也大都不知所為何來的資本主義世界，難道更美嗎？於是，確實許多人會從內心質問自己：那有前景的、完整的人，究竟應當如何？！

《少年》一開始發表沒多久，杜斯妥也夫斯基會在「前言稿」傾訴地下室悲劇，應非偶然而是水到渠成。藉由阿爾卡季的蛻變歷程，反映著杜斯妥也夫斯基對於地下室問題的生命奮鬥有了新的體悟。小說主角是21歲的阿爾卡季，透過第一人稱的回憶方式，敘述自己從19至20歲一年的生活經歷、思想變化以及開始成熟的過程。「我突然意識到，正是透過回憶與記述的過程，我才重新教育了我自己」（陳燊編，2010［14］，頁741）。

《少年》寫作過程中，原本有另一書名「混亂無序」選擇。小說一開始阿爾卡季懷抱的羅特希爾德思想正是這「道德上的混亂無序」，他希望藉此擺脫幼年的屈辱並重獲尊嚴，成為大富豪目的並非只是金錢本身，而是憑藉金錢這種實力得到人們尊重，但又能自由自在地對這金錢力量漠然處之、不順服。在往後發展中，阿爾卡季從其名義上的父親馬卡爾那領會希臘正教社會主義思想，

但即使是馬卡爾「好人品」（seemliness）[17] 也無法讓阿爾卡季得到當時已是資本主義無序的參考座標。而當阿爾卡季終有機會向其生父爲爾西洛夫詢問該如何生活時，不管是之前回答的「開放貴族」論點，或是作爲一個俄國的歐洲人，其崇高的俄國思想就是對各種思想的全面調和，依舊是答非所問、無法回應當道的羅特希爾德思想。對比「奧勃洛莫夫精神」的無所作爲淡出歷史舞台，《少年》這裡則是，爲爾西洛夫最後爲了心儀的卡捷琳娜，狂亂失常後成爲另一種形式的淡出，像孩子般純樸終了餘生。

在阿爾卡季的回憶記述中，雖說是自己重新教育了自己，但詳細的經過或蛻變內容，並沒有明確書寫。原來的羅特希爾德思想，究竟是如何地無法再主導著他？或者那所謂的新生活、新道路內容爲何？杜斯妥也夫斯基都沒有明確說明。也許就像朝陽剛剛升起時，看見曙光、但一時說不上這亮光的內容或意義爲何？又或者杜斯妥也夫斯基是刻意留下這開放式的「空白答案」，讓每一個讀者動腦筋、有自由的空間揮灑與想像：

> 我寫完了。也許有讀者很想知道：我的「思想」丟到哪兒去了？我相當神祕地預告我的新生活已經開始，這到底指什麼？其實這新生活，這條展現在我面前的新路，就是我的「思想」，也就是先前的那個「思想」，只不過已經完全改換了面貌，以至於讓人認不出而已。可是這一切已

---

17. 「好人品」的中譯，譯者陸肇明特別做了譯者註，除了表達這個詞義是本書非常重要觀念之一外，同時也陳述這個詞義的俄文原文極難準確翻譯（陳燊編，2010[14]，頁502）。而文中引述的英文翻譯 seemliness，則是參考2003年的英譯本（p. 373），另外1971年英譯本 (p. 373) 則譯爲 beauty。

這裡是歐亞大陸的最北端「北角」，在這裡的夏天，即使深夜也仍是永晝的「白夜」。

經無法寫進我的「札記」了，因為這純屬另一回事。舊的生活已完全消逝，而新的生活才剛剛開始（陳燊編，2010〔14〕，頁74）。

「神祕地預告新生活已經開始」，我們猜想在塔季揚娜與謝苗諾維奇的共同鼓勵下，阿爾卡季去唸大學，應是最大可能。同時從謝苗諾維奇的回信裡，看得出杜斯妥也夫斯基對於領悟過程比領悟結果還重視，因為多數人追求的思想都是現成的，而不是自己悟出來的。而這種領悟過程並非全無意義，因為一代代人都是由少年成長起來的……。既然在《少年》裡，如「奧勃洛莫夫精神」的為爾西洛夫已經不可能繼續主導，那麼接下來的「卡拉馬助夫精神」將會如何？

（二）《卡拉馬助夫兄弟們》阿廖沙的成長過程

　　創作《卡拉馬助夫兄弟們》時，杜斯妥也夫斯基自知這將是他的絕筆之作。他的嚴重肺氣腫使他感覺如在西伯利亞服苦役般工作，並說「書中有許多我和我之所思」（陳燊編，2010［16］，頁1199）。另一方面，小說中記述的是13年前的青年20歲阿廖沙，這年紀剛好是《少年》阿爾卡季經歷一年之後的年紀。杜斯妥也夫斯基描繪阿廖沙早有仁愛之心，書中記述的是阿廖沙到修道院而後離開的故事，並且告訴大家《卡拉馬助夫兄弟們》是有續集第二部，也就是13年後的現在33歲阿廖沙，為了尋求真理而成了政治犯。

　　綜合上述杜斯妥也夫斯基所說的《卡拉馬助夫兄弟們》第一部與計畫中的第二部，那麼小說主角阿廖沙在第一部的成長過程，以及第二部的可能繼續發展，幾乎就像是杜斯妥也夫斯基前面所說的「書中有許多我和我之所思」。那個在未滿18歲向其哥哥表述，立志要探索「人之祕密」的杜斯妥也夫斯基，在這部最後作品裡，透過大哥米佳向阿廖沙說著，這個「人之祕密」的最終難以捉摸、又美又可怕：

> 咱們都姓卡拉馬助夫，全一樣，即使在你這樣的天使身上這昆蟲也活著，它將在你的血液裡興風作浪……它之所以可怕，就因為它難以捉摸，捉摸不透，因為上帝給我猜的只是一些啞謎……你盡量去猜吧，但願你能出污泥而不染。美！然而我不忍看到的是，有的人，甚至心靈高尚、智力超群的人，也是從聖母的理想開始，以所多瑪的理想告終……令人恐怖的是美不僅是可怕的，而且還是一件神祕莫測的東西。這裡，魔鬼跟上帝在搏鬥，這戰場

就是人心（陳燊編，2010［15］，頁165-166）。

確實，當上帝決定缺席、讓人們無所不可時，這大起大落的卡拉馬助夫「生之渴望」，正如伊萬所說的，是由於七千年來形成的普天下人的習慣（陳燊編，2010［16］，頁1013）。有著半動物、半真人的，各式各樣的卡拉馬助夫家族成員，時而溫馴，但時而更多的是牲畜般脾氣，雖有差異但本質上卻都是一個樣。[18]而就像果戈里《死靈魂》卷一最後，契契可夫坐著奔馳復奔馳的「三駕馬車」，然後說著「俄羅斯，妳飛向何處？……而其他的國家，其他的民族，帶著困惑的眼光退到一旁，讓路給她」（孟祥森譯，1980，頁263；另參考英譯本1997, p. 253）。杜斯妥也夫斯基透過對米佳進行公訴的伊波里特，說這是橫衝直撞的三駕馬車；但也正如米佳的辯護人菲久科維奇說的，這是堂而皇之的俄羅斯彩車。

事實上《卡拉馬助夫兄弟們》的開始與終了，都是說著「卡拉馬助夫」，而且就是指稱阿廖沙。一開始是作者介紹阿廖沙是費堯多爾的第三個兒子，最後結尾則是小大人科利亞帶著所有孩子們再一次歡呼「烏拉，卡拉馬助夫！」杜斯妥也夫斯基透過阿廖沙在20歲的成長過程，嘗試回應這俄羅斯三駕馬車也可以是這樣的走向，如此崎嶇坎坷但卻又充滿希望亮光。而這過程在書的中段與終局裡，分別是：第三部「第七卷阿廖沙之四加利利的迦拿」與尾聲之三「伊柳沙的葬禮。巨石旁的演說」。[19]

1. 阿廖沙離開修道院「逗留塵世」

由於上帝缺席，阿廖沙的精神導師修道院長老佐西瑪神父過世後，並沒有出現眾人期待的神蹟。大過節也不發勳章的氛圍，讓阿廖沙痛徹心扉。透過帕伊西神父誦經〈約翰福音書〉裡的「加

利利的迦拿」典故，阿廖沙從跪著入睡的脆弱少年，蛻變成頂天立地、矢志不移的堅強鬥士。

「加利利的迦拿」典故，是耶穌第一回創造奇蹟給人們增添喜慶氣氛。這個典故，呼應著佐西瑪神父生前時常掛在嘴邊的話「施愛於人者也必愛人們的歡樂」。在母親的敦促下，耶穌讓沒有酒的窮人家娶親喜筵窘境得以解圍，倒入酒缸的水，舀出來竟成了美酒。昏睡中的阿廖沙在聽著帕伊西神父的誦經內容過程中，過世的佐西瑪神父彷彿來到他心中。杜斯妥也夫斯基在接下來的敘述裡，有如電影蒙太奇般，超自然卻又彷若真實。

一開始是，對比拉基津受到委屈時總是拐進小胡同去，而阿廖沙看見大路，大路寬暢筆直光明透亮，然後盡頭有太陽（sun）；屋子在變寬變大，佐西瑪神父也參加了這筵席，並且對阿廖沙說，就這樣開始你的事業，我們的太陽（英譯本在這裡變成大寫的 Sun）在這裡；阿廖沙原本回應佐西瑪神父，說他害怕不敢看太陽，但在佐西瑪神父的鼓勵下，阿廖沙心中先是覺得熱呼呼，然後醒過來時卻發現自己已經站起來。接著阿廖沙大澈大悟後心中響起這樣的話語「用你喜悅的淚水遍灑大地，要愛你的這些淚水……。」他感受到上帝創造天地蒼穹而狂喜哭泣，在擁抱與親吻大地後，他要寬恕所有的人事物，然後說著「別人也會代我請求寬恕」。阿廖沙一輩子也永遠不會忘記那一刻，而那一刻，應也是象

---

18. 杜斯妥也夫斯基設定小說中的城市名稱是「斯科托普里戈尼耶夫斯克」，其含意是「牲畜欄」，並說著：「唉，這就是敝縣縣城的名字，我一直隱瞞，未予點明」（陳燊編，2010[16]，頁885）。

19. 關於《卡拉馬助夫兄弟們》這兩個段落的中文引述，除了參考2010年陳燊（主編）《費・陀思妥耶夫斯基全集》第15、16卷外，主要引述2000年貓頭鷹出版社榮如德的譯文。另外，引述中附上的英文則是參考1992年的英譯本。

徵著杜斯妥也夫斯基走出地下室悲劇的時刻。

2. 阿廖沙在巨石旁對孩子們的演說

伊柳沙就葬在巨石旁，典禮完成後阿廖沙與眾多小朋友即將分手道別，準備去幫他的兩位兄長（一位是將被流放西伯利亞的長兄米佳，另一位則是病重垂危的二哥伊萬）。演說中，阿廖沙首先陳述伊柳沙勇敢捍衛尊嚴的往事，然後請大家永遠不要忘記，當年我們就是被如此善良而美好的情感聯繫在一起。阿廖沙的演說，就像成為人子般的獨立自主宣言：「啊，孩子們，親愛的朋友們，不要害怕生活！當你做了正義的好事，會覺得生活是多麼美好！」科利亞提及宗教的死後復活，阿廖沙也立刻回應：「我們一定能復活，一定能彼此相見，高高興興、快快活活地互相講述經過的事情。」

「永遠這樣，一輩子都手拉著手！烏拉，卡拉馬助夫！」杜斯妥也夫斯基在《卡拉馬助夫兄弟們》最後，彷彿藉由阿廖沙的演說，不堪回首的過往蛻變成將要結出許多子粒的麥子。正如書的前面引述〈約翰福音書〉第12章24的文字：「我實實在在的告訴你們，一粒麥子不落在地裡死了，仍舊是一粒；若是死了，就結出許多子粒來。」

3. 在普希金的紀念演說中呈現俄羅斯普世價值

就創作的時間點推算，1880年6月8日杜斯妥也夫斯基前往莫斯科參加俄國文學愛好者協會大會，發表對普希金的紀念性演說，與最終構思《卡拉馬助夫兄弟們》的「阿廖沙在巨石旁對孩子們的演說」幾乎是同一時期。可以如此推論那時杜斯妥也夫斯基的心境：在小說中，藉由伊柳沙捍衛尊嚴的事蹟，阿廖沙與小朋友們相互勉勵，正是童年神聖美好的回憶，是最好的教育也是終生可

以得救的難忘情感；而在紀念演說中，他則表達普希金不僅是俄羅斯的人民詩人，同時也是可以再現他國民族的世界詩人，因此，普希金全面和解的思想是最崇高的俄羅斯思想。

1880年8月在其主編的《作家日記》裡，杜斯妥也夫斯基進一步發表〈關於下面刊載的紀念普希金的演說的解釋〉，更清楚扼要地說明普希金呈現俄羅斯普世價值的意義所在。透過對普希金的推崇，杜斯妥也夫斯基確認自己畢生的奮鬥，不僅是走出地下室悲劇的卡拉馬助夫少年，同時也是一位從俄羅斯的根基論走向具有普世博愛價值的世界人。

首先是對高踞在人民之上、脫離俄羅斯土地多餘人的批判。杜斯妥也夫斯基清楚地看出，普希金《茨岡》的阿樂哥與《葉甫蓋尼‧奧涅金》的奧涅金，正是後來眾多多餘人形象的最早典型。他們是彼得大帝對俄羅斯進行西歐化後，所形成的脫離根基的流浪漢。不管是阿樂哥的「驕傲」或是奧涅金的「苦悶」，都是連自己也不認識的異鄉人，不勞而獲的生活模式如同隨風漂蕩的花草。於是普希金說著：順從吧，驕傲的人；在家鄉的田地勞動吧；放棄幻想，然後學習與人民生活在一起。杜斯妥也夫斯基透過普希金對俄羅斯的診斷，告訴大家未來有著希望、多餘人終將過去。

消極批判之後，在《葉甫蓋尼‧奧涅金》的女主角達吉雅娜身上，普希金讓我們看到具有積極意義的美之典型。達吉雅娜是一個堅定站在自己土地上的堅強女性，是俄羅斯美的化身，她是在人民實際的根基生活中自發成長出來的。雖然心靈上愛著奧涅金，但如今已是年老將軍之妻，面對後來奧涅金的追求，她明確地回應：「我愛您（我何必對您說謊），但現在我已經嫁給別人；我將要一輩子對他忠貞」（智量譯，2012，頁260-261）。達吉雅娜無論如何也不能因為私人情愛，而讓他的先生蒙受恥辱。杜斯妥也夫

斯基接著如此評論普希金心中的達吉雅娜：「難道一個人可以把自己的幸福建立在別人的不幸之上嗎？幸福並不單純是享受愛情的快樂，而且也表現為精神上的高度的和諧」（劉季星等譯，2009，頁167）。達吉雅娜深厚的根基之美，正是來自俄羅斯純樸人民的精神。

接著杜斯妥也夫斯基讚美普希金是獨一無二、來自俄羅斯的道地詩人，是全世界詩人中唯一擁有充分再現別國民族性的特殊能力詩人。即使是莎士比亞、塞萬提斯或是席勒（J. Schiller），杜斯妥也夫斯基也還是認為，他們與歐洲詩人們一樣，在對待別國人民的民族特點時，會將其轉變為自己的民族特點，並按照自己的想法去理解。而唯獨普希金可以兼容並蓄、消除彼此矛盾、善於體諒與調和差別，甚至連穆斯林的經典也能融合。杜斯妥也夫斯基稱許普希金對世界各國文學的感應能力以及能夠充分體現異族特殊風貌的能力，以致於這樣說著：如果想成為一個真正的俄羅斯人，成為一個徹底的俄羅斯人，或許就意味著只有作為所有人的兄弟，亦即世界人才行（劉季星等譯，2009，頁174）。

延續之上、也是最後一個推論，杜斯妥也夫斯基一開始即告訴大家，我們斯拉夫派與西歐派的爭執，在上述的視野下實是天大的誤會。當天演講會上，兩派在熱烈的氣氛下握手言和，於是斯拉夫派的代表阿克薩科夫（I. Aksakov），據此稱杜斯妥也夫斯基的此次演說已是一起「重大事件」。延續普希金的包容精神，杜斯妥也夫斯基進一步說著基督福音書的博愛與和諧。杜斯妥也夫斯基指出西歐的經濟與科學所積累的財富有可能瞬間消失，唯獨俄羅斯在意的道德博愛特點才是更為根本。演說的最後，杜斯妥也夫斯基還提到了「基督走遍了這塊被奴役的土地、還為它祝福。」以及「各民族按照基督福音書的條文所達到的偉大的共同的

1988年來自七個國家的小朋友在「北角」共同創作「地球之子」。

和諧和最終兄弟般的和睦的話作爲結束吧」（劉季星等譯，2009，頁175）！我們可以想像，杜斯妥也夫斯基這樣的演說，與在同一時期書寫《卡拉馬助夫兄弟們》阿廖沙在巨石旁演說，彼此相互呼應。

五、杜斯妥也夫斯基的生命奮鬥史

杜斯妥也夫斯基在其所處的那個時代，經歷著他所說的，沒有任何神聖東西的地下室悲劇，直到他生命即將謝幕的前幾年，才在其作品與評論中，呈現出其走出地下室悲劇的重生期待。

早在1845年，涅克拉索夫拿著他的《窮人》作品跑到別林斯基家大喊「出了一個新的果戈里了！」隔幾天，別林斯基對著杜斯

妥也夫斯基說：「請珍惜您的天賦，對它忠誠不渝，您會成爲偉大的作家的！」而杜斯妥也夫斯基也永遠記得那一時刻，在服苦役期間，每當回想起這一時刻，自己精神就振奮起來。在1877年《作家日記》發表的〈俄國的諷刺作品。《處女地》。《最後的歌》。舊時的回憶〉評論最後，杜斯妥也夫斯基引述涅克拉索夫四行詩〈我即將成爲腐朽之物〉的最後一節：

> 他們那富有預見的歌沒有唱完，
> 倒下了，成爲邪惡和背叛的犧牲品，
> 正是風華正茂的歲月；他們的肖像
> 從牆上用責備的眼光望著我（劉季星等譯，2009，頁131）。

杜斯妥也夫斯基深感「責備的」用詞份量很重，然後與大家一起捫心自問、自己做出判斷：「我們『忠誠不渝』了沒有，是一直忠誠不渝嗎？……但是請你們自己來讀一讀這些痛苦的歌，讓我們親愛的熱情的詩人復活吧！這位熱情地去受苦的詩人啊！」

「這位熱情地去受苦的詩人」與「痛苦的歌」，不就同時也指著，杜斯妥也夫斯基自己本人與其作品嗎？爲了不要雖生猶死、無論如何都要寫作；而許多時候，卻也必須做出妥協；然而卻又想到那份量很重的「責備眼光」……。從這裡，或許我們才能感慨地理解，杜斯妥也夫斯基會在遺囑中交代「不要把他葬在別林斯基旁邊」的難言之隱。

這位熱情地去受苦的詩人，正是在其風華正茂之際被捕入獄。苦役歸來，在無論如何也要寫作的情境之下，他靜靜地走入了地下室。而就在生命即將步入尾聲階段，其呈現的創作風貌卻是，他輕輕地步出了地下室。

《少年》在《祖國紀事》月刊連載完畢後，1876年1月杜斯妥也夫斯基在《作家日記》中編寫了一個〈在耶穌身旁過聖誕節的小男孩〉的奇特寓言[20]。心碎般的結局，但也呈現了在現實絕望中的宗教重生。「我彷彿看到地下室裡有一個男孩……，忽然在鋪板上摸著了自己的帽子，用手探著路，輕輕地走出了地下室」（劉季星等譯，2009，頁44）。這個悲慘逝於柴堆、但卻昇華到耶穌身旁過聖誕節的小男孩，那「輕輕地走出了地下室」敘述，宛如杜斯妥也夫斯基在歷經《少年》創作後，其個人即將重生的具體而微寫照。作者非常珍愛這篇短文，1879年兩次在彼得堡的文學晚會上朗誦。杜斯妥也夫斯基的地下室悲劇與其晚期作品的嘗試超越，讓我們更加體會其生命的艱難與充實。

　　艱難的地下室悲劇生命經驗，讓杜斯妥也夫斯基一下子就看出托爾斯泰的不合時宜。封建貴族如果不能從傳統走向開放，那麼是過去歷史的退場人物，如果還繼續「往後看」的話，其結果不只是美的典型不復存在，接下來新的資本主義世界舞台也不會有其位置，多餘人將成名符其實。這是杜斯妥也夫斯基在《少年》最後，對托爾斯泰的遙相規勸。而確實就在1881年杜斯妥也夫斯基過世後隔年，托爾斯泰不僅出版《懺悔錄》走出生命危機，並且實地走訪調查莫斯科民情，其後半生的開放貴族奮鬥（可參閱2000年出版的17卷《列夫‧托爾斯泰文集》中的第15卷《那麼我們應該怎麼辦？》等政論與宗教著述），杜斯妥也夫斯基的影響清晰可見[21]。

---

20. 關於紀念普希金的演說及其解釋，以及〈俄國的諷刺作品。《處女地》。《最後的歌》。舊時的回憶〉與〈在耶穌身旁過聖誕節的小男孩〉，除了參考2010年陳燊（主編）《費‧陀思妥耶夫斯基全集》第19、20卷外，主要引述劉季星、李鴻簡2009年在復旦大學出版社的譯本。

在杜斯妥也夫斯基的葬禮上，各式各樣不同立場的數萬人們，很罕見地都來陪他走著最後路途。有屬於各個不同派別、甚至是對立無法調和的人，其中有老年、青年、作家、將軍以至「被侮辱與被損害的人」。大家都把他當做「自己人」來送葬。各式各樣的人都認為杜斯妥也夫斯基是屬於他們的、為他們代言。作家後半生極力倡導的「根基論」，即篤信希臘正教的平民百姓是俄羅斯大地的根基，如何讓彼此之間恢復過去的融合，在那當下，幾乎是奇蹟般地曇花一現實現著。

《卡拉馬助夫兄弟們》裡沒有任何一位王公貴族，杜斯妥也夫斯基意在言外地將出路指向所有人民。在被損害或被毀壞的人性經歷後，如何在新的資本主義世界裡獲得復甦重生，小說中阿廖沙的使命似乎也是我們未來的共同命運。

杜斯妥也夫斯基一生的生命奮鬥史令人動容，在不斷蛻變的過程中，我們看到：那位曾說著不知「那活生生的一切如今生活在何處」的地下室人，經歷十多年的坎坷經歷之後；在耶穌身旁的小男孩，由於「摸著了自己的帽子，用手探著路，輕輕地走出了地下室」；更由於佐西瑪神父勉勵著阿廖沙說，就這樣開始你的事業，我們的太陽在這裡；直到最後更是以普希金之名，說著真正的俄羅斯人必須是世界人才行。因此即使到今天，這位走出地下室悲劇的「卡拉馬助夫少年」杜斯妥也夫斯基，彷彿仍在我們身邊、在我們心中。

---

21. 當托爾斯泰得知杜斯妥也夫斯基過世後悲痛不已；另外，1910年托爾斯泰離家出走時，其舊居桌上擺放著的書就是《卡拉馬助夫兄弟們》。此外，關於托爾斯泰晚年的重要政論宗教著作《那麼我們應該怎麼辦？》、《當代的奴隸制度》與《天國在你心中》等，則尚未有中文繁體字的發行譯本。

參考書目

王健夫譯（1987）。《陀思妥耶夫斯基傳》。北京：外國文學。

丘光譯（2014）。《地下室手記》。台北：櫻桃園文化。

汝龍譯（1998）。《罪與罰》。台北：桂冠。

孟祥森譯（1980）。《死靈魂》。台北：遠景。

草嬰譯（2002）。《復活》。台北：木馬文化。

草嬰譯（2004）。《戰爭與和平》。台北：木馬文化。

陳燊編（2010）。《費・陀思妥耶夫斯基全集》共22卷。石家莊：河北教育。

陳燊編（2000）。《列夫・托爾斯泰文集》共17卷。北京：人民文學。

項星耀譯（1998）。《往事與隨想》（中）。北京：人民文學。

智量譯（2012）。《葉甫蓋尼・奧涅金》。廣州：花城。

張變革等譯（2011）。《陀思妥耶夫斯基：我探索人生奧祕》。北京：商務。

語冰譯（1992）。《米哈伊爾・巴赫金》。北京：中國人民大學。

榮如德譯（2000）。《卡拉馬佐夫兄弟》。台北：貓頭鷹。

劉季星等譯（2009）。《小小的圖景：陀思妥耶夫斯基精品集》。上海：復
　　旦大學。

劉季星譯（2009）。《生命集：果戈理精品集》。上海：復旦大學。

劉季星譯（2009）。《懺悔錄：托爾斯泰精品集》。上海：復旦大學。

錢中文編（1998）。《巴赫金全集》全六卷。石家莊：河北教育。

錢中文編（2009）。《巴赫金全集》第七卷。石家莊：河北教育。

瞿世鏡譯（1990）。《論小說與小說家》。台北：聯經。

Bakhtin, M. (1984). *Problems of Dostoevsky's Poetics.* (C. Emerson, Trans.).
　　Minneapolis, MN: University of Minnesota Press.

Dostoevsky, F. (1969). *The Notebooks for A Raw Youth.* (V. Terras, Trans.).
　　Chicago, IL: The University of Chicago Press.

Dostoevsky, F. (1971). *The Adolescent.* (A. MacAndrew, Trans.). New York, NY:
　　W. W. Norton & Company, Inc.

Dostoevsky, F. (1992). *The Brothers Karamazov.* (R. Pevear & L. Volokhonsky,
　　Trans.). New York, NY: Everyman's Library.

Dostoevsky, F. (1993). *Notes from Underground.* (R. Pevear & L. Volokhonsky,

Trans.). London, UK: Vintage Books.

Dostoevsky, F. (1994). *Demons.* (R. Pevear & L. Volokhonsky, Trans.). London, UK: Vintage Books.

Dostoevsky, F. (1998). *The Idiot.* (A. Myers, Trans.). Oxford, UK: Oxford University Press.

Dostoevsky, F. (2003). *The Adolescent.* (R. Pevear & L. Volokhonsky, Trans.). New York, NY: Everyman's Library.

Dostoevsky, F. (2006). *Crime and Punishment.* (S. Monas, Trans.). New York, NY: Signet Classics.

Dostoevsky, F. (2008). *Demons.* (R. Maguire, Trans.). London, UK: Penguin Books.

Frank, J. (1976). *Dostoevsky: The seeds of revolt, 1821-1849.* Princeton, NJ: Princeton University Press.

Frank, J. (1983). *Dostoevsky: The years of ordeal, 1850-1859.* Princeton, NJ: Princeton University Press.

Frank, J. (1986). *Dostoevsky: The stir of liberation, 1860-1865.* Princeton, NJ: Princeton University Press.

Frank, J. (1995). *Dostoevsky: The miraculous years, 1865-1871.* Princeton, NJ: Princeton University Press.

Frank, J. (2002). *Dostoevsky: The mantle of the prophet, 1871-1881.* Princeton, NJ: Princeton University Press.

Gogol, N. (1997). *Dead Souls.* (R. Pevear & L. Volokhonsky, Trans.). New York, NY: Vintage Classics.

網路與影像資源

2009年紀錄片〈一個女人與五本大象〉：

https://southorg.wixsite.com/ciadff/the-woman-with-the-5-elephants

第八章
古希臘史詩精神的韋依思想

韋依

他走進我的房間，說：「不幸的人哪，你一無所
知。跟我走吧，我要給你，你意想不到的教誨。」
我跟著他走。他帶我進一座教堂。教堂新而醜
陋。他引我到祭台前，說：「跪下！」我說：「我
未受洗。」他說：「跪下，在這個愛的所在前，
就像在真理的所在前。」我照做了。他領我離開，

爬上一座閣樓，從閣樓打開的窗，看得見整個城市，幾個木頭的腳手架，船舶在河岸卸貨。他令我坐下。只我們兩個。他說話。偶爾有人進來，加入談話，又離開。不再是冬天。春天還沒有來。樹上的枝椏光禿著，尚未發芽，空氣冷冽，陽光充足。太陽升起，閃耀，又消隱，星月從窗口進來。之後又是一個黎明。有時，他停下說話，從櫥櫃取出麵包，我們一起吃。那麵包有真正麵包的滋味。我再沒有嚐到那滋味。他為我倒葡萄酒，也為自己倒了。那酒有陽光的滋味，有這座城邦所在的大地滋味。有時，我們躺在閣樓的地板上，溫存的睡眠降臨在我身上。不久，我醒來，飲著日光。他答應給我一個教誨，但他什麼也沒教。我們談論各種話題，斷斷續續，像兩個老友。有一天，他對我說：「現在，走吧。」我跪下，抱住他的腿，求他莫趕我走。但他把我推到樓梯口。我下了樓，懵懂，心都碎了。我走在街上。我意識到自己根本找不到那所房子。我沒有嘗試找到它。我心想，那人來找我是個錯誤。我的位置不在那座閣樓上。我的位置在任何地方，一間黑牢房，一間擺滿小古玩和紅色長毛玩意的中產階級沙龍，一間車站候車室。任何地方，卻不在那座閣樓上。有時，我忍不住對自己重複他說過的一些話，帶著恐懼和悔恨。如何證明我準確無誤地記住了呢？他不在旁邊，沒有人告訴我。我知道，他不愛我。他怎麼可能愛我？然而，在我內心深處，在我身上潛伏的某一點，時時因恐懼而戰慄，一邊忍不住想：也許，歸根到底，他愛我。

——1942，韋依的寓言〈超自然真實緒言〉[1]

一、省視當代文明基礎的韋依思想

在韋依《扎根》英譯本上，詩人艾略特（T. S. Eliot）寫了一篇序，提及是否贊同韋依觀點是次要的，重要的是與一個偉大靈魂相遇。艾略特同時感嘆當代從事政治工作者的滿口行話，離韋依在書中所提的種種訴求愈來愈遠。

不過，一生只及34歲的韋依，卻在其生命後期兩度提及，希望後人關注她的思想而不是她的生平事蹟。一是1942年寫給貝蘭神父的書簡〈最後思想〉，另一則是在1943年《倫敦手記》裡的書信中。在8月4日的信裡（事實上也是她的最後遺言），對於大家在乎她本人而不是她的思想深感遺憾。韋依希望大家探索「她說的是真的還是假的」，而不是她個人苦行僧般的事蹟。而在前一個月的信裡，當她意識到來日不多時就開始掛念她那可能永遠不會被理解的思考。當她說堅信自己擁有一個「能傳給後人的純金庫」同時，雖然奔走各地的「戰地護士培訓計畫」一直未被採納，但她還是如此強悍地寫下：「我不會因此而有任何痛苦，因為金礦本身是不會枯竭的」（王蘇生等譯，2004，頁931）。本章嘗試說明韋依自稱「純金庫」的思想即是古希臘的史詩精神。並以此對1980年代開始席捲全世界的新自由主義，其所造成的民主被拍賣、生態環境惡化以及貧富差距懸殊等問題[2]，進行古希臘史詩精神的反思。

---

1. 這篇寓言幾乎是韋依精神自傳，來自吳雅凌的法文直譯（吳雅凌譯，2012，頁1-2）；另外，英譯則參考韋依2004年的英譯本（Weil, 2004, p. 638-639）。

2. 透過《綠色全球宣言》的整理分析，當前新自由主義造成民主被拍賣、生態環境被破壞以及貧富差距愈加擴大，為此作者伍汀（M. Woodin）與魯卡斯（C. Lucas）提出在地化的替代政策。

令人好奇的是韋依一生著作從未以本名發表。我們今天看到的文字，都是後人幫她編撰的。如此純粹生命，韋依的傳記作者佩特雷蒙特（S. Petrement）這麼形容她，「沒有任何人可以如此英勇地，將自己的行動與思想結合在一起」（王蘇生等譯，2004，頁2）。

在閱讀韋依思想的過程中，這位兩次世界大戰時期活躍的女子，其與法國女性主義作家波娃（S. Beauvoir）早就交手對話過[3]；另外，1957年諾貝爾文學獎得主卡謬（A. Camus）甚至在領獎之前，還特別到韋依居住過的巴黎舊址，駐足沉思以表敬意（余東譯，2014，頁2）。

（一）反思馬克思思想的韋依

1933年8月韋依發表〈展望：我們正在走向無產階級革命嗎？〉（Weil, 2001, p. 1-23），提及因為官僚主義的缺陷致使工人運動受挫。自此，韋依對於政治歷史的認知愈趨悲觀，甚至持續到她生命結束。韋依始終把批判蘇聯官僚主義的文章，發表在極左派的工會刊物中，藉此避免讓人覺得她與資產階級站在同一立

1957年的卡謬，許多韋依重要的文稿是由他所編輯。

場批評蘇聯（事實上，自1918年至1922年蘇聯一直面臨嚴苛的內戰，這也是其走向官僚主義的重要原因之一）。在一封後來被找到的信件裡，韋依提及史達林（J. Stalin）對俄國革命的背叛。「當列寧後退時，他會說我們在後退，而史達林永遠只說前進。對工人撒謊永遠是不能原諒的。」甚至韋依還曾與托洛斯基（L. Trotsky）面對面討論，問題環繞在目前俄國是否還是一個工人國家？韋依認為因為官僚問題，現在的俄國統治組織正在背叛工人。包括韋依等14人簽名的〈我們位於何處？〉其中直指「這個官僚主義……正在指引著蘇聯的方向，不是向著消除國家權力的方向前進，而且繼續增加這個權力……它建立的不是社會主義，而是一種國家機器式的政體……從現在起，應當著手聚集一支有覺悟的、與俄國官僚政體斷絕一切聯繫的革命者隊伍」（王蘇生等譯，2004，頁321、316）。[4]

　　為此，韋依回顧馬克思思想，認為無論是當時，或在那之後的馬克思觀點依舊是最好的理論。韋依認為馬克思成功結合了「創建科學的努力與反抗壓迫的鬥爭」，但創建這個學說的偉人在50年前就過世了，他只能利用他的觀點研究他身處的那個時代，而

---

3. 波娃在其回憶錄中，提及她與這位小她一歲的韋依對話經歷。一場大飢荒肆虐當時中國，波娃耳聞韋依得知消息後淚流滿面，波娃為此仰慕著韋依關懷全世界的心。「有一天，我找到機會與她接近，但我不知道該如何引起話題。她用不容置疑的口吻宣稱，當今世界上只有一件事最重要：那就是一場使所有人都有飯吃的革命。我也斷然地辯駁說：『問題不在於使人幸福，而是為人的生存尋找某種意義。』她以輕蔑的神情打量著我，說：『很清楚，你從未挨過餓。』我們的關係就此結束。我明白，她把我歸到『小資產階級精神貴族』那一類人當中去了」（Beauvoir, 1974, p. 239）。以上內容，也參考1981年出版的《西蒙‧波娃回憶錄》譯本，第230-231頁，這個中文翻譯本，應該是最早提及韋依事蹟的中文著作。

我們應當做的是，學習他的路徑好好地理解當今新時代的新問題。如今新的挑戰是，官僚統治取代了資本統治（史達林到美國還非常讚賞該國生產線的優越）。而核心問題是，「是否任意將一個國家的工人組織起來，那麼這個組織就不會馬上滋生依附於國家機器的官僚機構呢」（Weil, 2001, p. 24-35）？

　　在後來〈《伊利亞特》，或力量之詩〉及對希特勒主義起源的〈對野蠻的思考〉裡，韋依發現，真正決定歷史進程的是力量，而非馬克思所說的階級。即使今日我們都能覺察，官僚與資本都會形成有力量的組織，但人數佔絕大比例的普羅大眾卻會因為人性弱點而流動弱化。普遍來說，底層人們只要一有機會都會想上升成為權貴，也因這個階級的卑微特性，人多卻往往勢弱。此時韋依已經意識到政治領域的悲觀，當她說著「如何組建一個不會產生官僚主義組織」時，她同時想著的是：政治的改變是微不足道的，只是一種壓迫替代另一種。

　　〈社會自由和壓迫諸原因之反思〉是韋依工廠勞動前夕的「政治遺囑」。儘管繼續說著，工人的美德是應當把事情做好，社會科學主要應當用來探討最少壓迫的可能。其後在轉向宗教的體會中，韋依提及〈馬太福音〉第18章的第20裡的耶穌話語：「哪裡有你們之中的兩、三人以我的名義聚會在一起，我必在其中。」韋依若有所悟地認為：「誰都知道，只有在三、兩人之間才會有真正的貼心話。若是在六人或七人之間，那集體的話語就會開始佔上風」（Weil, 2009, p. 35）。韋依以上的憂慮是針對教會組織。然而這樣的組織是普遍存在於各個領域，包括各種團體與政黨等。當更多人形成組織時，就會漸漸質變為韋依對官僚主義的批評，甚至說組織永遠在背叛等重話。也許，對於組織的有效監督制衡，是目前人類可以想到的消極解決之道。

當韋依實際參與教育、政黨、工會與教會等各組織時，與其說悲觀地發現組織擴大的必然問題；倒不如說她在這些經歷之後，反璞歸真地回到其老師阿蘭（E. Alain）所說的，應將重心放在具體問題的思考上。

（二）韋依思想的時代意義

馬克思《資本論》中提及，財富集中少數人但絕大多數人卻貧窮的資本主義運行法則，其徹底失衡終在1929年經濟大恐慌全然呈現。兩大後進資本主義國家德國與日本，分別在組織更完善的國家機器支撐下，面對此一困境尋找出路。德國先是加入歐洲多數國家的海外殖民，而希特勒崛起後，則進一步想學習古羅馬對歐洲的內部殖民；此外再加上日本在亞洲擴張的軍國主義，終於導致第二次世界大戰爆發。

一邊是1929年遭遇挫敗，全球資本主義開始尋求結合官僚的國家機器；而另一邊則是，勞工運動在蘇聯的支持下，左派人民聯合陣線在一些傳統歐洲國家取得執政優勢。1936年的西班牙內戰，即是這兩邊勢力對抗的縮影。

---

4. 本章引述韋依生平的著作依據，主要是佩特雷蒙特在1973年完成的韋依傳記，文中依據的法文原著是1997年的 Fayard 新編版；另外，法文翻譯為英文的1988年 Schocken Books 版是依據1973年版本，並且有許多刪改與闕漏，如第八章直接併入第七章以及許多重要的韋依經歷被省略；而本文參考的主要版本，則是法文直譯中文的2004年上海人民出版社版本，雖然還是有些許的意識形態的省略（如提及蘇聯領導人托洛斯基與列寧的部分依舊有未照原文），但整體來說，情形比英譯本好很多。綜合以上，所以關於韋依的許多重要生平與思想來源，在文後標註的是2004年中譯本頁碼。而以上這一段內容，則是參考2004中譯本的283, 377-378頁。

1936年2月的西班牙與6月的法國，左派都以人民陣線之名，經過選舉取得執政權。在西班牙，經過五個月的僵持之後，右派佛朗哥（F. Franco）將軍在七月發動政變推翻民選左派政權導致內戰。這場西班牙戰爭，可說是經濟大恐慌的接續，同時也是後來第二次世界大戰的前哨。蘇聯支持左派政權，法西斯主義當道的義大利與德國則支持佛朗哥，影響最後勝負的是法國與英國的態度。原本剛上台執政的布魯姆首相決定援助西班牙左派政府，但遭到英國保守黨政府的強烈反對而最後選擇中立。

　　韋依對於布魯姆避免法國捲入西班牙內戰沒有批評，她本人則在該年8月進入西班牙巴塞隆納加入左派共和軍，但不到兩個月即因燙傷返回法國。然而當韋依得知共和軍這邊也進入戰爭的殘忍狀態時，她再一次提起關於官僚組織的問題。一場自發的起義變成有組織的戰爭時，革命就有可能被專制所取代。她甚至認為，如果佛朗哥沒有取得勝利，那麼西班牙有可能會變成另一個蘇聯。[5]

　　另一個讓韋依失望的發展是，即使是左派政府上台，法國對殖民地政策並沒有本質上的改變。為了確保捍衛阿爾及利亞人權益的「北非之星」哈吉（M. Hadj）不會被捕，韋依甚至去見布魯姆並得到承諾。可是後來接任布魯姆的左派政府還是逮捕了哈迪。這與稍早之前，甘地領導印度反抗英國，期待英國工黨政府的殖民政策會與保守黨不同而落空一樣，感到強烈失望。韋依警告說，歐洲遲早要對殖民地人民苦難不聞不問付出代價，事實上，希特勒的下一步行動即是要對歐洲內部國家進行殖民。

（三）其獨特的古希臘文明反思

　　從經驗世界面向超驗世界，韋依選擇了自己最親近的基督教。在知識的世界裡，她確信福音書是她嚮往的古希臘文明傳承，但

同時也知基督教在稍後受到古羅馬的負面影響。韋依甚至指出，原本福音書繼承古希臘精神的內容，漸漸被逐一清空。而「逐出教門」的可怕懲罰，就是古羅馬文化帶給基督教的惡劣影響。

　　韋依對於德國納粹民族主義興起，加上隔年法國也掀起愛國熱潮，1932年寫了一篇〈關於愛國主義的幾點思考〉。她對愛國主義的歷史淵源，做了以下說明：「希臘人的愛國主義是美好的、人道的，不過，這種愛國主義是對法律的愛。只有當他們為自由而戰，只有當他們反對國內敵人比反對國外敵人傾注更多熱情的情況下，這個愛國主義才是美好的、人道的……一個人的祖國，是他自由生存之所在……在法國大革命時，祖國這個概念被重新拾起。愛國者首先是本國貴族的敵人，首先是支持這些貴族的外國人的敵人」（王蘇生等譯，2004，頁331）。韋依認為，在古希臘人與法國大革命時期，愛國主義顯然與我們今天有著極為不同含意。在前者那裡，愛國主義是公民對保障人身自由法律的熱愛；而在我們這裡卻是奴隸對奴隸主的熱愛。

　　另外在《扎根》中，韋依對此演變有更清楚描述。在〈拔根狀態與民族〉章節裡，韋依提及法國大革命的愛國主義獨特之處，就在其傳承古希臘時代的概念。透過強烈的「主權在民」思想，把過去臣服在法國王室的各界民眾融合在一起。許多人以前不是法國人，如今希望成為法國人，而其關鍵就在這主權在民的概念上。「於是，在法國有一個這樣愛國主義的悖論：愛國主義不是建立在對過去的愛，而是建立在對本國歷史最徹底的決裂之上」（Weil, 2002b, p. 109）。然而不到幾年，科西嘉的拿破崙又讓它質變回「主

---

5. 1959年幫助古巴完成革命的格瓦拉，在後來進行政務推動時，同樣感受並明言那巨大阻力即是官僚主義。

權在君」。由於拿破崙建立國家徵兵的現代軍隊與抽象的國家榮耀，愛國主義又從左派變回右派。民族之主權，原本是在人民，現在又轉回在君主統治者這邊。

因此，有關民族主權所指內涵爲何？韋依指出，一位當代人與一位1789年的人，其之間的對話，肯定會導致一連串極富戲劇性的彼此誤解。如今現代觀念的國家，是一個神聖、不會犯錯的國家。而起碼，英國的諺語還會說：無論好或壞，都是我的國家。而法國則走得更遠，已經不承認自己的祖國，有可能是壞，也可能會犯錯。可怕的是，在現代愛國主義的表達中，已經沒有太多正義與否的可能討論空間，因爲在民族主義的旗幟揮動下，自己的國家是永遠都不會犯錯的。沒有討論的前提或議題，只有服從的結論與命令。韋依這一部分關於愛國主義的說明，可作爲劉曉波對於當前中國民族主義的批判，最爲適當的補充。[6]

二、我們是否還保有古希臘史詩精神

有一次，韋依與友人談起對未來的擔憂，她擔心人類最終會喪失古希臘精神。在她看來，我們今天所有最好的東西無不源於古希臘的啓示。韋依提出一個非常獨特的西方文明觀點：新約福音書是一部古希臘作品。而確實，舊約是以希伯來文書寫，而新約則是以古希臘文記載。甚至韋依說著「耶穌基督不僅是以賽亞預言的受難的人，是所有以色列先知宣稱的救世主，他還是古希臘人在幾世紀裡奮力思考的黃金比例」（Weil, 1957, p. 161）。

（一）新約福音書是古希臘思想的傳承

在荷馬《伊利亞特》的敘述中，古希臘人對於特洛伊城的征

服，並沒有引以爲豪，反而從中思索人類處境的苦澀。有限世界的勝利光榮，卻無法掩蓋面對終極世界的空無。於是勝利後的整個希臘文明，竟是在沉思，如何搭建人類困境與神性完美的可能橋樑，呈現在希臘悲劇與柏拉圖的思想上。

有限的人們傾向以第一人稱，視自己爲世界中心。勝利者更因爲擁有這塵世的主宰權力，加強了這世界中心的感受。但任何有限個人的生命結束之後，那些過往雲煙的曾經勝利，又能代表什麼呢？於是在相反方，一種直視戰敗者的苦難心靈世界，一種尊敬與驚呼這靈魂「承受苦難的潛能大到令人震懾地步」的悲劇創作，竟主要出現在古希臘伯里克利與英國伊莉莎白一世的兩個盛世時期。漢彌爾頓（E. Hamilton）更是在其〈悲劇的理念〉中這麼寫著：「沒有一種尊嚴可以與受苦中的靈魂尊嚴相比擬……瞥見一個比我們生存其間的世界更深睿、更至極的眞實境界」（黃毓秀等譯，1984，頁9-13）。

而關於柏拉圖，韋依則認爲他是荷馬到耶穌之間的祕教傳承者。不同於絕大部分哲學家努力建立自己的理論體系，柏拉圖在其對話錄中，主要不是去討論這個想法是對或是錯，而是弄清楚這個想法究竟要說明什麼。也因爲這樣，柏拉圖的主要工作是在對人類思想進行清點，在清點中發現矛盾。柏拉圖甚至認爲，我們無法透過清點來消除矛盾，否則我們一定在說謊。柏拉圖確實

---

6. 2010年獲得諾貝爾和平獎的劉曉波，曾經對近幾十年中國狂熱的民族主義特別著書《單刃毒劍——中國民族主義批判》（2006），對於中國極端的反美、反日與反台獨提出批判。在該書封底的「作者題記」，劉曉波甚至這麼說著：「除非面對外族入侵帶來的主權領土的危機，否則的話，我從不認爲『愛國主義』是個崇高的字眼。恰恰相反，在和平時期，聚集在愛國主義大旗下的，不是卑鄙的政客，就是顛三倒四的瘋子。」

傾向把話說一半，因爲在其巨獸理論中，有限的人永遠不可能理解巨獸全貌。而當人們不可能認識眞正完整的善，卻自視全然已知時，人世間的荒誕與不公主要正源自於此。

只有放棄自以爲是的全稱思考，一個人才有可能眞正明白人的認知有限，以及其他的人都是自己的同類。

韋依在1938年寫給貝爾（C. Bell）的信裡曾這麼說，「最美的詩歌，必須能夠眞實表達那些不能寫詩的人的生活」（吳雅凌譯，2012，頁329）。而我們應可順著韋依的論述如是說：最美的公共政策論述，也應是能爲不能發聲者發聲。事實上，過去歷史以來，有多少人沒有辦法寫屬於自己的詩歌，有多少人沒有辦法爲自己的處境發聲？因此當韋依說著，耶穌基督就是古希臘人冀求的黃金比例，其指的就是基督最後走向十字架的過程。耶穌爲世人揹上十字架，面向眾多難以發聲的平民百姓，然後對著無限大的上帝，最後殉道時說：「我的神！爲什麼離棄我？」這整個過程所形成的，即是一個傳承古希臘的史詩悲劇。

然而當前的新自由主義，對於不能發聲者的發聲問題並不以爲意。他們秉持新自由主義的市場信念，只重視前面20%有購買力人們的需求即可。至於其他80%絕大部分的一般百姓，是可以忽略的，更不要說那底層的20%人口。因此在市場上，這群底層人民根本無從發聲，也由於他們大都沒有機會受到應有教育，因此不能說、不敢說、甚至不知該如何說，以致無法書寫文字訴說自己命運。

韋依不僅表達新約是古希臘文明的傳承，甚至還直指舊約與新約的矛盾。在與朋友的書信中，韋依竟如此寫著：「我怎麼也無法理解一個有理智的人，怎麼可能認爲舊約中的耶和華和新約中的聖父會是同一個人。我認爲基督教的敗壞是由於受到了舊

約和羅馬帝國的影響，而這個影響一直由羅馬教廷沿襲了下來」（王蘇生等譯，2004，頁719）。過境紐約時期，與朋友華爾（J. Wahl）討論宗教歷史她還這麼說，「我認為在創世紀中，一直講到亞伯拉罕的前11章都不過是埃及宗教典籍的改頭換面」（王蘇生等譯，2004，頁870）。而這個談話幾乎提前預告佛洛伊德（S. Freud）晚年著作《摩西與一神教》的結論。因為經過佛洛伊德考證後指出：被視為猶太教的奠基者同時也是以色列的民族英雄摩西（Moses），不是猶太人而是埃及人。[7]

（二）中世紀曇花一現的法國奧克文明

　　韋依在義大利佛羅倫斯寫作〈關於服從與自由的沉思〉中提到，雖然佛羅倫斯讓伽利略傳達力量概念，但是社會力量的概念卻仍未形成。社會組織結構看起來依然是荒謬的，因為歷史上大都是多數人臣服於少數人。韋依進一步省思馬克思主義，認為其從經濟範疇裡找問題癥結，依然無法解釋何以多數人甘願服從少數人而少

---

7. 薩依德的《佛洛伊德與非歐裔》，即是透過佛洛伊德晚年重要著作《摩西與一神教》，拆解了以色列建國賴以建立的神話基礎。在過去，舊約聖經記載裡的摩西，是古代以色列人的民族英雄與領袖。舊約記載著以色列人祖先進入埃及數百年繁榮興旺，後來遭到埃及法老王種種迫害，據載摩西受上帝之命，率領族人逃離埃及來到西奈半島，並創造許多奇蹟。在西奈山上，上帝向摩西頒布十誡及其他律令，摩西藉此啟示設立宗教祭司與審判制度，從此猶太教才有了完備的教義。也因為這樣，薩依德告訴我們今天的以色列必然會抑制佛洛伊德的思想，此一著作內容在以色列已成為禁忌。因為猶太教的創教者居然是一位非猶太人，而且猶太教始於埃及領域；佛洛伊德可說傾盡全力動員猶太人的非歐洲過往，破壞了那些想要將猶太身分置於穩固基礎的任何教條企圖，他破壞了以色列官方長期以來一直要抹除的這塊耶路撒冷周圍土地的複雜土層（易鵬譯，2004，頁58-60)。

數人能夠指揮多數人，人多往往勢弱（Weil, 2001, p. 132-135）。

闡釋奧克文明的兩篇文章〈從一部史詩看一種文明的終結〉與〈奧克文明啓示何在？〉，韋依稱之爲是〈《伊利亞特》，或力量之詩〉的續篇，有意識地從社會力量角度，比較荷馬史詩與奧克語史詩。

文中韋依認爲，歷史上的文藝復興運動是一次虛假的文藝復興，人類當下的困境實扎根於這虛假的文藝復興。十三世紀的奧克文明才是眞正的文藝復興，只可惜今天僅留羅曼建築遺跡。假設奧克文明沒有被消滅而能經歷到今，那麼誰知道今天的歐洲命運會有多大不同？直至今日，我們每人每天依然在承受這個苦果。對於古希臘羅馬、福音書、羅馬帝國影響下的基督教會、奧克文明以至文藝復興運動，韋依提出全然不同的另類詮釋。

傳統的文藝復興認爲，人們以爲只要背離基督精神，就能回歸古希臘精神，但殊不知它們是在同一地方。韋依認爲，當下人類困境恰恰扎根於現代人文精神對古典精神的誤解，「如果說《伊利亞特》是希臘精神的最早顯示，那麼福音書則是最後一次神奇現身」（Weil, 1957, p. 52）。

古希臘人認識世界的現實，是由力量所主導。力會讓人變成物，即使是活生生的人，因爲力的結構驅使，會早早成了物。這種現實，是人的苦澀，也是人的共同艱難。應對此一苦澀命運：古羅馬人崇拜戰勝者，以成王敗寇觀點書寫屬於戰勝者的歷史，他們輕視外族、敵人、戰敗者、庶民與奴隸，用格鬥取代悲劇；希伯來人則把苦難看成是原罪的標誌，在他們眼中，被征服的敵人是神嫌惡的人，被判定應去贖罪，這使得殘忍被允許乃至被視爲無可避免。

在《伊利亞特》中，沒有人能逃脫命運，但也沒有人，會因爲

屈從強權而讓人看不起。而那些不屈從的人，會受到愛戴，但對他們的愛會很痛苦，因為他們隨時可能會被再摧毀。靈魂的屈辱無須掩飾，既不需要廉價的同情，也不會讓人看不起。悲劇可以觀察出，一個人承受苦難的極限。然而在這悲劇中，我們瞥見一個宗教之外（不是天堂也不是地獄），屬於此岸世界更為深邃與極致的境界。而福音書正是古希臘的真正傳承。對希臘人來說，人生是痛苦與快樂的混合；而傳承到福音書中則是重負與神恩的混合。人被放逐到人世間，既體會著痛苦與重負，但也同樣能感受到快樂與神恩。神恩可以阻止靈魂受到力量強權的影響而墮落，但卻無法阻止這些靈魂受傷。但因為人類昇華的愛承受了悲劇重負，最終就像晨光一樣普照人類全體的苦澀。

　　雖然經歷古羅馬對古希臘與福音書的負面影響，但奧克文明竟然再現了強調價值、喜悅、平等與仁慈的騎士文明。那是一群自由人自願效忠主人。即使面對主教們的指責，認為圖盧茲伯爵與富瓦伯爵縱容清潔派（又稱阿爾比派）異端分子，但他們依舊不為所動地寬容所有教派，而各教派竟也沒有因為存亡壓力而相互指責對方。最令人感動的是，即使圖盧茲伯爵後來喪失了所有土地與財富，自由的亞維農人仍主動前來奉獻一切。但奧克人承受一次又一次的打擊，這些人以前是出於正義與尊嚴而順服，但最終他們還是在恐慌與羞辱中被迫順服。此時韋依感慨地說著：「力量不能摧毀精神價值，在歷史方面，再沒有什麼比這種老生常談更殘酷」；但同時也讚嘆著奧克文明的堅持，「認知力量，就是承認力量幾乎就是世間的絕對君王，同時又帶著厭惡和輕視棄絕它」（吳雅凌譯，2012，頁281、287）。在《扎根》書裡的〈拔根狀態與民族〉中，韋依告訴我們：十三世紀初，法國人征服了盧瓦爾河以南地區（也就是今天法國中南部將近一半的國土，包括里昂、

波爾多、馬賽等），是最酷烈的征服，讓原有多樣文化一夕之間蕩然無存，當地文化被徹底拔根。這裡所提及的，是奧克文明被消滅的傷痛。這種對地中海文明的野蠻征服罄竹難書，是羅馬帝國後續的可怕遺產。

（三）韋依所認知的古羅馬文明

　　韋依是猶太人，不僅不認同舊約，甚至還直覺說出舊約摩西與埃及之間的密切關連，加上其對古羅馬的負面評價，對整個西方文明詮釋是極大的撼動。在第二次世界大戰爆發時刻，韋依閱讀眾多歷史著作並認為，希特勒目前的所作所為與過去古羅馬帝國並無二致。

　　韋依首先駁斥希特勒必將失敗的樂觀想法。由於人們習慣看到種種企求統治世界的失敗，比如查理五世、路易十四與拿破崙等，但她認為，如果我們把歷史的回顧再拉更久遠一點，那我們就會發現，這個企圖至少有一次是成功的，也就是古羅馬帝國在幾個世紀的存在。由此，韋依對自由民族不會消失的天真看法提出警告，在〈對希特勒主義起源的幾點思考〉中，認為希特勒統治下的德國並非特例。

　　韋依發現，現代強權國家普遍都有希冀達到全球統治的願望，並以古羅馬帝國為其景仰學習的榜樣。因此威嚇世界和平的不只是希特勒德國，而是一種讓希特勒意圖可能實現的全球性統治「現代文明狀態」。而這種威嚇將不會隨著對德國取得勝利後就可以解除。韋依以上陳述，某種程度說明了十九世紀大英帝國的曾經作為，並且也準確預測了二次大戰後的美蘇冷戰，以及蘇聯瓦解後，目前由美國所建立的全球霸權秩序。

　　韋依當時認為，世界上唯一實現全球統治成功，並且將這統

韋依：羅馬帝國的和平是荒漠裡的和平。

治維持一段相當長的時間就是羅馬帝國。但羅馬帝國卻是歷史上，能夠找到對人類發展損害最嚴重的政治體制之一，其獨裁與集權帶給被統治民族是災難與長期的衰落。羅馬帝國的和平是荒漠裡的和平，沒有政治自由、文化多樣性，更不要說文學藝術科學的發展。幾個世紀地中海流域的精神貧瘠正是這帝國所帶來的慘烈代價。

在這悲觀的說明中，韋依也提及亮光，而往後的歷史發展也確如她所說。她發現希特勒與古羅馬的差異在，希特勒在成為世界主宰之前就實行帝國統治，這種獨裁統治會阻礙他最後成為世界主宰。因為一個獨裁國家只能鎮壓臣民，卻不能征服許多其他民族。希特勒在自己的國家過早地扼殺自由。韋依強調，是羅馬共和國的公民征服了世界，而非後來失去自由的羅馬帝國臣民。羅馬帝國保存與發展了羅馬共和國的征服成果，但羅馬帝國本身卻戰功寥寥。韋依在戰爭爆發前夕就已推論，占羅馬的擴張力量在其實行帝制之後反而不復存在，因此，我們如果能有效維持不讓希特勒繼續擴張十或十五年，那麼整個危險情勢就能漸漸化險為夷。

這是羅馬帝國的代表性建築羅馬競技場，可怕與殘忍的競技在那時那刻竟然被大眾欣賞著。而韋依對羅馬帝國的全然負面評價，在西洋史的詮釋上是非常獨樹一幟的。

比較讓韋依憂心的是，由於我們對古羅馬仍未有清楚省思，因此重新審視「我們文明基礎」是當務之急。因為古羅馬的模式是，榮譽屬於那些戰勝者，屬於那些能夠征服和統治別人的人，而不是屬於為正義和公共福祉奮鬥的人。或許我們可以仔細回想，當今世界主流的功成名就價值觀，對失敗者與弱者依舊是多麼地現實與殘酷。所以，究竟現在的文明狀態，是古羅馬的影響較多，還是古希臘影響較多？從中，或許我們才能體會何以韋依對未來的擔憂，「人類最終會喪失古希臘精神，我們今天所有最好的東西無不源於古希臘的啟示。」可以說，韋依的以上論述，依舊是當代的現在進行式。

三、新自由主義是資本統治與官僚統治的結合

早在十九世紀時，王公貴族早就與資本家進行全面性的「歷史性妥協」，並在二十世紀成為新的權貴階層，繼續進行對絕大多數中下階級的普遍統治。而在兩次世界大戰結束之後，如此統治模式，繼續成為全球普遍現象。

（一）1980年代資本主義社會的資本統治

　　不過，1960年代是難得罕見地理想高過現實的時代，原本一元的白人男性特權，漸漸讓渡部分權利給其他有色人種、女性等。然而，美國學者杭廷頓在1975年給「三邊委員會」的報告中卻表示，1960年代後的美國雖有更多的平等參與，但已激起社會無法管理的民主波濤，並給政府管理帶來問題（Green, 1993, p. 99-100）。然而從1980年雷根當選美國總統後，其為資產階級服務的新自由主義，又重獲主導角色以至今日。1995年成立的WTO，透過全球廣泛的自由貿易協定簽訂，在進入二十一世紀後，逐漸讓原本民族國家許諾給本國勞工福利的願景一一破滅。

　　西方強權國家倡導的經濟全球化告訴大家，在撤除關稅壁壘與各種貿易障礙後，國際間各種商品可以自由流通，這是讓全球經濟成長的不二法門，每個國家都可從中得到好處同時嘉惠窮人。這種商品與國際資金得以自由進出各國的國際經濟政策，大大降低傳統民族國家的政治人物影響力。於是我們接著看到，在多數自由貿易協定裡，主要都是強調有利於資方的勞動市場自由化。如此，在市場機制運作下，所有勞動者的福利、安全保障漸被取消，許多勞動者面對工作環境惡化，也因為害怕失去工作而默默承受，因為在自由貿易協定的大環境下，有更多的第三世界勞動大軍等著願意接受更低的工資。

另一方面，資本家在此一潮流主導下，其享有的權利遠遠大於其所應盡的義務。於是這30多年來，我們見識到跨國大企業「慢動作政變」傳統民族國家的過程。民族國家流失的權力，正不斷地灌入已經臃腫不堪的大企業及國際金融組織裡。即使是經濟大國德國，在過去20年裡，企業利潤已增加90%，但德國公司稅收入卻反而減少50%。1999年當時德國財政部長拉封丹（O. Lafontaine）曾不顧一切要提高公司稅，但卻遭到大企業聯合威脅要外移。最後結果威脅大獲全勝，拉封丹被迫下台（鄧伯宸譯，2005，頁30）。

　　在這樣全面資本統治大獲全勝的社會趨勢下，全世界貧富差距日益擴大，未來我們將面對社會階層無法流動的「社會死」窘境。在1960年時，當時世界最富有的前五分之一所得，是後面最貧窮五分之一所得的30倍；但到1990年時，差距一下子來到60倍，1999年的統計是80倍，2006年則已經來到90倍。

　　2006年12月，根據聯合國歷來最大規模的全球財富分配調查發現：全球1%最有錢的人掌控世界財富的40%；排名前2%的鉅富，則壟斷全球半數以上的資產。這項由聯合國大學「世界發展經濟學研究所」所進行的研究顯示，金字塔頂端的1%，每人資產至少50萬美元。此外，在2015年1月世界經濟論壇召開前夕，國際組織「樂施會」（Oxfam）發佈更新的貧富懸殊數據：2009年全球1%最有錢的人掌控世界財富的44%；2014年則再進一步來到48%。樂施會據此推估如果情況繼續，那麼2016年全球1%最有錢的人，將掌控世界財富超過50%。

（二）1980年代社會主義社會的官僚統治

　　中國在經歷毛澤東文化大革命之後，鄧小平於1978年上台主

政，告別革命點滴改革。在引進市場經濟、先讓一部分人富起來的做法，讓今日中國成爲「世界工廠」。中國學者李澤厚去政治化的美學思想，正是當代中國整個「告別革命」背後最主要的思想支撐[8]。不過令人遺憾的是，當代中國更關鍵的共產黨一黨專政官僚統治問題，在魏京生、王丹與劉曉波等少數人主張之後，並沒有被眞正面對。

所謂無產階級專政是馬克思主義沒有政治理論的論述根據。如此專政是對政治人性的欠缺認知，同時也是韋依與後來格瓦拉深刻感嘆社會主義國家官僚統治的弊端。事實上，無產階級專政是政治上的可怕玩笑，人們竟然會主觀地相信一個政黨長期執政數十年以上而不會腐化。立基於對政治人性的消極解讀是：權力使人腐化，絕對的權力使人絕對腐化，所以政治人性需要被監督制衡。因此理想的狀況是：要讓任何執政黨強烈感覺到，如果做不好，隨時可能會被在野黨取代。

中國在鄧小平主導下進行四個現代化，但排除了魏京生極力倡導的第五個民主現代化。鄧小平出訪資本主義國家、參訪並盛讚先進工廠技術，某種程度是前面提及史達林參觀美國工廠的翻版。

在換掉胡耀邦、趙紫陽，並經歷江澤民、胡錦濤，以至今天的習近平。中國經濟崛起的後果，不僅有著西方資本統治的貧富

---

8. 李澤厚從《美的歷程》開始，《批判哲學的批判——康德述評》是其核心思想支柱，然後《中國古代思想史論》、《中國近代思想史論》與《中國現代思想史論》，以至他與劉再復的《告別革命——二十世紀中國對談錄》，作者認爲這是至今中國經濟崛起背後的最重要立論。這個影響普遍的論述（劉曉波的聲名鵲起即是建立在對李澤厚思想體系的批判），使得絕大部分的當代中國人，對於去政治民主化的當前黨國威權官僚體制，視爲可被接受的現實存在。

懸殊惡果，更有著因爲不顧環境失衡的生態浩劫。北京大學2014年7月25日發表調查報告指出：中國頂端1%的家庭占有全國三分之一以上的財產；另外，底層25%的家庭卻僅有全國1%的財產。中國30多年來所謂經濟崛起，成爲全世界僅次於美國的第二大世界經濟體，其背後的代價卻是貧富懸殊的社會死再加上環境惡化的「生態死」。中國目前已經取代美國，成爲全世界溫室氣體排放量最大的國家。在中國五百個城市中，只有不到1%的城市達到世界衛生組織的良好空氣標準，而全世界污染最嚴重的十個城市有七個在中國。更令人無法想像的是，中國首都北京在柴靜《穹頂之下》紀錄片的報導下，竟是一個不適人居的城市。

　　2014年11月7日至12日，APEC亞太經合會在北京舉辦。中國政府爲了不讓參與的各國領袖見識到北京幾乎一年到頭的霧霾空氣，於是進行了可能人類有史以來最嚴厲的空氣污染管控。包括車輛限行、數千家企業限產與停產、工地停工與調整放假等非常措施，終於使得會議期間出現久違的藍天。然而會議結束後，一切又重回從前。於是人們將那幾天的北京藍天，稱爲APEC最寶貴的遺產，「APEC藍」同時也立即成爲描述事物稍縱即逝的形容詞。

（三）結合資本與官僚統治的世界貿易組織

　　也許許多人不知，WTO與聯合國沒有任何隸屬關係。就WTO主導的各項貿易談判明顯偏向資方來看，說該組織是維護跨國大企業利益的全球富人俱樂部實不爲過。早在關貿總協在1993年烏拉圭回合談判時，正因爲農產品國際貿易的補貼問題陷入僵局時，該次會議談判代表，竟第一次提出要繼續向前，在物與物的貨品貿易之上，推動人與人之間國際流通的服務業貿易協定。

關貿總協深知，服貿協定的推動會更棘手，因此1995年1月1日正式成立WTO。許多人由此推論WTO正是為了推動服貿協議而成立。[9]

而當中國與俄羅斯在2001年與2012年，分別成為WTO的正式會員國之後，WTO可說結合資本統治與官僚統治於一身，成為比聯合國更有實際決策力與影響力的新自由主義最大本營。WTO的「力量」王國確實早就遠遠超越「階級」意識所能影響的範圍。此刻，不管是再高談如何「全世界無產階級聯合起來」，或者是社會主義國家將當前困境慣性地指向「邪惡美帝」，都會讓人覺得感慨與不知所云。

在「怎麼辦？」的疑惑與思考中，我們可以扭轉當前此一新自由主義市場力量的趨勢嗎？或者情況可以不要再繼續惡化嗎？在卑微人性的現實認知下，古希臘文明可以幫我們回復一些嗎？韋依是悲觀的。但也許透過韋依思想的說明，我們可以扭轉多少算多少。

馬克思在1845年〈關於費爾巴哈提綱〉的第11條提及，「哲學家們只是用不同的方式解釋世界，而問題在於改變世界。」如今，經過近兩百年對資本統治的嘗試改變，得到的卻是官僚統治。曾經追隨格瓦拉在玻利維亞游擊戰，後來甚至出任法國密特朗總統特使的德布雷（R. Debray）在與中國學者趙汀陽進行「兩面之詞」對談中（2014），其提出的「媒介學」主要關心技術發明對人類行

---

9. 歐盟執委會對此則承認，正在推動的「服務業貿易總協定」將成為大企業新一波的獲利最大利器，協定的推動，服務業遊說團體的用力也最深。一位曾任職世貿組織的官員就表示：若非美國兩大跨國公司——美國運通與花旗銀行，所施加的巨大壓力，那麼就不會有服務業貿易總協定的產生與推動（鄧伯宸譯，2005，頁44）。

爲帶來實際影響，其論述似乎從改變世界一端，重新擺向解釋世界的另一端。如何重新提出一種不要是「一種壓迫替代另一種」世界解釋，是當前重大挑戰。

以下，則嘗試從韋依思想的經驗層面與其超驗層面，提出其可能的「超自然眞實」啓示可能。

四、韋依思想在經驗層面上的當代意義

勞動是使我們從幻想到現實的重要途徑，從笛卡兒（R. Descartes）的研究中，得知幾何學就是工人的女兒，通過勞動掌握世界。韋依深感教育就是力量，而且是我們這個時代的主要力量，她希望藉由教育，勞動者也可以獲得知識，將知識據爲己有而非推翻它。基於這樣認知，韋依從短暫打零工到赴任中學教師，她與阿蘭的其他學生期望在未來，可以辦一所社會教育大學。

過去的統治階級是王公貴族，如今則是前者與資本家的聯合。阿蘭曾經將資產者定義爲以說服別人爲生的人，與人而不是與物打交道的人。所以資本家說服與收買學者時常是無往不利，因此總的說來，文字記錄者、神甫或知識分子，到目前爲止幾乎仍是傾向選擇站在統治階級那一邊。新自由主義的文化霸權可以如此鞏固，只是再多了一個例證。

（一）現代分工的笛卡兒失敗

科學究竟爲人類帶來自由平等，還是新的奴役？韋依認爲必須回到現代科學的源頭笛卡兒思想。當古希臘的泰勒斯（Thales）發明幾何學，取代了過去祭司建立的王國，而笛卡兒的「我思故我在」，可說終結中世紀另一經院哲學王國。儘管韋依欣賞笛卡兒的

貢獻，但在她經歷工廠歲月之後，還是有感而發地說「笛卡兒探索的方向錯了」。笛卡兒為了讓思考進一步走遠、抽象化，於是將古希臘幾何學也進一步符號代數化。然而，當思想交付給符號，人的精神，也就是大部分的人就會放棄思考的能力。當思想成為只是符號的操作，就不太可能有真正的思考。於是接下來的發展是學科專業分工，學者專家被發明出來，成為當代文明的主導。

笛卡兒沒有找到方法阻止將想像的範疇變成事物。韋依的工廠經歷證實了她早先學位論文所提及的憂心。學者將生活常識扔到一邊，直觀易明的則盡可能清除，取而代之的是重重抽象符號建構起來的新科學。於是，一道深淵將學者與未受文字教育的人們區隔開來，學者們成功地繼承古代神權統治的祭司。為此韋依將當今文明的畫軸，稱之為「笛卡兒失敗」。這是如何獲得知識的失衡。

或許挽回的方向是，絕大部分人開始恢復真正的思考，韋依後來也長期致力於此，甚至教工人們如何認識古希臘悲劇作家索福克勒斯（Sophocles）的《安提戈涅》。於今看來，公民社會的誕生與成熟，應該就是挽回笛卡兒失敗的希望。學者專家的特權化，是笛卡兒從幾何走向代數的失敗；而公民社會的知識普及化與降低國際分工的在地化，應是未來可以改善的方向。

前面曾提及韋依意識到達成國際協定的重要，否則一個國家取得的社會進步，將很難在世界範圍內維繫下去，當今新自由主義的大行其道，證實了韋依早先的憂慮。新自由主義透過李嘉圖（D. Ricardo）「比較利益」法則（做自己擅長的），將本國貿易與國際貿易本末倒置，作為主張國際貿易的理論依據。而當國內分工進一步走向國際分工，資本主義的資本統治就很容易在傳統民族國家間，透過提升國際競爭力的名義，進一步不盡義務地需索

其所要的權利，讓各國競相破底競爭。

這樣的破底競爭國際分工，進入二十一世紀後，原來單一國家的民主鞏固、生態保護與縮小貧富差距等，如今漸成海市蜃樓。過去即使有定期選舉、民主自由傳統的民族國家，其向公民許諾的生態保護、基本工資保障，都在國際貿易組織主導的自由貿易協定談判下，成為被視為不長進、沒有國際競爭力的落後國家保護主義象徵。

曾經幾度是全世界最大的跨國企業通用電氣，從1986年就開始將公司業務進行全球分工，美國員工被裁一半，生產線移往低工資地區如東歐國家。然在這些低工資國家，工作依舊極不穩定。通用電氣曾將土耳其廠關掉，移往工資更低的匈牙利，但儘管如此，它仍威脅匈牙利，如果匈牙利又開始要求這要求那，則他們準備移往印度。因為只要當政府想對工廠設限或該國工人想要更多工資或更好的勞動條件時，工廠就可隨時遷走。從2001年中國加入 WTO 後，由於數億中國勞工加入全球勞力市場，因此在這破底競爭過程中，中國勞工正在界定，什麼是真正最低工資，也就是全世界的工資到底可以低到多低。

今天國際分工下的血汗工廠，除了低工資外，對人性最大的傷害是，勞工被計時地、並成天像機器般，做著同樣一個動作。人變成了機器、成了物。德語系思想家黑格爾很早就預示到，資本社會的分工，會造成整體史詩風格的危害（Lukács, 1950, p. 155）。一個理想人性化的社會應是，每個人都能完整地獨自完成其所想要做的事物、志業。每個人即使最枝微末節的細節動作，也都能聯繫到社會整體意義，這是從古希臘文明以降，珍貴的人性化史詩美學。而今新自由主義倡行的國際分工，讓這原本已經相當非人性化的社會，實際上更成奴役化般的社會。

（二）韋依的實際勞動經歷

　　早在學生時代，韋依即認爲既是體力勞動又是勞心思想者，才是最完美均衡與擁有眞實情感的人。高師畢業後，在從事教育工作與實際介入工會活動之時，她意識到自己並非屬於雙手勞動的人，總覺遺憾與不足。在實際經歷教師工作與多年渴望工廠勞動之後，韋依終於在1934年付諸行動。她曾與奧諾拉特（H. Honnorat）說：如果自己不這麼做，就沒有資格在那個時代說話。韋依覺察面對現實問題，理論思考已經陷入困境；已有相當時日，她認爲只有實際進入工廠勞動，才能得到眞正的解答。

　　對於體力勞動，韋依經歷了兩個不同階段。第一個是非人性化，累得連腦子都不轉圈的現代工廠勞動，分別是1934年12月起在阿爾斯通公司當沖壓工、1935年4月起在卡納和弗日工廠的高速運轉生產線工，以及1935年6月起在雷諾汽車的車間銑床工。那個總也擺脫不了的思考習慣，到後來終於擺脫了一個抽象世界。韋依認爲工人的眞正解放只能從勞動本身出發，因此對現代機器除了效率之外，是否符合勞動者的人性要求才是至關重要。但令她難過的是，工廠勞動要求的是精神眞空，要大家變成沒有思維的機器人。她知道工廠是多數受壓迫者眞正生活的地方，如何使之更有尊嚴、不須逆來順受，是重要關鍵。可是這一段時間的工廠歲月，不僅讓她烙下無法忘懷的奴隸記憶，同時更加強她政治上的悲觀。韋依認爲，只要無法改變工人的從屬地位，生產過程依舊建立在被動的服從基礎上，那麼所謂的工人革命，反而會因爲管理者從分散轉爲集中，不平等與非人性會變得更爲嚴厲。事實上，傷害工人們最大的，莫過於別人決定著自己的命運。「每當我想到布爾什維克的那些偉人領袖們，總在宣稱要創立一個自由的工人階級，可是他們中卻沒有人在工廠曾經做過工時，我就

覺得他們的政治理論就是一個凶多吉少的玩笑」（王蘇生等譯，2004，頁456）。

第二階段則是1941年9月到10月，在離馬賽不遠的葡萄園擔任農場女工。透過奧諾拉特認識貝蘭神父再認識梯篷，從而得到了這份收成葡萄的農場工人工作。韋依曾對梯篷這樣說：「對我來說，知識文化並不賦予一種特權。相反，它構成了一種令人卻步的特權，這是一個要承擔許多沉重責任的特權。」為此，韋依希望在一段時間裡用行動證明這一切，去承擔那些從來不享有這種特權的人，一生都在承擔的壓力。這種沒有知識特權的工作壓力，正是芸芸眾生普遍的生活經歷。

這時期韋依的身體狀況，農場勞動對她已是負荷過度。但她依舊想著與農場工人同甘共苦，將勞累轉為淨化，甚至從中體會那獨特的生之愉悅。「我猜想我也許會因為身體的勞累而喪失才智。但我相信體力勞動是一種淨化，是對痛苦和屈辱的淨化。我們能在勞動中發現那種發自內心同時又能滋養我們內心的歡樂。這種歡樂是你在別處找不到的。」而後，即使同伴們看著韋依摘著葡萄後因為體力不支倒在地上，但她還是完成了每天工作八小時，且四個星期皆如此的工作，並且得到雇主的賞識，說她夠格嫁給農民。這是一個農民對城裡姑娘所能給的最高讚賞，韋依如是說。

在後期作品裡，韋依對體力勞動評價甚高，在〈內心愛上帝的幾種形式〉有如下文字：「體力勞動構成了同世界之美的一種特殊接觸，在最好的情況下，這樣全面充分的接觸在別處無可替代」（Weil, 2009, p. 108）。另外，在《扎根》最後說：「於是，所有其他的人類活動：發號施令、在技術、藝術、科學、哲學領域中的合作等等，都亞於具有靈性意義的體力勞動」（Weil, 2002b, p. 298）。

（三）權利宣言外的義務宣言

在倫敦流亡的戴高樂，成立了許多委員會，其中之一是國家改革委員會正在法國大革命的人權宣言基礎上，準備起草一份新的宣言。由於韋依知曉這份新宣言並沒有根本性的改變，依舊環繞在「權利」上，為此她特別寫下比權利宣言更為重要的義務宣言。

這本未完成的著作《扎根》是韋依有感於法國大革命僅強調權利忽略義務的重要著作。書中韋依將義務置於權利之上，認為義務優先於權利，並且後者應從屬於前者。她認為：一項「義務」即使不為他人所承認，也無損於它的存在意義；但「權利」則不然，如果不被別人承認，則這權利一文不值。而1789年的人們，由於錯把權利當成最主要的價值依據，是今天許多問題的根源之一。

韋依進一步闡述權利的概念是善惡混雜的，因此擁有一項權利，意味著以此為名，其行善或作惡的雙重性；相反地，義務的履行則是純然的善。1943年8月4日在〈自由法國行動〉上刊登的新宣言中，韋依不僅列舉公民權利，同時提出一系列應盡的義務（Weil, 1986, p. 201）。

在〈抵抗的反思〉裡，韋依提議的「最高抵抗委員會」為戴高樂採納，並於1943年5月召開第一次「全國抵抗運動委員會」。不過，法國的「全國抵抗運動委員會」不是韋依原本的完整構想。她擬議的「最高抵抗委員會」是一個國際性組織，起碼是全歐洲的委員會。但戴高樂想著的依然是自己或是法國的權利委員會，他仍然無法真正理解，這是韋依全世界的「義務委員會」。

五、韋依思想在超驗層面上的當代意義

韋依一生經歷兩次世界大戰，她的媽媽曾說，她女兒不到20歲，就預感自己活不久。主要是令她時常痛不欲生的疑似遺傳頭痛病，讓她珍惜有限的生命。她也曾回應母親說道：「你不應該為我患頭痛病而懊惱，因為，沒有這個頭痛病，有許多事情本來我是不會去做的」（王蘇生等譯，2004，頁157）。[10]

韋依說，這世上讓人覺得神祕莫測的還是那些僅僅追求善的人。那真正完整的善是獨立於人的理解之外，有限的個人面對這超越經驗的善，是不可能企及的全然理解。然而擺在眼前的事實卻是，對於這個與知識教育高低無關的善，人們依舊有權接近、僅僅純粹地追求著。而最令人感動或神祕莫測的是，知道善的巨大難以企及，但屬於自己渺小的、必須履行這個善的義務時，許多人依舊是為所應為。

（一）戰地護士培訓計畫

很多人知道韋依一直有奉獻生命的傾向，因此人們對於她從戰爭一開始到生命最後極力奔走的戰地護士培訓計畫，有著很深的誤解。這個計畫讓她從馬賽流亡到紐約，又從紐約輾轉來到倫敦。當美國白宮收到韋依的計畫時，其信的回覆是：一項有關血漿的最新發明，已經改善了在前線對傷員的治療。而在倫敦，當計畫送到戴高樂手上時，戴高樂的評語則是：「噢，她瘋了！」

這一整個計畫在其《倫敦手記》裡有完整的說明。韋依為那些在戰場上受傷痛苦的生命感同身受，認為對他們的快速搶救是很重要的事情。如果他們能夠得到及時的救治，哪怕是很初級的救治，他們的生命或許就得以延續。至於那些傷勢極為嚴重，已經奄奄一息無法救治的傷員，把他們丟棄在戰場上也是不能忍受的。因此，韋依的計畫是培訓一些不怕犧牲，肯到火線上救治和搶救

這些傷員的護士。而這計畫若能實現，韋依一定以身作則參加，同時明白這些參與的護士也大多會九死一生。雖然招募到這樣勇敢與溫柔兼備的女性並不容易，但韋依有信心可以找得到。

事實上，這個不被理解的計畫並不是韋依因為憐憫而想瘋了頭，而是在理想與現實上，對戰爭的一種積極意志回應。

在理想上這是想像力下的產物，後來在閱讀到〈薄伽梵歌〉時，她再次確認這個計畫的重要性。〈薄伽梵歌〉是印度史詩《摩訶婆羅多》中的詩篇，是武將阿周與天神黑天，關於繼續戰鬥與否的著名對話。阿周以憐憫之心準備停戰，但黑天卻認為，他應履行職責繼續前進。韋依在面對無可避免的戰爭之後就主張迎戰，她引述黑天告訴阿周的話：「用某種方法作戰，並不會影響到，人依然是純樸的。」而這個戰地護士培訓即是，使用某種方式作戰，人依然可以是純樸的。

另外在現實上，韋依也提醒人們，道德因素在今日戰爭中有著何等重要的作用。希特勒懂得組織他的黨衛軍與空降傘兵隊，這些培訓就是挑選一些準備冒險，甚至不惜犧牲生命的人去完成一些特殊使命。在《倫敦手記》裡她認為：我們的敵人靠著偶像崇拜式的信仰走到我們的前面了，我們的勝利也需要同樣的激勵，但卻要更加的真實與純粹（Weil, 1986, p. 23）。韋依認為，我們不能照搬希特勒那一套（我們知道，日本在二戰後期的神風特攻隊也是如此），應該有自己相應的培訓。我們需要一種勇氣，不是傷害人的勇氣，而是在危難的時刻，伸出援手救助那些生命垂危之人

---

10. 韋依的頭痛病，讓人想起在她之後的格瓦拉罹患哮喘病。或許這不同時代的兩個人，都因為隨時意識到生命的有限與隨時終了，使他們獻身世界、讓後人緬懷不已。

的勇氣。戰地護士培訓計畫就是這個保護人的巨大勇氣計畫。

然她的計畫始終未能被理解與實現，最終病倒送至倫敦近郊醫院。應該說，韋依是聽任自己漸漸不吃食物的，在她看來，節省自己的那份口糧是她在生命最後能參與抵抗的僅剩行動。彌留之際仍不斷表示，她要分擔法國人的苦難，不能吃東西。

（二）韋依在宗教上的超驗經歷

主要是經歷勞動的真實體會與過往對世界憧憬的幻滅，一次又一次地將她從有限的經驗世界拉向超驗的宗教領域。對韋依來說，或許最大的失望在於她意識到受壓迫者的群體本性，其中的人性卑微使她的同情心一再落空。

韋依雖是猶太人，然其成長過程卻一直處在「不可知論」的氛圍中。但在她生命晚期1942年，寫給貝蘭神父的書信〈精神自傳〉裡，卻詳細描述其與天主教的三次重要接觸。在這三次朝向宗教的過程中，讓我們得知這位原來的不可知論者，何以在1938年後會說，她感受到基督的存在。

第一次接觸是她在工廠勞動之後，1935年隨同父母來到葡萄牙，然後一人獨行到一個小村落。「在這個和我的身體狀況一樣悲慘的葡萄牙村莊，無論夜晚還是白天我都是獨自一人……漁婦繞著漁船排成長隊，手裡拿著蠟燭，唱著古老的讚歌，聲音裡卻透出一種令人心碎的悲哀……在那兒，我突然間確信：基督教尤其應該是奴隸們的宗教，他們無法抵抗它，而我卻不屬於他們」（Weil, 2009, p. 26）。然當時韋依還覺不屬於他們，但經歷奴隸般的工廠勞動後，韋依顯然已經有所領會。

第二次接觸則是1937年途經義大利那不勒斯。「當我獨自待在聖·瑪麗亞·德利·安琪兒（Santa Maria degli Angeli）那座七世

紀羅曼風格的小教堂時，我感到一種無與倫比的純淨。聖弗朗索瓦（Saint Francis）曾在這裡祈禱。我感到一種強大的力量，生平第一次我跪了下來」（Weil, 2009, p. 26）。第三次接觸則是1938年。那年11月當她頭痛病發作時，她背誦著赫伯特（G. Herbert）的〈愛〉。原本以為自己是在背誦一首美麗的詩，但韋依不自覺地發現那也是一種祈禱。韋依很明確地表示，當時感覺基督就在她身邊，那是比人的存在更為具體確定、真實的存在。韋依一開始難以置信這樣的事實，「我一直堅持認為，上帝的存在無法驗證，從來沒想到自己會有這樣的體驗……我從未讀過神祕主義的書……是上帝的慈悲阻止我去讀那些書，如此更能證明，這次同祂的不期而遇絕不是我編造的故事」（Weil, 2009, p. 27）。

　　1941年9月，韋依毋庸置疑已是基督信仰者，進行了生平的第一次福音書祈禱，以古希臘原文背誦〈主禱文〉（〈馬太福音〉第六章的第9-13或〈路加福音〉第11章的第2-4）。「有的時候我剛剛開始閱讀，就感覺思想似乎從肉體中分離，來到外部空間中，沒有欲求、意識，只感到一個新的空間展開了。好像無限的認知空間又讓位給第二或第三層次的無限感知力量……還有的時候，當我念誦經文時，基督就會現身，而且比第一次他在我面前出現時更加真實、動人與清晰」（Weil, 2009, p. 29）。那主禱文的內容中，有來世彼岸的「願上帝的天國降臨」，而緊接在後的是現世此岸的「願上帝的旨意如像在天堂般在塵世得以實現」。而當韋依背誦這內容時，這天國與塵世的均衡移動，正是她一生思想的真實寫照。

　　原本韋依並沒有要將自己的神祕體驗對他人訴說，是在布思蓋（J. Bousquet）的信件詢問下首度透露；然後隔了兩天後，在寫給貝蘭的精神自傳書信裡完整陳述。

（三）如何從人類困境走向神性完美

在那危機與戰亂年代，韋依始終關注的是審視我們文明的各種基礎。在她看來，幾乎每個古代文明都有其各自的屬靈啟示，雖然說法不一，但卻都指向某種超自然的真實。而整個古希臘文明的超自然真實核心，即是在感知人類困境後，希望搭建走向神性完美的橋梁。而在福音書裡，則是確認現實力量王國之後，透過祈禱、救贖，甚至如耶穌走向十字架的過程裡，將有限經驗指向無限超驗。

韋依指出，柏拉圖那麼多的對話都沒有得到確定的結論，而僅僅得出一些矛盾的看法；而康德哲學總括來說是「不可知論」，指出了許多無法消除的矛盾，並且也並呈了這些矛盾。為此韋依認為，矛盾之無可避免，正是超驗存在的證據之一。而關於馬克思思想的忽略超驗，正是其關鍵侷限。韋依認為，馬克思努力避開某種謬誤，卻陷入另一種謬誤之中，這是所有拒斥超驗的人無可避免的困境，因此，認識超驗的存在，是一個人領會善的重要基礎，這是延續古希臘文明對於人類認知全貌困境的自省。以今天我們面臨的新自由主義，其強大且自滿的市場信心，即使如今已經造成諸多問題，但仍就未改其自視萬物尺度，而其實已陷入無知境地的人類認知困境。

我們需要更多的包容與勇氣來應對當今現實，正如古希臘、福音書至奧克文明給我們的超驗啟示一樣。事實上，市場上的強者從來就不是絕對強大，而那被忽視的弱者也從來不是絕對永遠地弱小；遺憾的是，無論是上述的強者或弱者在大部分的時間裡都不知道這一點，只有人們在面臨生命有限之際，終究才會恍然大悟這一切。或許，命運將力量賦予一些少數權貴，但自視這樣力量為永恆與理所當然，最終在生命結束時，也許才能知曉富貴

如浮雲且過眼如雲煙。而是否，我們可以在生命終點之前，能夠盡早地體悟，強者或弱者各自的生命內涵意義。本章認為這應是韋依念茲在茲的古希臘史詩精神，在當代積極意義之所在。

　　每個人最終一定會走向彼岸，並且理解此岸力量的終究有限。從而，人們心中油然而生對同類以至各種生命的彼此敬重，並付諸實際行動。這也許是人類感受困境之餘，能夠走向神性完美的可能之路。韋依一生正是這可能之路的具體而微。

六、超自然真實的平衡之路

　　《重負與神恩》編輯梯篷，在序言中有一段話是這麼形容韋依：「她對民眾的愛，對一切壓迫的憎恨，都不足以把她歸為左派；她對進步的否定和對傳統的崇拜，同樣不能把她歸為右派」（Weil, 2002a, p. xvii）。如果說，韋依給人的一般印象是她對貧苦的農民與勞工大眾表達最大的關懷，那應也是充分證實，我們這個世界至今對眾多弱勢者大多仍是漠不關心，甚至反而常在責難受難者。在她從事政治社會活動時，平衡一向是她行為的基準：「若已知社會在何處失衡，那麼就應該盡己所能，在天秤輕的一端，放上自己的砝碼，以尋求社會的平衡。雖然這砝碼是惡，但是將它用於這方面，人們也許不會玷污自己。然而，應當對平衡有所設想，隨時準備著像正義——戰勝者營壘的潛逃者——那樣，改變自己的位置」（顧嘉琛等譯，1998，頁10）。

　　於是我們會發現她許多看來奇特，如今終於能夠理解的觀點。她在捍衛工人的權利時，同時也強調著，老闆的某些權利也不應該被剝奪。另外，即使是第二次大戰剛爆發，法國即將被德國佔領，韋依也是可憐那些入侵法國的德國士兵是盲從的炮灰。在餐

桌上對著父親說，如果他將降落家裡的德國傘兵送至警察局，她無法與父親繼續共進晚餐。韋依眞的不吃了，直到父親允諾不這麼做，她才願繼續吃飯。

以韋依平衡觀反思當代新自由主義，則金字塔頂端1%少數權貴的基本權益，也應全力捍衛。那1%少數權貴，由於政治人性使然，失去應有的監督制衡後，實際運作上會使得99%多數大眾權益受損。我們所應致力的是，思考建立比較完善的制衡體制，讓這失衡的貧富懸殊、資源分配不均狀態，可以得到朝向平衡的改善。不過，那1%少數權貴的基本生活必需權益，也應全力捍衛。馬克思主義主張的無產階級專政，要完全取消那1%的基本權益是越過基本底線的。那1%權貴，對社會也有一定的貢獻。我們理應做的是，讓這1%享受一定的權利之外，也要盡他們應盡的義務。然而眼前的事實卻是，新自由主義讓這金字塔頂端1%少數權貴，擁有權力失衡的狀態愈加嚴重。

要在體制內改變此一失衡狀態，大多數人都認爲不可能。或許，在這樣接近絕望的感受下，我們可以理解何以會出現無產階級專政的矯枉過正。

在〈《伊利亞特》，或力量之詩〉文字最後，韋依寫著「不相信逃避命運、不崇拜力量、不仇恨敵人，以及不輕視不幸的人」是爲古希臘的史詩精神。在不仇恨敵人與不輕視不幸的人之間，是一個人應對世界的處世平衡；而在直面命運之時，對現實力量世界的不卑不亢，更是需要超自然勇氣。從古希臘、福音書以至奧克文明，韋依看到人們可貴的超自然眞實抗衡。韋依思想在面對當今新自由主義的當代意義，作者嘗試將之轉化成以下文字：

不敵視少數權貴、不輕視那些被市場忽略的芸芸眾生；在

應對倡導提升國際競爭力文化霸權之前，我們雖然知道市場力量的無比強大，但我們卻有更堅實的勇氣，堅決不去順服這個市場的力量王國。能夠超越人世間的力量王國是艱困的，但就在這困境克服過程中，也許我們才能趨向這接近完美的超自然之愛。

不過，當代文明的人性面貌，在 WTO 主導的資本統治與官僚統治雙重夾擊下，活生生的人也幾乎全面地被當成可計算之物。在提升國民生產毛額、國際競爭力等「量」的大旗下，人與人之間的平等、仁慈與寬容等屬於「質」的生活內容被棄之如敝屣，而且一日甚過一日。長此以往，正如韋依所擔憂的，最終我們都將會失去古希臘史詩精神的最寶貴遺產。

在兩次世界大戰的最黑暗時代裡，韋依從自己的勞動到義務宣言，以及戰地培訓計畫到宗教的超驗經歷，向我們揭示了古希臘史詩精神的超自然意志對抗。如今面對新自由主義的市場力量王國，雖知超越現實是艱困的，但就在這執意穿越人類困境抵達神性完美的信念過程中，或許我們多少才能體會，那受苦難靈魂的尊嚴以及其生命體會的厚度。在面對真實世界如此眾多的不公不義之時，仍然能夠穩步地走向超自然真實的平衡之路。

第二次大戰結束後，當有人告訴韋依的老師阿蘭說，他的學生已經過世。阿蘭無法相信地說：「這不是真的，她會回來的，是嗎」（顧嘉琛等譯，1997，頁445）？或許，我們無法體驗韋依曾描述的，基督曾降臨她身邊一樣，期待韋依來到我們身邊；但一定會有許多人同意，經歷過韋依思想的人，會隨時眷戀著她與她的思想。

參考書目

王蘇生等譯（2004）。《西蒙娜‧韋依》。上海：上海人民。

余東譯（2014）。《西蒙娜‧薇依評傳》。桂林：漓江。

李展開譯（1989）。《摩西與一神教》。北京：三聯。

李澤厚（1996a）。《批判哲學的批判——康德述評》。台北：三民。

李澤厚（1996b）。《中國古代思想史論》。台北：三民。

李澤厚（1996c）。《中國近代思想史論》。台北：三民。

李澤厚（1996d）。《中國現代思想史論》。台北：三民。

李澤厚、劉再復（1999）。《告別革命——二十世紀中國對談錄》。台北：
麥田。

李澤厚（2007）。《美的歷程》。台北：三民。

易鵬譯（2004）。《佛洛伊德與非歐裔》。台北：行人。

吳雅凌譯（2012）。《柏拉圖對話中的神》。北京：華夏。

楊翠屏譯（1981）。《西蒙‧波娃回憶錄》。台北：志文。

孫曉春譯（2004）。《天國在你心中》。長春：吉林人民。

徐衛翔譯（2003）。《扎根——人類責任宣言緒論》。北京：三聯。

黃寶生譯（1999）。《摩訶婆羅多——毗濕摩篇》。南京：譯林。

黃毓秀等譯（1984）。《希臘悲劇》。台北：書林。

楊依陵譯（2018）。《壓迫與自由》。台北：台灣商務。

趙汀陽、德布雷（2014）。《兩面之詞：關於革命問題的通信》。北京：中
信。

鄧伯宸譯（2005）。《綠色全球宣言——讓經濟回到升斗小民手上》。台北：
立緒。

劉曉波（2006）。《單刀毒劍——中國民族主義批判》。台北：博大。

顧嘉琛等譯（1997）。《信仰與重負——西蒙娜‧韋伊傳》。北京：北京大
學。

顧嘉琛等譯（1998）。《重負與神恩》。香港：漢語基督教文化研究所。

Beauvoir, S.(1974). *Memoirs of a Dutiful Daughter.* (J. Kirkup, Trans.). New York, NY: Harper & Row.

Green, P. (1993). *Democracy: Key Concepts in Critical Theory.* Atlantic

Highlands, NJ: Humanities Press.

Lukács, G. (1950). *Studies in European Realism: A Sociological Survey of the Writings of Balzac, Stendhal, Zola, Tolstoy, Gorki and Others.* (E. Bone, Trans.). London, UK: The Merlin Press.

Petrement, S. (1988). *Simone Weil: A Life.* (R. Rosenthal, Trans.). New York, NY: Schocken Books.

Weil, S. (1957). *Intimations of Christianity Among the Ancient Greek.* New York, NY: Routledge.

Weil, S. (1986). *Simone Weil: An Anthology.* (S. Miles, Eds.). New York, NY: Grove Press.

Weil, S. (2001). *Oppression and Liberty.* (A. Wills & J. Petrie, Trans.). New York, NY: Routledge Classics.

Weil, S. (2002a). *Gravity and Grace.* (E. Crawford and M. von der Ruhr, Trans.). New York, NY: Routledge Classics.

Weil, S. (2002b). *The Need for Roots.* (A. Wills, Trans.). New York, NY: Routledge Classics.

Weil, S. (2003). *Simone Weil on Colonialism: An Ethic of the Others.* (J. Little, Trans.). New York, NY: Rowman & Littlefield Publishers, INC.

Weil, S. (2004). *The Notebooks of Simone Weil. 2 Vols.* (A. Wills, Trans.). New York, NY: Routledge.

Weil, S. (2009). *Waiting for God.* (F. Craufurd, Trans.). New York, NY: Harper Perennial Modern Classics.

第九章
真善美的人文主義者薩依德

阿蘭布拉宮中的軒尼洛尼菲庭園。從位處高處水聲潺潺的軒
尼洛尼菲庭園往下望去，視線上有中間的城門，以及遠處山
腳下依舊充滿阿拉伯風情的摩爾人阿爾拜辛區。薩依德曾表
示：「我們每個大學裡的幾乎每一項中世紀研究計畫都照例
忽略了中世紀文化的高峰之一，也就是1492年之前的穆斯林
安達魯西亞」（Said, 2004a, p.54）。[1]

1. 摩爾人駐足西班牙達七百多年裡，對各種宗教、文化採取共存共
   榮的平衡。但1492年阿蘭布拉宮一被攻陷，西班牙女王伊莎貝
   拉（Isabella）馬上搬起石頭砸自己的腳，一舉結束這多元生態，
   正式獨尊羅馬天主教，她要創造一個純基督教文明的王國，開啟
   了宗教迫害的序幕。先是猶太教再來穆斯林，許多傑出的醫生、
   學者與專業人士等，為了顧全性命不得不離去。自此西班牙剩
   下中世紀的百年黑暗，等到漸漸清醒時，已經是文藝復興的時代
   了。如今穆斯林對宗教的執著反成眾人刻板印象，其實1492年
   之前的安達魯西亞阿蘭布拉宮這裡是充滿多元包容的景象。

一、源自奧爾巴赫問題

　　薩依德在《人文主義與民主批評》書中第四章，收錄他爲奧爾巴赫（E. Auerbach）《摹仿論：西方文學中的真實再現》英譯本50周年紀念版所寫的導論，並稱該書可以理解爲「最高層次上的人文主義實踐之範例」。薩依德記述奧爾巴赫在該書接近結尾的總結，並稱這份自我理解的證詞感人至深：

　　「他（奧爾巴赫）之所以有信心聽從這些沒有特定意圖的動機，首先是他意識到沒有一個人可能把整個現代生活綜合起來，其次，有一種永恆的「緣自生活本身的生活秩序及其解釋；它們自行從個人中生發出來，它們是在他們的思想、他們的意識中，並且，以一種更爲隱蔽的方式，在他們的言語和行爲中，有待於辨別的東西。因爲在我們內心總是進行著一個表達和解釋過程，它的主題就是我們自己」（Said, 2004a, p. 116）。

　　不過，薩依德在爲我們陳述該書在西方文學史上的重要性之際，本章認爲，薩依德的導論最後，留下讓人印象深刻的「奧爾巴赫問題」。這個問題是：如果，一位自我反省的人文主義者，意識到「沒有一個人可能把整個現代生活綜合起來」，恰如本分地給自己劃定權能界線，有別於那盛氣凌人的哈洛·卜倫（Harold Bloom）的唯我獨尊《西方正典》中心主義；但是，當面對真實權力運作的社會體制，不管是西方大學系統裡繼續的東方等區域研究，或是薩依德晚年才明確意識到的全球化新自由主義運作邏輯；如此，個人的經驗有限對比於結構的永續無限；難道，奧爾巴赫從意識流作家的現代性碎片中看到歐洲的衰落，[2] 而我們將會從安德森（P. Anderson）的「新自由主義大獲全勝」[3]（Said, 2004a, p. 126）中看到全世界的衰落。

而薩依德應也意識到奧爾巴赫問題，書末第五章〈作家和知識分子的公共角色〉，以達爾文終其一生對蚯蚓的關注為例，指出蚯蚓雖微不足道但卻實在而重要，嘗試回應此一有限個體對於外在大世界的可能積極作為：「必須要有這樣的設想，儘管一個人不可能做或知道每一件事情，但也必定總是有可能不只洞察近在手頭的鬥爭、緊張或問題的各個因素，使它們能夠得到辯證的闡釋，而且也感覺到其他人也在共同的計畫中有類似的投入和工作」（Said, 2004a, p. 140）。就像沙特（J. Sartre）婉拒1964年諾貝爾文學獎的同時，卻也積極推薦智利作家聶魯達的作品，間接使其1971年獲此殊榮，並開啟世人對拉丁美洲文學與現實政治關連的理解，讓拉丁美洲自此漸漸擺脫孤獨，不再繼續百年孤寂。

回顧薩依德一生[4]，即使生命最後他依然關注著，如何鼓舞

---

2. 喬伊斯（J. Joyce）與伍爾夫等意識流作家，曾努力嘗試從這些碎片中重新創造一個完整的世界。

3. 薩依德在《人文主義與民主批評》中首度關注新自由主義議題。

4. 薩依德把自己在哥倫比亞大學的任教初期，描繪成道林‧格雷時期。在王爾德（O. Wilde）《道林‧格雷的畫像》裡，主人翁道林‧格雷是位美少年，為讓自己保持青春貌美，他出賣靈魂、耽於享樂並自我放縱。1994年接受阿里（T. Ali）的訪談時，薩依德提及這一段從置身事外到覺醒奮鬥的心路歷程。就如道林‧格雷的畫像，薩依德的內心有兩個自己：一個是從事英美文學的人，忙於日常工作與教學，只想當一個普通人；另一個則是無處安身，一直到1967年後重新復活。薩依德發現幾位備受敬重的文化名人，如柏林與尼布爾等人都是狂熱的猶太復國主義者，親以色列甚至為文攻擊阿拉伯人；另一方面，當時雖有反越戰行動，但當薩依德提及中東議題時，卻被冷落一旁。於是道林‧格雷時期至此結束，薩依德在來到美國約15年後，他第一次與阿拉伯人接觸，並在1970年成為巴勒斯坦運動的發言人。1974年阿拉法特（Y. Arafat）在聯合國大會上的發言，也正是由薩依德負責將其發言稿翻譯成英文（Ali, 2006, p. 71-73, 78）。

對話中的薩依德和
巴倫波因。

9.1

大家爲所應爲。薩依德的夫人瑪麗安（M. Said），2007年5月在土
耳其伊斯坦堡舉辦的兩天紀念薩依德研討會上，提到即使在2003
年3月英美聯軍可能入侵伊拉克的緊張氛圍裡，薩依德依然照原定
計畫在開羅與貝魯特演講，她難以想像在那樣可怕的情境下，他
還能演說，終於問他理由，而薩依德也只回答了人文主義，[5] 並
說這是唯一希望之所在（M. Said, 2008, p. x）。

　　在《人文主義與民主批評》第三章〈回到語文學〉裡，薩依德
曾詳述這人文主義的基礎信念是，它只能開始於個人特殊性，而
必須對毫無明確論述就立即跳躍到集體自我進行嚴格批判；同時
在全球化市場經濟統治下，持續去注視那些被排除在多數媒體視
線之外的人們（Said, 2004a, p. 80-82）。最後，在語文學的細讀接
受與抵抗過程中，達到理解人文主義的正道。

　　本章以人文主義爲題，嘗試將薩依德的學識遺產放到一個更
大的哲學背景中。在認識論上，薩依德相信自我認識乃由自我批
評構成，並且認知到學習他者的傳統文化至爲重要。而在倫理學
上，經歷1960、1970年代多元文化洗禮後，薩依德認爲一種更爲
民主開放、解放融合的人文主義是可企及的。另在美學方面，過

去與歐洲中心主義、帝國主義相關的傳統人文主義，其強調經典文本的神聖性，如今已漸失說服力，因爲在這世上，還有其他可學習的文化傳統。薩依德同意阿多諾所言，在美學與非美學之間有一種難以協調的基本特質：語文不僅是被動接受的載體，同時也是充滿活力的對抗呈現，傑出的文學作品最終都會抵抗被完全地理解；而當代音樂也絕不能跟生產它的社會妥協，在緊張與世難諧的互動中，音樂才能面對周遭的暴虐擔當無言的見證。

二、總體總是虛幻的批判觀點

關於批評（criticism）與批判（critique），薩依德並沒有明確區分，甚至時常交換使用，《人文主義與民主批評》的書名使用批評，但內文又不時在關鍵解釋時說著「人文主義就是批判」（Said, 2004a, p. 22）。

在《世界、文本與批評家》序言〈世俗批評〉裡，薩依德對批評有一段清楚的說明，從個人意識、敏銳覺察、產生距離以至達到批評：「一方面，個人思維既表達也覺察自己所在的整個集體、背景、處境。另一方面，正是因爲有這種覺察（一種處世的自我定位，對優勢文化敏銳地回應），個人意識並不理所當然且輕易地成爲文化養大的孩子，而是文化之中的一個歷史性、社會性的作用者。也因爲有這種覺察，本來只有順從與歸屬的地方加上條件和

---

5. 薩依德在《東方主義》序言中，即稱自己是「人文學家」（humanist，與人文主義者的原文相同）。不過在當時，他指的是人文學科是他的專業領域，所以他是人文學家（Said, 1979, p. 9）。而薩依德從人文學家職稱，到充分意識到自己是人文主義者，雖然都是 humanist，但這之中的變化歷程，幾乎是他後半生的寫照。

區別，所以產生距離，這距離我們可以稱之爲批評」（Said, 1991, p. 15）。因此，批評是對自己與他者的一種自我覺察過程。正如爲《人文主義與民主批評》寫序的比爾格雷米（A. Bilgrami）爲薩依德聲言的：除非我們以自我批評來補充自我認識，實際上，除非我們認識到，自我認識乃是由自我批評構成，人文主義才會在我們的視野裡清晰可見。

　　而批判是德語系哲學傳統的辭彙。哲學家康德的批判，並不是對於各種書籍或體系的批判，而是對「獨立經驗之上，追求知識理性能力的一種批判」（Kant, 1929, p. 9）。而薩依德曾自稱是阿多諾唯一忠實的追隨者（單德興譯，2005，頁627），因此，後期的薩依德即時常將批判與批評互用，這與阿多諾是法蘭克福學派的重要成員有關。而該學派的批判理論主要是源自馬克思的批判觀點，他們認爲這個世界不是多數人主導的世界，而是資本的世界，因此，批判則是要在理論上揭露當代社會的祕密，對這個充滿壓迫與不公的社會展開全面批判。至此，薩依德的批判觀點，從康德矛盾體系的純粹理性批判走向馬克思政治經濟學的辯證批判。

　　從批評轉向批判，從原本英美比較文學轉到後來對德語系奧爾巴赫《摹仿論》的極力推薦，我們看到薩依德人文主義的轉變歷程。在對奧爾巴赫《摹仿論》的導論裡，薩依德特別提及湯瑪斯‧曼（T. Mann）的《浮士德博士》。

（一）《浮士德博士》的總體嘗試

　　《浮士德博士》出版於第二次世界大戰之後，並且是曼本人企圖理解這場現代德國災難的文學探索。但由於奧爾巴赫《摹仿論》完成於大戰期間的伊斯坦堡，於是薩依德嘗試在奧爾巴赫《摹仿論》的導論最後，以奧爾巴赫的思路，對照《摹仿論》與《浮士德

博士》的異同：

> 這部小說的組織實際上由三條線索組成。除了雷維庫恩的
> 故事和宅特布隆姆試圖對付它的努力（後者也包括宅特布
> 隆姆自己的故事，他的生活和他作為一個學院派的人文主
> 義者和教師的職業生涯）之外，也經常暗示戰爭的進程，
> 結束於1945年德國最終失敗。那段歷史在《摹仿論》裡沒
> 有涉及，當然也沒有戲劇衝突和人物之類的東西，而它們
> 激發了曼的這部巨大小說。不過，《摹仿論》暗示了德國
> 文學無法面對現代現實的失敗，而奧爾巴赫在他的書裡
> 努力表現歐洲（憑藉風格分析而認識到的歐洲）原本可能
> 經歷的另一段歷史，由此看來，《摹仿論》也是想要從現
> 代性的碎片中打撈感覺和意義的一種嘗試。在土耳其流亡
> 時，奧爾巴赫從這種現代性的碎片中看到了歐洲的衰落，
> 尤其是德國的衰落（Said, 2004a, p. 114-115）。

與《浮士德博士》相比，薩依德認為《摹仿論》意識到「沒有一
個人可能把整個現代生活綜合起來」，於是奧爾巴赫堅決地放棄一
種直線式的敘述風格，也明確拒絕一種嚴格的計畫，沒有體系、
也沒有捷徑。但如此在許多人認為是悲劇性的缺陷，在薩依德看
來，這正是《摹仿論》成功的關鍵所在：「無論哪位作者，從自己
的時代和自己的工作所形成的有限觀點來做，都只能如此。除非
這位偉大的學者能夠始終用學識、奉獻與道德目的來支撐他的視
野，否則不可能有更科學的方法與更少主觀的目光」（Said, 2004a,
p. 117）。

薩依德在論述最後留了但書，「除非這位偉大的學者能夠始終

用學識、奉獻與道德目的來支撐他的視野」，但他並沒有言明曼的《浮士德博士》有否達到這樣的但書。不過，有意味的是奧爾巴赫在《摹仿論》的最終章〈棕色長筒襪〉裡，提及曼的其他兩部長篇小說《布登勃洛克一家》與《魔山》，並與伍爾夫、普魯斯特（M. Proust）與喬伊斯等現代作家做對比。奧爾巴赫認為曼主要還是維持自己的基調，也就是始終以講述者、評論者或客觀描述者的口氣與讀者說話，故事情節主要依照時間順序前行至結局。接著奧爾巴赫說著：「可是現在，敘述的重點改變了……他們放棄了在講述人物故事時一定要全面介紹外部事件、要按順序描寫重大外部命運轉折的寫作手法」（吳鱗綬等譯，2014，頁644-645）。

事實上，在《摹仿論》之後出版的《浮士德博士》，寫作模式依舊是時間式的綜觀全覽，而且主題更大，希望找出德國古典音樂與德國發動第二次世界大戰之間的聯繫。而曼是否如薩依德所言「用學識、奉獻與道德目的來支撐他的視野」，曼找到了阿多諾當他的重要顧問。

《浮士德博士》第15章藉由敘述者宅特布隆姆提及「音樂在德國民間享有的敬重猶如文學之於法國」（彭淮棟譯，2015，頁151），更由於巴哈、貝多芬與布拉姆斯（J. Brabms）等號稱德國三B音樂家成就，讓現實政治分崩離析的德國，得以以音樂團結其民族主義。加上叔本華（A. Schopenhauer）、華格納（R. Wagner）與尼采（F. Nietzsche）對音樂的論述與創造，影響曼至為深遠。於是曼將《浮士德博士》主角雷維庫恩設定為尼采，書中雷維庫恩刻意使自己染上梅毒，為求得到超人般成就「十二音列技法」而與魔鬼訂約；然後創作〈啟示錄變相〉清唱劇（該書第34章），對應威瑪共和的起落；收尾階段的第46章〈浮士德博士悲歌〉則是悲歎二戰最終德國的劫難。甚至〈浮士德博士悲歌〉最後，曼並沒有接

受阿多諾「否定辯證法」的建議，依舊堅持在這部無盡悲歌的最終昇華爲超越無望的希望，在合唱消失後獨留一把大提琴，拉出裊裊餘響的高音 g：那將是，對絕望的超越──不是對這部作品的背叛，而是奇蹟，超越信念的奇蹟。聽那結尾請和我一起諦聽：一組樂器、一組樂器相繼退場，作品聲音漸渺漸去之際，獨留一把大提琴的高音 g，「最後的一語，裊裊的餘響，以極弱的延長音徐徐冥然而逝。接著了無一物。寂靜與暗夜。但那縷在寂靜中迴盪，已經不在而靈魂猶自存想諦聽的聲音、沉哀之聲，已不再是哀音，深意已變，化爲暗夜裡一盞燈」（彭淮棟譯，2015，頁 569）。

事實上，對於曼《浮士德博士》這樣的總體嘗試，薩依德延續著阿多諾「否定辯證法」觀點予以保留，並且繼續推崇奧爾巴赫在《摹仿論》中所強調的西方文學的再現，應是「沒有體系、沒有捷徑」的多元人文主義，也就是不可能有任何單一個人、民族或文化可以獨自綜合詮釋龐大總體的現代生活。曼即使努力地尋求阿多諾協助，希望找出二戰德國悲劇與音樂的關聯，此一直線總體的巨大嘗試，依舊讓人覺得說服力極爲薄弱。

（二）任何定見的總體總是虛幻

阿多諾正是在美國洛杉磯與霍克海默（M. Horkheimer）共同寫作《啓蒙的辯證》時，與曼相遇。1943 年當阿多諾將未完成的《新音樂的哲學》第一部分論荀白克以及 1937 年寫就的〈貝多芬晚期風格〉，交給曼詳讀後，開啓了曼在《浮士德博士》中，關於音樂部分高度倚賴阿多諾之始，有論者甚至主張，阿多諾應與曼並列此作的共同作者。

阿多諾是一位罕見精通音樂的哲學家，同時又是精通哲學的音樂家。在其《新音樂的哲學》所呈現的核心主題之一是：眞正承

續貝多芬晚期風格作品精神的，是第二維也納學派的荀白克無調性音樂。

《浮士德博士》書中第八章寫雷維庫恩音樂老師克雷契馬開講貝多芬，其中的〈為什麼貝多芬沒有為他的鋼琴奏鳴曲作品111，寫第三樂章〉，阿多諾認為晚期全聾的貝多芬，正是以這一首第32號鋼琴奏鳴曲的只有兩個樂章，其第二樂章最後的「升C」正式向奏鳴曲式告別，因此他當然不可能繼續寫第三樂章。[6]

強調個人主體性的呈示、發展與再現的奏鳴曲形式，原本是資產階級人文價值的表徵，然而當這樣的社會內在發展，不是走向更多個人自由與個性表現（亦即平等與博愛），而是走向有消滅個人與表現之虞的極權形式時，貝多芬晚年作品便向奏鳴曲式告別，重新回望巴哈對位賦格。阿多諾認為這是貝多芬對他周遭剛興起資產階級世界的疏離與拒斥。在揮別與回望之間，阿多諾認為荀白克所建立的十二音列技法才是走出無盡迴旋的出路，對調性的徹底否定擺脫，才是音樂的最終命運。阿多諾在〈荀白克與進步〉的最後〈對社會的態度〉文字裡，對這樣的新音樂如是說：「它否棄了和諧的謊言，面對正在走向大災大難的現實，這種和諧是不能持續下去的……新音樂自己為此做出了犧牲。它把這個世界的全部黑暗和罪孽都揹在自己身上……它是真正的海上傳信的浮瓶」（曹俊峰譯，2017，頁238-241）。阿多諾同時觀察到：廣大聽眾與新音樂隔絕、避而遠之，殊不知，讓他們無所適從的不和諧，其最深刻的源流，正是來自這些聽眾的真實處境（曹俊峰譯，2017，頁119）。

然而，曼將十二音列技法詮釋為雷維庫恩「浮士德交易」的突破，等同災難的納粹德國是有問題的。事實上，希特勒不僅排斥荀白克的音樂，而且他只是利用華格納與貝多芬的音樂，1942年甚

1955年西柏林為福特萬格勒出版的紀念郵票。

至為了自己生日，要求當時指揮家福特萬格勒（W. Furtwangler）演奏貝多芬第九號交響曲。我們甚至還可以推想，當時到底有多少德國人是真正理解尼采哲學。於是，這龐大總體的「音樂取向」詮釋嘗試，不僅樞密顧問有異見，就連荀白克也要求《浮士德博士》書末補記與澄清。[7]

應該準確說，是力量讓音樂必須服務於它。福特萬格勒選擇留在國內，盡其所能保護樂團與音樂家，其屈身納粹之下並非為虎作倀，而是更為艱難的人道主義實踐。2001年在匈牙利導演斯拉波（I. Szabo）的影片《一個指揮家的抉擇》（*Taking Sides*）中，片尾的紀錄片讓我們看到：當福特萬格勒指揮結束，以右手與台下

---

6. 曼清楚記述這個部分，完全是那天阿多諾在他家中邊彈邊解說，然後由他以文字記錄下來，《浮士德博士》第八章這一段〈為什麼貝多芬沒有為他的鋼琴奏鳴曲作品111，寫第三樂章〉的以文字描述音樂，堪稱經典。1945 年12月底的書信裡，曼向阿多諾表示，他的指揮家好友華特（B. Walter）高度稱讚「從未有如此好的貝多芬論」（Adorno & Mann, 2006, p. 13）。

7. 從1951年開始，這書末加印以下〈作者識〉：「向讀者告知此事，似非多餘：本書第22章所述作曲方法，即而十二音或音列技法，實是當代作曲家兼理論家荀白克的智慧財產，我根據某種想像的脈絡，將之移植於一位出於虛構的音樂家，亦即這部小說的悲劇主角。大致而言，小說中有關音樂理論的部分，頗多細節功在荀白克的《和聲理論》」（彭淮棟譯，2015，頁591）。

納粹軍官握手後，隨即左手轉換手帕給右手，然後右手搓揉的細微動作特寫，終於讓人理解福特萬格勒的內心世界。音樂在面對力量的必須屈服與婉轉曲折，實令人心碎與尊敬。

另外的例子是史特勞斯。1933年在未獲徵詢之下，史特勞斯即被任命擔任國家音樂局總監，其兒媳是猶太人因此長期仍被監視。以此推想，史特勞斯即使曾經聯名譴責曼在1933年關於〈華格納的痛苦與偉大〉的文章，但這聯名是否出自內心所願，實大有疑問。當戰爭使得歌德（J. Goethe）的威瑪故居、慕尼黑國立劇院、甚至是德勒斯登也遭摧毀時，史特勞斯幾近崩潰，之後以悲愴的心情寫下為23件獨奏弦樂器的作品《變容》。

對照福特萬格勒的艱難與史特勞斯的悲愴，然後再反觀曼在《浮士德博士》將音樂與納粹力量聯結，並在最後以大提琴高音 g 反轉希望，化為暗夜裡一盞燈。我們也許可以如薩依德所言，曼已經嘗試努力「用學識、奉獻與道德目的來支撐他的視野」，做了流亡在外可以為之所為的最大可能。但我們也應更能體會何以奧爾巴赫在《摹仿論》最後說道「這些快速的變化使人們產生了更大的迷茫，因為作為一個整體，這些變化的全貌是無法看到的」，以致今天看來奧爾巴赫解說法西斯的源起比起曼的「德國音樂論」更有說服力：

> 人們試圖靠攏某一宗派，用一個萬能方子去解決所有的問題，靠巨大的內部力量促成團體的形成，排斥一切不順從和不適應的人。這種做法的影響如此之大，以至於當法西斯在許多歐洲文化古國擴充蔓延並吸收小宗派勢力時，在很多人那裡幾乎都不需要動用什麼外部力量（吳鱗綬等譯，2014，頁648-649）。

變化的總體全貌是無法看到的，以致於當面對困難時，提出一個自認為可以看清並解決一切問題的「萬能方子」（a single formula），便虛幻地眞實出現。希特勒最爲極端殘酷，透過集中營的眞相，讓人驚駭人性可以走到如此可怕境地。不過，我們也想起在2003年10月巴倫波因記述著薩依德在「西東詩篇管弦樂團」工作坊裡提及的「我們每個人心中都存在著惡魔」（Barenboim & Said, 2004, p. x）。如果曼的總體嘗試，不走向如阿多諾後來在《否定的辯證法》強調的不斷自我否定反省，那麼最終昇華的「暗夜裡一盞燈」，一段時日後，也很有可能成爲另一個萬能方子。

（三）知識分子的永恆臨時家園

在《世界‧文本‧批評家》的序言〈世俗批評〉裡，薩依德是如此結尾的：「從事批評和維持批判的立場是知識分子生命的重大面向」（Said, 1991, p. 30）。換言之，從對周遭世界的歸屬順從到距離覺醒，是知識分子的重要指標。

事實上，在馬克思的重要著作裡，其著作標題通常有著「批判」兩字，例如《黑格爾法哲學批判》、《政治經濟學批判》、《哥達綱領批判》與《神聖家族，或對批判的批判所作的批判》。另外，《反杜林論》、《哲學的貧困》與《德意志意識形態》究其根本則分別是：杜林（E. Duhring）哲學批判、蒲魯東（P. Proudhon）哲學批判與對現代德國哲學以及各式各樣先知所代表的德國社會主義的批判。

而早在馬克思的博士論文《德謨克利特的自然哲學和伊壁鳩魯的自然哲學的差別》裡，他就清楚呈現固定存有與運動流變的古希臘思想之間的差別。在論文裡，馬克思以伊壁鳩魯（Epicurus）「原

子偏離直線運動」論點反駁德謨克利特（Democritus）的機械決定論，打破了命運的束縛，從而企圖從自然的角度闡明個人的自由意志與個體獨立性：盧克萊修（Lucretius）說得對，如果原子不是經常發生偏斜，就不會有原子的衝擊，原子的碰撞，因而世界永遠也不會創造出來（中共中央馬克思恩格斯列寧斯大林著作編譯局譯，1995，頁36）。因此，像雅典學園般的知識家園是不存在的，知識分子的家園是永恆臨時的。

在《新音樂的哲學》裡，阿多諾即以「否定辯證法」陳述無調性音樂否定的否定特質。1966年出版的《否定的辯證法》，不僅是其過去思想的集大成，同時也是馬克思博士論文核心思想的再論述。在這本不分段落的著作裡，我們看到阿多諾反傳統、反體系、反同一性與最終的不斷的否定。阿多諾唯心的思想論述同時也準確說明了唯物的真實世界。在此，阿多諾最終與黑格爾分道揚鑣：不是如黑格爾的「否定的否定就是肯定」，然後走向肯定既存體制；因為阿多諾認為「否定之否定並不會使否定走向它的反面，而是證明這種否定不是充分的否定」，「被否定的東西直到消失之時都是否定的」（張峰譯，1993，頁157）。阿多諾的思想走向徹底的虛無主義，從而幾乎完全否定任何有限個體的行動可能。然而，知識上不斷否定的虛無主義，難道必然導向否定個體行動的任何積極意義可能嗎？我們看到作為阿多諾追隨者的薩依德，其〈作家和知識分子的公共角色〉的知識分子新論裡，雖然再次肯定前者的不斷否定，但卻也嘗試彰顯知識分子擔任公共角色的可能。

以此而論，曼在《浮士德博士》終局裡的「暗夜一盞燈」雖是一隅之見，但應屬曼個人的積極公共角色自許。問題較大的，反而是阿多諾提供的音樂知識，讓曼據以延伸的德國音樂災難論。如果，曼的知識見解變成傳統、體系與鐵板一塊的同一性，而沒

有繼續不斷的否定，那麼自然就會變成被批判的對象。事實上，法西斯源自義大利墨索里尼（B. Mussolini），西班牙的佛朗哥政權也是，但不會有人將這兩個國家的走向與其國家的音樂聯結。

因此在認識論上，自認已經掌握整體、全體，或是如指揮家般統管樂團全局，其實在當今世界已經不可能。而如果依舊執意此一通觀全局的詮釋，即使像曼《浮士德博士》這樣費盡心思地以雷維庫恩為原型解釋德國的第二次災難，也僅僅只是一隅之見。要將一隅當成總體，當然虛幻。

但就像前述提及的「奧爾巴赫問題」一樣，總不能就此無所作為。明知有限但仍實在地提出主張、著述，然後自省地知道這實在的有限，繼續像蚯蚓般有限地努力。誠如薩依德在〈作家與知識分子的公共角色〉的最後臨時家園話語：

> 因此我的結論是這麼樣的一個想法：那就是，知識分子的臨時家園是一種緊迫的、抵抗的、毫不妥協的藝術領域（如阿多諾所言）──唉！他既不能由此退卻，也不能從中尋求解決方案。但是，只有在那種動盪不安的流亡地帶，一個人才能第一次真正領悟那無法把握的東西之艱難，然後，無論如何，繼續努力（Said, 2004a, p. 144）。

三、後殖民論述的民主意涵

當1967年第三次中東戰爭結束，原本聯合國劃給巴勒斯坦的許多土地，被以色列軍事佔領後，1969年以色列總理梅爾夫人（G. Meir）竟說：看來沒有巴勒斯坦人這回事⋯⋯他們並不存在。於是，薩依德自許接下這個荒謬的挑戰，決定一分鐘一分鐘、一個

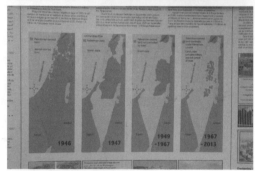

2019年，巴勒斯坦人帶著國旗，在阿姆斯特丹水壩廣場進行抗議（上圖），抗議現場散發傳單（中圖）。下圖為巴勒斯坦人逐漸被剝奪土地的過程（謝謝劉峻豪同學提供從巴基斯坦當地拍攝的照片）。

字一個字、一英吋一英吋去解救，清楚地說出巴勒斯坦人被剝奪的歷史（Said, 2003, p. ix）。

這個荒謬其實也正照見了政治人性最黑暗的部分。一個經歷流離失所、可怕集中營苦難的猶太民族，其所建立的以色列，今天卻正步步蠶食聯合國分治計畫中畫給巴勒斯坦人居住的僅剩約旦河西岸與加薩走廊。希伯來大學的第一任校長馬格內斯（J. Magnes）很早就意識到，如果把以色列侵略性的屯墾政策一意孤行下去而罔顧阿拉伯人的感受，雙方的衝突勢所難免，於是他說：「讓我們用更道德和更深刻的方式思考阿拉伯人問題。讓我們以他們的存在而不是他們的不存在思考他們」（Said, 2003, p. 7-8）。另外，在1979年薩依德所寫的《巴勒斯坦問題》著作裡，他就以巴勒斯坦人身分第一次公開表示：我們巴勒斯坦人必須與以色列的猶太人生活在一起、和平共存。因此薩依德並不能認同像伊拉克、葉門等阿拉伯國家，在1948年將國內的猶太人趕回以色列；當1956年埃及同樣將國內的猶太人趕走時，薩依德感歎說「沒有什麼比這更愚蠢又缺乏遠見了」（單德興譯，2005，頁304）。

在巴勒斯坦人切身痛苦的反思之上，薩依德1978年出版《東方主義》，深刻檢視西方世界在帝國殖民過程中的作為與其文化霸權。而在續篇《文化與帝國主義》裡，薩依德發現不管是社會主義或自由主義傳統，西方殖民者在面對被殖民者的態度上幾乎是如出一轍。正如《東方主義》一開始，他引用馬克思在〈路易波拿巴之霧月十八〉的話語：他們不能代表自己，他們必須被別人再現與詮釋。[8]

---

8. 馬克思在這裡是感嘆法國農民無法清楚自己的階級利益，錯誤地支持路易‧拿破崙，使之當選法國第二共和總統結果的評語。

（一）社會主義傳統的盡頭與出路

許多人將法農的《全世界受苦的人》一書比喻為，反殖民主義的馬克思〈共產黨宣言〉。然而在薩依德《東方主義》的論述裡，馬克思關於被殖民世界的觀點與執行帝國政策行政官員的看法並無太大差別。薩依德困惑的話語是：「在東方主義的觀點籠罩之下，人類的同情心消失到哪裡去了？」然後薩依德自問自答地回應：「這個學術檢查體系，趕走馬克思的同情心，換上對亞洲人的新定義：這些人並未受苦，他們是東方人，要用不同的方式對待」（Said, 1979, p. 155）。

發表於1853年關於分析英國如何統治印度的文章，馬克思明確地表達在此之後社會主義傳統的關鍵訊息。[9]為此，即使1917年後的蘇聯或是西歐透過選舉產生的左派政府，對於被殖民世界的苦難並無法真正推己及人感同身受，而這造成他們在未來勞動力市場更加全球化的新自由主義世界裡進退失據。1991年的蘇聯崩解其實早有脈絡可循。

此外，薩依德在〈論惹內〉的文章裡特別推崇惹內在1970與1980年代敢於站在巴勒斯坦這邊說話在當時是最危險的政治選擇（Said, 2006, p. 85）。在阿爾及利亞對抗法國的過程中，身為法國人的惹內與沙特非常有勇氣地選擇站在阿爾及利亞那邊。但惹內告訴薩依德，沙特還是儒弱了些：由於擔心被指責為反猶主義，沙特在以巴衝突中還是選擇支持以色列（Said, 2006, p. 77-78）。

事實上，在法農對抗法國殖民阿爾及利亞的戰鬥中，生前最後寫下的《全世界受苦的人》，非常期待沙特幫他寫序，沙特也回應了法農的要求，寫下1961年著名的序言。然而在這篇序言裡，沙特是為法農所說的暴力辯護：「人們讀一讀法農是有益的；法農充分指出這種抑制不住的暴力不是荒謬的風暴，也不是野蠻天性

的死灰復燃，甚至也不是一種怨恨的結果：這是一個人如何再創造自己」（Fanon, 1967, p. 18）。然而法農在書中卻是對為何產生暴力進行分析：「被殖民者決定實現這個計畫，把它變成動力，隨時準備使用暴力。被殖民者從其誕生起就清楚這個變得狹小的、布滿禁令的世界，對他來說，只能通過絕對的暴力來進行訴訟」（Fanon, 1967, p. 29）。也因此，法農在聽完沙特為他寫的序後未作任何評論，他保持異常的沉默，最後他對友人說，希望有朝一日可以清楚表述自己的觀點。

從以上馬克思與沙特的例子裡，我們最終發現：沒有任何人可以真正地代表別人發言；甚至我們可以這麼說，在認識論上，他者即使再如何地好意、替別人設想，也都會產生倫理學上的主體越位。任何人都不能代表他者，他者必須由他們自己來再現與詮釋。然由於多數受壓迫者大都沒機會受到應有教育，因此有許多不能說、不敢說、甚至不知該如何訴說自己命運的情況。絕大多數不幸的人，被極少數金字塔頂端權貴越位發言，因此弱勢階級的文化遠未形塑，甚至還日益被削弱。在過去是歐美帝國主義的強勢殖民者文化，而今則是有購買力者的消費文化，普羅大眾的社會主義文化仍遠遠落後，因此薩依德在《文化與帝國主義》中會特別標示英國文化研究者威廉斯的重要。1989年薩依德作為威廉斯紀念講座的第一位被邀請者，他選擇既批判又傳承威廉斯的道路。

---

9. 馬克思評論英國必須統治印度的理由，同樣適用英國對大清王朝發動鴉片戰爭一樣，同時也對所有西方殖民主義者提供了合理藉口：「英國必須在印度完成雙重革命，一是摧毀，另一是再生。消除亞洲傳統的社會，並為亞洲的西方社會奠定其物質基礎」（Said, 1979, p. 154）。

威廉斯在《文化與社會》中,以文化代替文學,希望不斷拓展文化的定義,直到文化與我們的日常生活幾乎成為同義(Williams, 1993a, p. 256)。另外在《綿長革命》的文化分析中,威廉斯說明了文化的三種形式,特別是第三種的社會定義(Williams, 1992, p. 41-42),可說部分奠定了英國文化研究的理論基礎。然而正如薩依德所指出的,威廉斯在《文化與社會》裡完全不處理帝國經驗,這經驗的暫時被擱置,反應了威廉斯個人「情感結構」上的侷限。而威廉斯認為英國文學主要就是有關英國的理念,其實是間接支持與鞏固英帝國的殖民運作(Said, 1994, p. 14)。而這樣的侷限在《鄉村與城市》裡,由於威廉斯將英國城鄉分析漸次擴展到關於帝國主義的分析,在書的最後第24〈新大都會〉,終於才有了比較詳盡的說明。

薩依德在解析了康拉德(J. Conrad)《黑暗之心》的非洲內陸與《諾斯托洛摩》的南美洲背景之後,他同時告訴我們奧斯汀(J. Austen)《曼斯斐爾公園》背後隱藏了加勒比海殖民經濟支撐、威爾第(G. Verdi)歌劇《阿依達》的創作背景是埃及蘇伊士運河開通。另外,還有吉卜林《金姆》的印度與卡謬《異鄉人》的阿爾及利亞等等,薩依德告訴我們:在帝國殖民的同時,也將全世界最偏遠的角落聯結在一起(Said, 1994, p. 6)。

威廉斯的文化研究重心確實在英國,對於歐洲之外的其他世界,並無主體性的研究關照。即使多所保留,但薩依德依然明言,我們應好好遵循威廉斯所開啟的道路,將其國家英國,擺到世界的更大範圍地圖上(Said, 1994, p. 83)。而這確實是社會主義傳統的盡頭與可能出路。

(二)自由主義傳統的侷限與蛻變

薩依德在1993年接受訪談時，稱許羅素（B. Russell）與杭士基的作為，並對比批評哈伯瑪斯關於公共領域與現代性論述，是缺乏道德核心的空話（單德興譯，2005，頁305）。[10] 有意味的是在薩依德過世後，針對2003年伊拉克戰爭哈伯瑪斯發表《分裂的西方》一書認為：美國公然違反國際法，對伊拉克發動戰爭，已使自己的規範權威頹圮於廢墟之中。哈伯瑪斯並將美國如此走向單邊主義霸權的原因，歸結為美國承襲的是穆勒的自由民族主義，而不是現在歐洲希望的康德世界公民主義。

　　哈伯瑪斯回顧過去國際法的制定過程，並期許未來的國際法可以取得大家的認可，特別是強權國家的遵守。他指出，傳統的自由民族主義國際法是由相同地位的國際法主體，也就是具有相同權力的主權國家所協定，而各個主權國家的自主性權力，並不會因其疆域、人口或政經實力的不同而有所不同。然而，獲得此權力平等的同時也付出相對代價，那就是，各國必須承認戰爭是解決紛爭的機制。因此在這個民族國家時代，許多所謂的自由與和平是透過軍事脅迫所達成的。但如此現實權力世界，對康德來說並不是理想狀況，在其1784年的〈世界公民觀點之下的普遍歷史觀念〉與1795年的〈論永久和平〉的兩篇文章中，康德即希望：各民族國家不應像在自然狀態中以戰爭解決紛爭，而是應該透過啟蒙，使每個人成為世界公民，從而促成世界的永久和平（Kant, 1970）。因此，如何從自由民族主義轉化為世界公民主義，是許多如哈伯瑪斯等歐陸知識分子認為的當前要務。

---

10. 在《文化與帝國主義》裡，薩依德記述著哈伯瑪斯在1986年英國《新左評論》接受訪談時，對於第三世界反帝國主義和反資本主義抗爭沒什麼好說，並清楚陳述這是歐洲中心主義的侷限事實（Said, 1994, p. 278）。

另外，薩依德在《文化與帝國主義》裡提及，即使是具有高度反省能力的前美國總統卡特也還是相當突兀地指出，西方社會對於整個去殖民化的過程，有一種相互毀滅的感覺。這種感覺引起西方人士重新思考去殖民化的整個過程是否必要：難道不是我們給予他們進步和現代化的嗎？難道不是我們曾經提供給他們秩序和某種穩定性，而那是他們始終無法自求的嗎？相信他們有能力獨立難道不是一種嚴重誤置的信任嗎（Said, 1994, p. 22）？卡特上述感受在在提醒我們，任何文明的強勢者是多麼容易陷入主體越位的陷阱中。

　　1999年完成的《萬民法》，是晚年羅爾斯嘗試跨出美國與歐洲，思考基督教世界與伊斯蘭世界如何和平共處的迫切課題。書中羅爾斯甚至想像一個理想化的伊斯蘭正派民族卡贊尼斯坦[11]，這個非自由主義的民族如何與西方自由主義民族共同背書萬民法。事實上，羅爾斯是第一位西方自由主義傳統的思想家，真正將非西方民族國家當作可以平起平坐的主體，然後思考如何平等互動（哈伯瑪斯的康德世界公民主義，依舊只有西方國家有主體性）。不過，羅爾斯若對世界歷史有更多認識的話，他是完全不須想像一個卡贊尼斯坦。

　　另外透過哥倫比亞大學哲學系印度裔思想家比爾格雷米[12]的介紹，羅爾斯在《萬民法》書裡外加的〈再論公共理性的理念〉提及，傳統伊斯蘭教法可以如何與時俱進地創造性轉化。羅爾斯藉由 Abdullahi Ahmed An-Na'im 詳細說明早期麥加與晚期麥地那的《可蘭經》演進歷程。An-Na'im 在1990年出版的關於伊斯蘭宗教改革的著述認為（主要援引已故蘇丹作者 Ustadh Mahmoud Mohamed Taha 的觀點），傳統上對伊斯蘭教法的理解一直是以穆罕默德晚期麥地那教誨為依據，但事實上穆罕默德早期的麥加教誨才是穆

斯林永恆且根本的啓示。An-Na'im 表示，爲了更現實性與實用性的（在西元七世紀的歷史脈絡下）麥地那教誨，最高的麥加教誨和原則竟被拋棄了，因爲當時社會還未達對麥加教誨的實行做好準備。如今歷史條件已經改變，An-Na'im 相信，穆斯林現在應當遵循早期麥加時期教誨來詮釋他們的伊斯蘭教法，而這教法是支持立憲民主、男女平等與宗教信仰上的完全自由，而這與法律之前人人平等的憲法原則並無二致。An-Na'im 進一步說明：「《可蘭經》沒有提到憲政主義，但人類的理性思維和經驗已經表明，憲政主義對實現《可蘭經》所描述的公正善良社會而言十分必要。對穆斯林來說，以一種穆斯林方式來證成與支持憲政主義不僅重要且休戚與共，至於非穆斯林則是有其世俗或其他證成方式。由於所有人都同意憲政主義原則，包括完全的平等以及不得有性別與宗教歧視，所以每個人都是根據他或她自己的理由來達成這種同意的」（Rawls, 1999b, p. 151）。

（三）後殖民地理學的民主人文主義

　　後殖民地理學是指，過去人們思考問題主要僅在一國之內，然在經歷五百多年的西方殖民過程後，如今人們必須從全球化國際角度思考，才能掌握問題核心。前面羅爾斯從《一種正義論》、《政治自由主義》以至《萬民法》的蛻變，正是後殖民地理學必須

---

11. 羅爾斯描述卡贊尼斯坦的法律制度並非政教分離，伊斯蘭教獲得特殊優待，只有穆斯林可以獲取具有上層的政治權威地位，並影響政府的主要決策與政策，除了沒有權利取得上層政治或司法職務外，信奉其他宗教的人無須恐懼或失去大多數的公民權（Rawls, 1999b, p. 75-76）。

12. 比爾格雷米也與薩依德熟識，薩依德 2003 年的《人文主義與民主批評》的序言，即是他所寫。

被正視的時刻。

　　薩依德的空間思考，來自葛蘭西（A. Gramsci）的啓發。葛蘭西的文化霸權主要就是呈現在空間領域的爭奪上。正如薩依德所說的，盧卡奇是屬於馬克思主義中的黑格爾傳統，其《歷史與階級意識》思考模式，是由時間與歷史來架構的；而葛蘭西的觀點則是維科、克羅齊（B. Croce）的空間地理學轉向（Said, 1994, p. 49）。葛蘭西發現，即使在一國之內，理解南北義大利的分歧至關重要，他稱許戈貝帝（P. Gobetti）不只洞悉義大利的南北差距，同時提出必須聯合北方無產階級與南方農民的第一個知識分子。薩依德後來還引述布爾迪厄（P. Bourdieu）關於空間思考的重要：一個人只有對社會空間結構和物理空間結構之間的關係進行嚴格分析，才能脫離實體論者關於空間思想的錯誤（Said, 2004a, p. 83）。

　　這種不同地理空間的思考，轉換到國際後，展現的問題核心可能就不是先前馬克思同情心的如何被遮蔽，而是直接揭露一位捍衛言論自由的穆勒，如何也是一位將被殖民者當成非人的帝國主義代言人。在《文化與帝國主義》裡，薩依德兩度引用穆勒《政治經濟學原理》中，關於英國與西印度群島的經濟往來，穆勒如何堅持那只是上對下的城鄉交流，而非平等之間的國際貿易互動（Said, 1994, p. 90）。

　　當代將後殖民地理學發揚光大的是在紐約市立大學任教的哈維。哈維發現只要有利可圖，資本的空間選擇絕對不會排斥社會主義國家。在《新自由主義簡史》中，哈維指出新自由主義如今可以所向披靡，除英國柴契爾夫人與美國雷根的主導之外，沒有1978年中國鄧小平的朝向市場化政策是不可能達成的（Harvey, 2005, p.1）。事實上，正是鄧小平1978年後讓幾億中國勞工加入世界勞動市場，才讓跨國企業可以跨越國界為所欲為。而在2016

年《世界的邏輯》〈引言〉裡，哈維再次跨國詮釋，2008年美國金融風暴引發的全球經濟危機，正是中國大規模城鎮化和固定資產投資拯救了世界經濟。在2008年之後，中國透過人民幣的債務融資，消費了全球60%的銅與半數以上的鐵礦和水泥。然而2012年開始的房價下跌使得中國債務急遽升高（不過，中國只要啓動自己的印鈔機，即可像美國一樣脫困），以及獲利資本的大量積累無處消化，使得中國現正進行的兩大新計畫，讓哈維深感憂心：一個是在國際間推動的一帶一路計畫，即絲綢之路經濟帶和二十一世紀海上絲綢之路；另一個則是以北京爲核心的京津冀協同計畫，在總面積與美國肯塔基州相似的共約一點三億人城市群裡，進行交通和通信建設，讓資本有帶有路繼續擴展。

哈維理解資本希望繼續積累再生產的特性，但他對中國資本即將強烈改變世界地貌，表達高度疑慮。他自問：究竟是否應該繼續這樣的路徑，還是應該從根本上遏制甚至消除無限度資金積累的動機。同時他也自我回應：無論是出於社會、環境、美學、人文還是政治角度，中國這種城鎮化的方式並不可取。在這種吞噬一切的發展面前，想要保持個人或集體的價值、尊嚴和意義，幾乎是不可能的任務，反而會造成人性與環境最深層次的疏離（周大昕譯，2017，頁 xvi-xxi）。

哈維對人性與環境的疏離憂慮，加上資本會朝向無止境的複合成長，這三項危機正是他在2014年《資本社會的17個矛盾》中，最後三個會成爲危險的矛盾。在該書結語〈幸福但有爭議的未來：革命人文（人道）主義的希望〉裡，哈維轉述了法農關於民族主義的困境論述：「如果我們不解釋、豐富和深化民族主義，如果民族主義不迅速轉化爲一種社會和政治意識，不轉化爲人文（人道）主義，它將走入死胡同」（Fanon, 1967, p. 165）。

誠如薩依德在《文化與帝國主義》書中所說「我之所以如此經常引用法農，乃是因為我相信他比任何其他人更戲劇性地、決定性地表現了從民族主義獨立的藩籬到解放理論領域的巨大文化轉移」（Said, 1994, p. 268）。法農認知到阿爾及利亞在未來脫離法國後，將會產生民族主義資產階級路線與民族如何真正解放路線的區分，而前者則會在破除殖民壓制同時，自動建立起另一個剝削系統。因此，薩依德說「法農是反帝國主義的主要理論家中第一個了解到，正統民族主義會追隨帝國主義所開闢路徑而行的人。當帝國主義公然將權威轉讓給民族主義資產階級時，它真的已擴充其霸權」（Said, 1994, p. 273）。薩依德為此感嘆阿拉法特在第一次波斯灣戰爭，因為阿拉伯民族主義而選擇支持伊拉克海珊（S. Hussein），讓他進退失據，從而使他後來必須與以色列、美國簽下奧斯陸和平協議，以重新取得巴勒斯坦主導權。而《文化與帝國主義》上述的法農論述，正是在這樣的時空背景寫下。奧斯陸和平協議此一被薩依德痛斥為巴勒斯坦人的「凡爾賽條約」，不只讓他與阿拉法特正式決裂，同時深切體會法農早先所認知的，被殖民者如何從獨立自主民族主義走向人文開放的民主主義的艱難。事實上，不只海珊、阿拉法特如此，從毛澤東到鄧小平以至今天中國領導階層也難以跳脫此一艱難窠臼，被壓迫者太容易以正統民族主義追隨過去帝國主義相同路徑而行，而這正是法農所不樂見的預見。

毛澤東試驗的文化大革命解放路線，沒有人文主義，更不要說民主人文主義；鄧小平改革開放的四個現代化正統民族主義路線，依舊排除了魏京生要求的民主現代化。在經歷胡耀邦、趙紫陽之後，江澤民、胡錦濤以至今天習近平，中國特色的社會主義目前竟走向「最資本」的新自由主義道路。胡耀邦階段是最有可

能漸次實現民主人文主義的，但爲何幕後影武者鄧小平會最終否決？[13]相信這不只是魏京生、王丹與劉曉波心中永遠的痛，也是哈維當前的擔憂。

　　劉曉波的零八憲章運動，即使2010年獲得諾貝爾和平獎，也無法改變之前鄧小平否決的路向。一直到2017年7月13日過世，近七年劉曉波都不願選擇放逐離開中國，從軟禁至過世他都平和應對。[14]是否他後來也感受到這個巨大轉型的困難，相信這不僅是中國問題，同時也是普世問題。[15]誠如法農所說，如何讓解放以其真確的本質，發展成超越民族意識的社會意識？民族主義意識太容易導向僵固教條的發展，當殖民者最後一個士兵離開後，被殖民者要能立即蛻變成具有真正社會意識轉型的解放國家是相當困難的。正如泰戈爾（R. Tagore）早於1917年《民族主義》中就提到，印度對此的回應不該是提供一個爭強好勝的民族主義，而是如何在此之上的創造性解答（Said, 1994, p. 215）。

　　或許如前面韋依所觀察到的，泰戈爾的創造性解答可以是達

---

13. 胡耀邦對圖博（西藏）的同情（直言中央補助的錢，難道都被扔到雅魯藏布江去了嗎？）與對當時方勵之鼓吹民主的寬容，應是他被迫下台的關鍵。

14. 劉曉波一生有多次離開中國、長居外地機會，但他都沒有選擇離開，為此他說：「回國做仟何一件具體的小事，都要比在國外成立那些民運組織有意義。」直至2017年病危時，劉曉波才表示希望出國治療。他身邊友人認為，他此舉是希望讓妻子劉霞能得到自由。

15. 關於劉曉波與諾貝爾和平獎內容，詳見陳奎德等編《自由荊冠──劉曉波與諾貝爾和平獎》。不過，2003年英美聯軍攻打伊拉克，劉曉波卻為文支持，並對西方設定的主要遊戲規則的看法是，它們不只是單純的經濟優勢，而是因為道義優勢（劉曉波，2006，頁148-149）。不知劉曉波後來觀點是否有修正，否則他對當今世界的整體判斷會有問題。希望這樣的批評，不是對他的苛求。

2010年諾貝爾和平獎頒獎典
禮上,現場擺放一張空椅子,
象徵無法到場的劉曉波。

成一個國際協定,讓一個國家取得的社會進步也能在其他國家引
起相應的變革,否則,即使在某些國家取得的初步改革,也將很
難在世界範圍內維繫下去。因此今天民主人文主義,絕不可能單
靠單一國家的自我實現。透過後殖民地理學的資本跨國移動,讓
我們更清楚這整個新自由主義讓「全世界資本家聯合起來」遠比
「全世界無產者聯合起來」容易的多。有意味的是,薩依德《文
化與帝國主義》與哈維《資本社會的17個矛盾》共同引用法農在
《全世界受苦的人》裡的一段話:「為此,首先必須讓歐洲人決定
醒來,動動自己的腦子,並停止玩那不負責任的睡美人遊戲了」
(Fanon, 1967, p. 84)。

　　如今應該不只是歐洲人,而是全世界所有的人,都要一起覺
醒起來,才有可能改變現實。這是人文主義者何以主張,每一個
人都要學會獨立自主之民主真義所在。[16]

四、回到語文與音樂的美學

1969年薩依德翻譯奧爾巴赫於1951年寫的〈語文學與世界文學〉，其中奧爾巴赫認為世界文學的概念在實現的同時也毀壞了。當體悟到巨大總體不可能全然理解之際，他便轉趨專門研究。然而將自身限制在某一專門領域，是不足以成為一位優秀的專家，於是奧爾巴赫自問「一個人如何能有一種既學術又綜合的世界文學語文學呢」（E. Said & M. Said, 1969, p. 9）？奧爾巴赫的自答是，語文學的家園已不再是單一國家而是整個地球，而語文學者繼承最珍貴的傳統仍是自己的民族文化與語言；但只有這個學者先脫離自己的傳統，然後再超越它，這一傳統才具有真正的活力。不過可惜的是即使今天已進入世界文學語文學時代，但由於幾百年殖民者對被殖民者的優越心態，所以就像維科在其《新科學》中所說的「由於人類心智的不確定性，每當它陷入無知的境地時，人就會把自己當成萬物的尺度」（Vico, 1999, p. 75）。此外，比起語言文字，音樂更能直接觸動人心，如巴倫波因所說，音樂揭露宇宙中人類一體的實相；或如薩依德所說，當音樂響起時，所有世俗的國家、階級或身分都會被拋諸腦後。

---

16. 2016年11月當選美國總統的川普，其隔年的穆斯林國家禁令、興築美墨邊境圍牆、退出巴黎氣候協定與聯合國教科文組織，以及承認以色列的定都耶路撒冷政策中，我們發現國際社會產生普遍的危機意識與應對。克萊恩在《不能光說 No》中認為，川普上台並非一般的政黨輪替，而是徹底解構行政國的企業吞併，之前公司國還需要笑臉演員雷根與牛仔小布希偽裝，而川普代表的是「他們連裝都懶得再裝了」（朱崇旻譯，2017，頁27）。

（一）獨白而非對話的西方正典論

薩依德很早就認爲，西方人文學科與我們的傳統、最偉大的著作等號應該取消，因爲還有其他傳統的人文學科。這個由白種人男性獨白，不願與其他族群、性別對話的人文傳統，也就是西方正典論的論述，在經歷兩次世界大戰危機、1960年代多元文化洗禮（如法農所說「希臘羅馬雕像正在殖民地破碎」），以及哥倫布到達美洲五百週年的1992年省思後，已經無法再像過去一樣停留原地。

1. 艾略特的《荒原》

薩依德對艾略特的評論，有可能是本文認爲唯一需要斟酌的。正如阿多諾在哲學與音樂上拒絕被理解一樣，艾略特是文學上的另一個阿多諾，等待某天、某地、某人能完全了解他寫作的原意。艾略特是一個深受歐陸基督教文化影響的道地美國人，但他卻對英美經驗實證論徹底排斥。艾略特不滿英美社會的集體驕傲自負，認爲那是一整套拋棄倫理學的經濟學，其不道德的自由主義競爭機制將會導致戰爭。有人覺察到艾略特是文學上的布爾什維克：他對傳統的重視與強調，是表面上的保守反動掩飾他本質上的基進。

艾略特用表面的保守反動細膩地隱藏著他的基進理念，許多保守人士發現艾略特其實是一個「文學上的布爾什維克」。

1922年來自大西洋兩岸的喬伊斯《尤利西斯》與艾略特《荒原》先後出版，共同指向西方文明主導地位的結束。艾略特眼見黑暗並無止盡，於是回歸過去傳統，自許為孤獨的精神貴族。薩依德依據1934年艾略特在維吉尼亞大學的演講，批評此一精神貴族式的人文主義：

> 這些著作給我們提供了一幅荒蕪、無聊的全景圖。除了用一道道牆壁把文學、藝術世界隔離開來之外，這一正統學說強調文學的形式性（也許處於高度現代主義的誤讀過度影響下），並且強調設想中的那些極其純粹的作品所提供的精神性和救贖性的改善。文學和人文主義所尊崇的是近乎神聖的、田園牧歌般的過去，既不是創造歷史、也不是改變歷史的過程（Said, 2004a, p. 17）。

　　我們設想，是什麼樣的時空背景讓艾略特做出返回精神性和救贖性的改善，要把自己從事的創作與現實世界隔離開來。1918年凡爾賽合約對德國的極度苛刻，讓艾略特非常不滿。《荒原》的悲觀絕望間接預示著，這樣的荒原土壤上有可能培育出宣稱可以解決一切問題「萬能方子」的狂人出現。在無法挽回現實的情境下，1929年〈關於人文主義重新考慮後的意見〉中，艾略特試圖釐清這樣的人文主義：「人文主義只對極少數的個人有效。這些個人是文化使他們團結在一起，而不是由於他們贊成一個共同的綱領或宣言。這樣一群『精神貴族』沒有使那些『世襲貴族』聯繫在一起的經濟紐帶」（李賦寧等譯，2012，頁285-286）。

　　艾略特這樣的文化菁英論，再加上他反對各國文化混雜，讓薩依德覺得此路不通。但艾略特反對混雜的初衷是希望確保世界

各地文化的多樣性，他擔心混雜後將讓各種文化的差異性消失（如今天全球化都市的日趨一致性），因為一個國家既不能消極地接受外國文化，也不能將自己的文化強迫別國接受。也因此，艾略特只會推論出僅屬於西方自己的經典，與接下來兩個卜倫（Bloom）以西方正典獨尊截然不同。

2. 艾倫·卜倫（Allan Bloom）的說教

前面提及1960年代強調文化的多元，讓更多美國人積極表達自己的意見。在此之前，原本主流世界是白種人男性主導。而在這十年中，在為己存有而非為他存有的思潮帶動下，黑人起來要求平權，然後女性、性別認同等弱勢族群也起而要求平權。原本一元的社會價值觀，逐漸轉變為多元分呈景象。

艾倫·卜倫的《走向封閉的美國精神》，正是對此一平權潮流所進行的反擊，正如為該書寫序的貝婁（S. Bellow）（1976年諾貝爾文學獎得主）會屈尊紆貴地反諷說：讓我看看祖魯人的普魯斯特或非洲的托爾斯泰在哪裡。艾倫·卜倫認為人文主義大門一直向各種不守規矩的個人主義、聲名狼藉的時髦花樣和不受尊敬的知識敞開，結果造成真正的人文主義喪失名譽。於是，他開始進行一種簡化式說教，告訴大家什麼該讀、什麼不該讀，什麼有文化、什麼是沒文化。另一方面從1920年到1970年，美國人口增加了一倍，但大學的數量卻增加了十倍。這迅速膨脹的大學教育體系，將過去獨立於體制外的知識分子納入其中，結果是1960叛逆世代被體制收編，美國大學大都成為左派思潮的大本營。也因為這樣，才會讓艾倫·卜倫認為大學本身就是個問題，走向了封閉的美國精神；因為在他看來，大部分大學迎合這個時代的放縱物質主義、大眾化潮流以及輕率多變、不道德的趨向。

事實上經歷1960年代之後，美國白種人男性在人口比例上逐漸下降。除了黑人有了具體平權、再加上日益增多的西語裔人，無怪乎艾倫・卜倫的話語會轉爲一種心智上的倒退說教，無視於美國本身就是一個移民社會。而人口比例日益增加的黑人、西語裔人、亞洲人等，爲什麼不能擁有等比例不同文化上的呈現呢？就薩依德的觀察，任何一個人文主義的重大成就，無不與那個階段的新事物，有著重要的關聯。他以巴哈爲例，巴哈作品之所以成爲德國複調藝術的最高經典，正是它接受當時最新法國和義大利舞蹈風格影響之開端。

　　而不只美國，歐洲地區也朝著同樣的趨勢前進。今天來自世界各地的移民，已經永久改變了英國、瑞典、法國、德國、義大利與西班牙等國家（特別是大都市）的整體面貌，2016年5月倫敦甚至選出來自巴基斯坦信奉穆斯林的移民後裔可汗成爲市長。自從西方世界向全世界要求商品自由流通、反對鎖國的保護主義後，不管在說理或道義上，當然也不能阻止人員的自由流通。然而排外的反移民問題，如今變成西方世界的重大關鍵政策，重新洗牌過去左派、右派之間的分野。目前城市的接受移民與鄉村的反對移民，成爲西方多數國家的普遍難題。2016年11月，標舉反移民大旗的鄉村美國選民，將充滿爭議的川普送進白宮。

　3. 哈洛・卜倫的憎恨

　　對比前面兩位的言說應對，來到哈洛・卜倫的《西方正典》就成了徹底的獨白。在《西方正典》中，哈洛・卜倫直接跳過古希臘荷馬，以莎士比亞爲正典核心，列舉了26位作家的作品作爲整個西方正典的代表。哈洛・卜倫並以殊異性（strangeness）爲其正典指標：「能爲一部文學作品贏得正典地位的原創性其指標之一是

一種殊異性，此殊異性若非教我們無從完全吸融，便是化為天然既成之貌，使得我們感覺不到其特異之處」（高志仁譯，1998，頁7）。而究竟如何感覺到殊異，全由這位長期在耶魯大學任教的哈洛・卜倫說了算。2000年出版的《如何讀，為什麼讀》是哈洛・卜倫正典獨白的續篇，他以自己閱讀經驗為中心，進一步為讀者導讀哪些作者的作品可列為經典。

薩依德在《人文主義與民主批評》裡，罕見地對哈洛・卜倫個人進行嚴厲批評：「哈洛・卜倫對人文主義經典的看法顯示了心智的缺席而不是精神飽滿的存在：他幾乎總是拒絕在公開演講時回答問題，他拒絕捲入其他爭論，他只是簡單地斷言、肯定與吟誦。這是自我吹噓，不是人文主義，當然更不是開明的批評」（Said, 2004a, p. 27）。促使哈洛・卜倫如此不顧他人的自我設定獨白，正是1992年哥倫布抵達美洲五百週年所引起的討論。如此討論讓原本白種人男性過去賴以維持的根本支柱為之動搖，他們痛恨這樣的討論。而將此一內心忿恨轉而向外之後，就成了哈洛・卜倫所稱的，那些想要摧毀西方正典的各種流派為憎恨學派。

事實上從1992年開始，哥倫布紀念日的爭議日益升高。哥倫布日有著白人殖民主義的意涵，讓美洲原住民無法接受。美國將哥倫布日訂為國定假日已是慣例，加州柏克萊地區率先於1992年使用「原住民日」取代，然後威斯康辛州、明尼蘇達州，以及華盛頓州的一些城市也跟著響應。而這一天到目前為止都仍是西班牙的國慶日。2015年5月當選巴塞隆納的女市長克勞（A. Colau）在那一天的社群網站上指出：「一個國家竟然會慶祝種族滅絕行徑，還動用80萬歐元進行閱兵，（我們）對此感到羞恥。」

西方正典論到了哈洛・卜倫這裡，我們或許更能理解班雅明所說的「沒有一份文明文獻不同時也是一份野蠻記錄」（Benjamin,

巴塞隆納的哥倫布紀念碑高
60公尺。

紀念碑提醒人們，巴塞隆納是
哥倫布在最著名的航行後向
西班牙王室報告的地點。

同時，這座哥倫布紀念碑頂部
是西班牙境內唯一沒有指向
美洲方向的哥倫布雕像，站在
碑頂的哥倫布手指的方向是
非洲北部國家阿爾及利亞。

下圖是在馬德里的哥倫布紀
念碑。

1968, p. 256），同時薩依德會說，是神學而非史學，才是這群正典人文主義的首席權威（Said, 2004a, p. 46）。薩依德甚至提醒大家，今天許多被封爲聖徒的，常是昨日的異端反叛者。正典聖徒或是反叛異端如果不要只是成爲無意義的形容詞，那麼回到他們言說語文的事實閱讀，是人文主義者所能努力的方向。

（二）接受與抵抗的語文學

在《人文主義與民主批評》第三章〈回到語文學〉，薩依德提到語文學就是對「語詞」的熱愛，以及之後接受與抵抗的詮釋過程。薩依德特別提及那位思想最無所畏懼的尼采，總是標榜自己首先是一位語文學家。而在第四章對奧爾巴赫《摹仿論》語文學的推崇與導讀裡，薩依德正是要以奧爾巴赫對比前面正典論者令人驚駭的歧視缺陷。

奧爾巴赫提及世界的語文學問題是，在語文基礎擴大的過程中，需要將閱讀內容延伸到世界各地的文本[17]（目前台灣出版的書籍，已有多大比例是來自世界各國的翻譯書），因此更需要仔細體會「閱讀」的接受與抵抗、甚至是歸屬及超脫的過程。

另外，斯皮策（L. Spitzer）的觀點是：「人文學者相信人類心智研究人類心智的能力」（Spitzer, 1948, p. 24）。雖然斯皮策是來自歐陸的美國人文學者，但他這裡說的並非僅是歐洲人的心智或是西方經典，而是普遍的人類心智。斯皮策有一種深深自覺的反省，認爲並沒有任何標準指南，一個人必須自己做出決定並爲自己的決定負責，他謙卑的開放心靈多麼不同於先前兩位卜倫的孤傲自大。在〈語言學與文學歷史〉接近同義反覆的細讀描述裡，斯皮策得出的是屬於自己個人的恍然大悟（Spitzer, 1948, p. 27）。斯皮策的細讀接受是一種美學人文主義的實踐表現。這個接受過程

是通過反覆閱讀、奮力前行，抵達作者的內在整體、精神詞源。然而，如此美學的不可協調性在於，閱讀者認知到沒有什麼東西可以保證這種聯繫的建立是正確的，唯一能憑藉的只有人文主義者對「賦予人類心智研究人類心智能力」的內在信念。

不過，這種內在信念太容易由對話走向獨白，特別是西方文化面對全球化的其他文化時，西方經典會被等同於普世正典，美國價值等同普世價值。目前國際唯一超級強權美國，其在國際上的作為就常自認為是正確而且準確無誤。在掌控幾位主導文化論述者的西方正典基調後，持異議的人文主義者，不是被刻意忽略，要不就被潛規則告誡，回到自己的文本與本業，繼續把世界交給那些以控制這個世界為己任的決策者，然後重要的政策論述則讓智庫專家或新聞工作者來言說。而這些主導世界樣貌的重大政策主論述，如伊拉克海珊政權擁有大規模毀滅性武器，完全不須也不可經過人文學者的細讀檢驗。於是美國過去如何資助海珊與賓拉登用以對抗伊朗與前蘇聯的歷史一概被抹去，以此合理與合法化美國之後對伊拉克與阿富汗採取的軍事行動。薩依德就是這樣描述今天美國人文學者的困境與挑戰。

因此透過《摹仿論》，薩依德陳述著，即使再卓越的作品最終都會抵抗完全地被理解，因為再怎麼細讀接受而產生的一種批判

---

17. 薩依德認為今天許多西方人接觸了伊斯蘭傳統，但卻沒有詳細閱讀而立即產生偏見。他說明《可蘭經》的「可蘭」即是閱讀之意（Said, 2004a, p. 58）；在阿拉伯文裡法律學上的「闡釋」與已被污名化的「聖戰」是源自同一詞源，而「聖戰」也非主要意指神聖的戰爭，而是為了真理進行精神上的努力（Said, 2004a, p. 68-69）。強調正統獨斷的伊斯蘭傳統，也只是這個文化傳統的發展之一，絕非全部。否則中世紀伊斯蘭民族統治下的西班牙，絕不會出現寬容的文化興盛時代。

理解，也都絕不可能完善。薩依德繼續將此一語文學的抵抗拉升到更深刻的意涵，他引述鮑里爾（R. Poirier）[18]的話說「只有當我們所說的東西是較為常見的，才能得到理解，所以我們就變成對抗語言的慣例。」鮑里爾認為：賦予文學的特性是，它邀請讀者進入與言詞之間的對話關係，而這種關係之強烈緊張程度在別的任何地方都是難以想像的；正是在語言中可以發現這種原始能量的痕跡，人類憑藉著這種能量把自己創造成自然界獨一無二的物種，他引述愛默生（R. Emerson）的觀點，然後繼續詮釋：

> 當愛默生在〈論審慎〉裡說，「我們因渴望和對抗而寫作，也由經驗而寫作」，他的意思是說，當我們渴望說出一些新的東西，手頭的材料卻表明，只有當我們所說的東西是較為常見的，才能得到理解，所以我們就變成對抗語言的慣例……事實上，要求我們順從的那些社會形式和文字形式，本身就是在反抗早先的慣例中創造出來的。甚至在現在看來陳腐或死亡的言詞中，我們也能夠發現曾經鼓舞它們進行轉型的欲望。任何言詞，在其意義的變換甚至矛盾中，證明了早先的相反用法；而正是這一點，鼓勵我們再次開啟它們，使它們產生更進一步的變化或轉折、比喻（Poirier, 1987, p. 138）。

順著鮑里爾以上論述，我們看到美國人文學者在困境挑戰之餘，也看到他們積極奮鬥的出路。

正是必須瓦解擁有大規模毀滅性武器的海珊政權成為常見被理解的主流論述，而這個論述又有嚴重選擇性歷史失憶的語文學問題，因此我們就必須變成對抗主流論述的慣例，直到釐清海珊

與賓拉登坐大，是不是就是美國自己的武器供應扶持。這是當代語文學隨時要應對的問題，也是美國知識分子的重大責任。因為美國是個民選的民主國家，美國知識分子對其公眾的發言，其影響透過民意變動可以改變政策決定者對外軍事行動的可能，並制止過去不當扶植提供武器的政策。也因此2003年3月在英美聯軍可能入侵伊拉克的緊張氛圍裡，薩依德會秉持這唯一希望說：「人文主義就是對習見的反抗，它反對任何形式的陳腔濫調和不經思索的語言」（Said, 2004a, p. 43）。

（三）西東詩篇管弦樂團

　　鋼琴家顧爾德在1971年致友人的書信中曾提及：「藝術在本質上是同現實世界相對立的一種體驗。在可能的最好的世界中，藝術將是多餘的」（魏柯玲等譯，1994，頁245）。

　　歌德的《西東詩篇》是第一位歐洲人接觸非歐洲的阿拉伯、波斯文化後寫成的詩集。1999年巴倫波因與薩依德以此著作為名，在德國威瑪集合以色列與阿拉伯年輕音樂家共組西東詩篇管弦樂團[19]，以示致力於不同文化之間的交流與相互了解。據薩依德描述：十九世紀初一位參加西班牙戰役的日耳曼士兵帶回可蘭經給歌德，歌德看了十分震撼。他開始學阿拉伯文與唸波斯詩，並以

---

18. 薩依德將《人文主義與民主批評》一書獻給鮑里爾，並稱他是要好的朋友、偉大的批評家與教師。

19. 「西東詩篇管弦樂團」從1999年創團以至2005年拉瑪拉演出，影像部分主要參考華納古典系列，由 P. Smaczny 製作的 DVD，包括「Knowledge Is The Beginning」與「The Ramallah Concert」。其中的「Knowledge Is The Beginning」在2010年10月底的 CNEX 影展中，翻譯成「薩依德的和平狂想曲」，因此有了中文字幕。

在加拿大多倫多CBC
公司總部門前的顧爾
德坐像。

9.2

認識他者為主題寫下《西東詩篇》。

　　然這個不被以色列與阿拉伯國家歡迎的樂團計畫，一開始的工作坊課程是：白天由巴倫波因指導排練音樂，晚上由薩依德帶領討論音樂文化與政治歷史；而華裔大提琴家馬友友也應邀前來助陣。從這管弦樂團成形以至成熟的實例中，我們看到：比一般語言更為共通的世界語言——音樂，其在公共事務上所可能扮演的角色。薩依德認為，比起文學，音樂不需要明確表達思想，而同時可以在任何人之間產生非常親近的感覺。一開始前幾天，可以想像雙方對彼此的嚴重誤解與無知：以色列這邊難以想像阿拉伯人居然也會拉提琴與吹奏管樂；而對阿拉伯這邊則是，以色列只會對其進行軍事破壞，哪會有音樂生活。因此薩依德告訴我們，他永遠都不會忘記的一幕是：當一位吹雙簧管的埃及學生，依照巴倫波因指示，完美地奏出貝多芬第七號交響曲第一樂章中的A大調旋律時，以色列樂手臉上驚訝的表情。巴倫波因也如此繼續

描述：這位男孩後來和一位以色列大提琴手共用一個譜架，他們試著奏出同一個音符、一起做某些事，就這麼簡單。而既然他們一起譜出那個音符，就不能再以往常的方式看待對方，因為他們已經分享了共同的經驗（Barenboim & Said, 2004, p. 10）。

此一樂團在1999年成功地跨出第一步，在雙方緊張的第一次合作中，其成果發表的曲目，選擇貝多芬酒神禮讚的第七號交響曲，有效舒緩彼此緊繃的情緒。而2003年當薩依德過世後，在巴倫波因所寫的悼文中我們才得知，他與薩依德都把這樂團的發展，視為彼此畢生最重要的志業（Barenboim & Said, 2004, p. xi）。

巴倫波因2002年首度造訪約旦河西岸主要城市拉瑪拉，在巴勒斯坦國會議員巴爾古提（M. Barghouti）的解說中，看到以色列在這非法占領區裡所進行的破壞，嚴重危害巴勒斯坦人的生命安全。接著巴倫波因在一個禮堂，為台下巴勒斯坦年輕學子彈奏貝多芬月光鋼琴奏鳴曲，巴倫波因感慨地告訴我們：一位小女孩很高興地告訴他，他是她有生以來，看到第一位猶太人來這裡，不是士兵或開著坦克來傷害我們，而是帶來美好的音樂。2004年巴倫波因在以色列議會獲頒最高音樂沃爾夫獎項，在頒獎前一天晚上的音樂會，他同樣彈奏著月光奏鳴曲。

在頒獎典禮上，巴倫波因當著以色列總統與教育部長的面，自省地引述以色列的獨立宣言，並慨歎今天的局面。他說：1952年，他們舉家從阿根廷遷居建國後的以色列，回想著獨立宣言裡致力國內所有各民族福祉的意涵，不因信仰、種族與性別的差異而有所不同；並希望與周圍國家維持和平友好關係。而今，他懷著極大的失望要問大家：一，難道對另一個國家人民的占領與統治，與我們的獨立宣言相符合嗎？二，我們是一個有著長遠苦難與被迫害歷史的民族，難道我們的獨立必須建立在其他國家的痛

以色列在約旦河西岸的非法佔領區內，到處設立崗哨，讓當地的巴勒斯坦人行動不自由（謝謝劉峻豪同學提供的照片）。

苦上，而對其他人的基本權利與受苦情形無動於衷嗎？最後是，難道以色列可以繼續沉溺在意識形態且不切實際的夢想裡，而不去尋求一個，建基在社會正義之上，實際可行的人道方案。在DVD影片中，伴隨著月光奏鳴曲，巴倫波因繼續說著：我總是這麼認為，對於雙方衝突，不可能有軍事上的解決方案；為此我與已過世的摯友薩依德，集合我們與其他中東地區的年輕音樂家，致力於在音樂上的和解，因此，我將把獎金全數捐出給這些音樂團體。當演說結束，可明顯看到台上總統與教育部長李薇娜（L. Livnat）繃著臉沒有鼓掌，身為獎項主席的李薇娜後來上台表達，遺憾巴倫波因竟選擇在這樣的場合攻擊自己的國家；而巴倫波因隨即上台回應，他沒有攻擊國家，而是引述我們曾有的獨立宣言理想。2008年巴倫波因獲得巴勒斯坦公民證，他也因此成為第一個同時擁有以色列與巴勒斯坦公民證的第一人。

在西班牙支持與巴勒斯坦自治政府的積極配合下，2005年的約旦河西岸拉瑪拉「西東詩篇管弦樂團」音樂會，終於從構思付諸實現。根據英國衛報記者伊郡斯（C. Higgins）在隔天8月22日的報導表示：這是歷史性的一天，很少會看到一場音樂會竟是在軍隊與半自動步槍的保護下進行，然而團員們的氣氛卻是輕鬆愉悅。

巴倫波因。

9.3

而音樂會舞台兩側，則貼著薩依德的巨幅肖像照。而當音樂會主要曲目貝多芬命運交響曲結束後，瑪麗安代表薩依德發表感言，隨即則是巴倫波因的致詞，他說：

在音樂中，其實已充分表達了我所想要表達的。不過，我還是想告訴大家，在台上的這些年輕音樂家可是懷抱著無比的信心與勇氣，在這裡完成演出的。1999年我與薩依德共組這個樂團，其主要目的就是要讓大家彼此相互諒解與理解，這是人道的與團結的訊息，而非政治性的。而這將可帶來巴勒斯坦人與這地區所有人需要的自由（台下自發地響起熱烈的掌聲）。我一再重申的想法是：對於衝突，絕對不可能有任何軍事上的解決方案。而同樣的信念是：以色列與巴勒斯坦這兩個民族的命運早已緊密地聯繫在一起，這裡是兩個民族而不是一個，彼此幾乎在各方面重疊不可分；因此，我們的目標與職責之所在是，找出我

們可以彼此和平共存的生活方式。而這，不只是我個人的信念，同時也是我們所有團員的共同想法。最後，我們將演出安可曲——艾爾加（E. Elgar）謎主題變奏曲中的「獵人」。

2005年之後，樂團仍繼續努力，2007年原本希望能到加薩走廊演出，但最後因以色列阻撓未能成行。2008年該樂團被聯合國賦予聯合國和平大使任務，為此，巴倫波因在當年國際人權日前夕，直稱西東詩篇管弦樂團為「主權獨立共和國」，並告訴大家，其團員的相處模式足堪中東地區所有國家的楷模。另外，原本2009年樂團計畫在耶路撒冷舉辦「巴勒斯坦文化嘉年華」，但仍遭到以色列攔阻。

瑪麗安在伊斯坦堡舉辦的2007年紀念薩依德研討會上，特別提及學者華爾娜（M. Warner）在哥倫比亞大學的一次討論會上的談話，華爾娜認為「西東詩篇計畫就是薩依德的晚期風格」（M. Said, 2008, p. x）。另外，華爾娜也在2010年的《倫敦書評》上發表〈未竟之時〉，提及該樂團至今仍未能繼續在以色列與耶路撒冷演出，是有志者事未成。

五、薩依德的真善美人文主義

本章的緣起與架構，來自對薩依德生前最後出版的《人文主義與民主批評》的閱讀。在該書的序言裡，薩依德特別提到「我一直想知道，人文主義通常被認為是一個受到相當限制的、需要付出努力的領域，它如何與其他面向上的知識分子的擔當聯繫起來……」（Said, 2004a, p. xvii）。本章即是以此「付出努力」為出發點，

嘗試將薩依德的人文主義信念賦予眞善美此一更大的哲學脈絡中。

從1963年到2003年的40年裡，薩依德一直都是紐約哥倫比亞大學英美比較文學的教師與學者。在《人文主義與民主批評》書中，薩依德特別提及哥倫比亞大學的通識教育（liberal education，作者按，準確應譯爲自由教育）中有一設立於1937年的基礎課程〈西方人文學科〉，每週四小時，爲期一年，所有各學院學生都必修的嚴格課程。長期身爲這門學科的教師，薩依德經歷了擺脫這門學科的限制、與知識分子的擔當聯繫起來的歷程。

1967年以色列佔領約旦河西岸與加薩走廊之後，薩依德開始了他「巴勒斯坦之音」公共知識分子角色。正如在他《論晚期風格》中所說開始、延續到晚期的自我塑造過程般（Said, 2006, p. 4-9），薩依德將原本僅是在學院中人文學科學者，蛻變至一個更大脈絡的眞善美人文主義者，從第一階段開始批評的眞、第二階段延續民主的善以至第三階段晚期美學的美，清楚呈現在他著作等身的歷程裡。事實上，作者在本章的第二、第三節與第四節，正是嘗試詮釋這三階段的內容。

首先第一階段，關於認識論上對於眞的批評，在本章第二節〈總體總是虛幻的批判觀點〉，主要提及薩依德在《人文主義與民主批評》中以奧爾巴赫《摹仿論》沒有體系的論點對比曼《浮士德博士》總體嘗試的終究極限。事實上，支撐此一批判觀點，是從薩依德1975年出版的《開始：意圖與方法》裡強調，某種源初文化的不可能，眞實的人類歷史，是由很多很多不同的世俗開始所構成；並且包括他在1983年《世界、文本與批評家》裡揭櫫的世俗批評，以及2003年《佛洛伊德與非歐裔》裡引述佛洛伊德《摩西與一神教》的考證指出，被視爲猶太教的奠基者摩西，不是猶太人而是埃及人。

接著第二階段，關於倫理學上的民主之善，在本章第三節〈後殖民論述的民主意涵〉，主要提及不管是自由主義或社會主義當代民族國家，在一國之內的民主深化或是延伸到國際間國際互動上，任何國家民族主義的爭強好勝陷阱，特別是前面法農論述的剛擺脫殖民統治的新興國家如何轉化為人文主義發展路徑，是今天全球化時代所有國家都必須一起面對的難題。而這不只是薩依德切身感受以色列與巴勒斯坦如何而能和平共存，法國如何應對阿爾及利亞、英國如何應對她的眾多前殖民地新興國家，以及今天世界唯一超級強國美國該如何學習與其他國家平等共處，事實上薩依德的《東方主義》與《文化與帝國主義》著作要旨，正是試圖鋪陳出這解放、啓蒙與共享地邁向他者民主人文主義[20]。

　　民主之善的眞正要義是，讓每個個體或民族的殊異性都能夠走向邁向他者普世性，正如薩依德引述賽沙爾（A. Cesaire）的詩句「所有種族在勝利的集合點上都會有一席之地」（Said, 2003, p. xi）。而確實今天許多被封爲聖者的，曾是昔日邁向他者的反叛者：悉達多太子將婆羅門教種性制度轉化爲眾生皆平等的佛教，孔丘將王公貴族的教育特權轉化爲有教無類的儒家，以及耶穌從猶太人的猶太教轉化爲普世信仰的基督教。

　　最後來到第三階段，關於美學的探討，亦即在本章第四節〈回到語文與音樂的美學〉，主要提及薩依德在《人文主義與民主批評》的第三章〈回到語文學〉以及生命後期致力促成的西東詩篇管弦樂團，這是他融合前面眞與善的美學實踐。本章認爲，當一個人努力探索他在認識論上的批評之眞、實踐他在倫理學方面相信的民主之善，那麼他就可以形塑他自己獨特的人文主義之美。薩依德一生人文主義的堅持，讓我們相信，民主與批判的美學人文主義確實可能。

1991年與2003年的兩次波斯灣戰爭，時間對照著薩依德同時罹患白血病以及過世[21]。這讓我們想起因為反對美墨戰爭而寫下〈公民不服從〉的梭羅（H. Thoreau），在1861年美國南北戰爭爆發後與友人說：「我為了國家，心也生病了，只要戰爭持續下去，我的病大概也無法痊癒」（孔繁雲譯，1999，頁425），隔年45歲早逝。梭羅與薩依德的小我聯繫大我生平，至今依舊令人難忘。

　　愛爾蘭搖滾團體U2在2000年的專輯名稱《難以忘懷》（*All That You Can't Leave Behind*）[22]，那彷若改寫薩依德時常轉述奧爾巴赫引用的十二世紀在薩克森的僧侶雨果（Hugo of St. Victor）美麗詩篇：

> 對一位實踐者的心靈來說，成就德性的開始，首先要學習
> 一點一滴的、努力改變可見且變動的事物；在經歷如此鍛
> 鍊過程之後，才能在最後將這些一起拋諸腦後（to leave

---

20. 事實上，民族主義絕非是能夠邁向他者的民主之善，民族主義只有在一個國家遭到外力欺凌時才有其存在正當性。而薩依德早在《巴勒斯坦問題》裡，就提出巴勒斯坦必須與以色列和平共存的論述。

21. 據薩依德兒子瓦迪（Wadie）轉述，其父親生命清醒的最後一天，一直難以控制自己的情緒，因為他覺得自己為巴勒斯坦人民做得還不夠。所有親歷這一不尋常場面的人都愣住了：「如果薩依德為巴勒斯坦做得還不夠，那我們又做了什麼」（Said, 2004b, p. 302）？

22. U2在2009年推出的《消失的地平線》（*No Line on the Horizon*），作者認為該專輯是非常隱微地述說著巴勒斯坦故事。其中第八首「White As Snow」的歌詞中出現「Who can forgive forgiveness where forgiveness is not」，間接暗喻巴勒斯坦人如今流離失所，但受難者卻被責難；而最後一首「Cedars Of Lebanon」（黎巴嫩雪松），由於薩依德遺願是將其骨灰運回阿拉伯故土，灑於象徵和平與永恆的黎巴嫩雪松之間，因此這首歌應是獻給薩依德。

them behind altogether）。

一個人若覺其故鄉是甜蜜的，那他仍舊只是一個纖弱的初
學者罷了；而當他認爲每一寸土地都是其故土時，則可算
是強者；但當他將整個世界視爲異域他鄉，則應就是完人
了。纖弱的靈魂只將他的愛固著在世界的某一個點上；強
者則將他的愛擴充到全世界；但完人最終卻止熄了他所有
的愛（Said, 1994, p. 335）。

　　奧爾巴赫把僧侶雨果的努力實踐、甜蜜懷鄉、執著履行，以
至此生無憾的過程，認爲這「對於想要好好愛這世界的人而言，也
是一條康莊大道」（E. Said & M. Said, 1969, p. 17）。薩依德在2003
年雖然最終止息了他所有的愛，但他從纖弱的初學者巴勒斯坦出
發，以至強者般將後殖民論述遍及到整個世界，他與威廉斯一樣，
成爲許多立志成爲人文主義者的學習榜樣。

參考書目

王欽譯（2016）。《新自由主義簡史》。上海：上海譯文。

中共中央馬克思恩格斯列寧斯大林著作編譯局譯（1995）。《馬克思恩格斯全集》第一卷。北京：人民。

孔繁雲譯（1999）。《湖濱散記》。台北：志文。

朱生堅譯（2006）。《人文主義與民主批評》。北京：新星。

朱崇旻譯（2017）。《不能光說 No》。台北：時報。

李賦寧等譯（2012）。《現代教育和古典文學：艾略特文集‧論文》。上海：上海譯文。

吳麟綬等譯（2014）。《摹仿論 —— 西方文學中現實的再現》。北京：商務。

周大昕譯（2017）。《世界的邏輯》。北京：中信。

高志仁譯（1998）。《西方正典》。台北：立緒。

許瑞宋譯（2016）。《資本社會的17個矛盾》。台北：聯經。

陳奎德等編（2010）。《自由荊冠 —— 劉曉波與諾貝爾和平獎》。香港：晨鐘。

曹俊峰譯（2017）。《新音樂的哲學》（第五版）。北京：中央編譯。

單德興譯（2005）。《權力、政治與文化 —— 薩依德訪談集》。台北：麥田。

彭淮棟譯（2015）。《浮士德博士：一位朋友敘述的德國作曲家阿德里安‧雷維庫恩的生平》。台北：漫步。

萬冰譯（2005）。《全世界受苦的人》。南京：譯林。

張峰譯（1993）。《否定的辯證法》。重慶：重慶。

劉曉波（2006）。《單刃毒劍 —— 中國民族主義批判》。台北：博大。

魏柯玲等譯（1994）。《顧爾德面面觀》。台北：世界文物。

Adorno, T. & Mann, T. (2006). *Correspondence 1943-1955* (N. Walker, Trans.).Cambridge, UK: Polity.

Adorno, T. (2002). *Essays on Music* (S. H. Gillespie, Trans.). London, UK: University of California Press.

Auerbach, E. (2003). *Mimesis: The Representation of Reality in Western Literature* (W. Trask, Trans.). Princeton, N. J.: Princeton University Press.

Ali, T. (2006). *Conversations with Edward Said*. Oxford, UK: Seagull Books.

Barenboim, D. & Said, E. (2004). *Parallels and Paradoxes: Explorations in*

Music and Society. New York, NY: Vintage Books.

Benjamin, W. (1968). *Illuminations*. (H. Zohn, Trans.). New York, NY: Schocken Books.

Fanon, F. (1967). *The Wretched of the Earth*. (C. Farrington, Trans.). New York, NY: Penguin Books.

Harvey, D. (2005). *A Brief History of Neoliberalism*. Oxford, UK: Oxford University Press.

Harvey, D. (2014). *Seventeen Contradictions and the End of Capitalism*. New York, NY: Oxford University Press.

Kant, I. (1929). *Critique of Pure Reason* (N. K. Smith, Trans.). London, UK: Macmillan.

Kant, I. (1970). *Kant's Political Writing* (H. B. Nisbet, Trans.). Cambridge, UK: Cambridge University Press.

Poirier, R. (1987). *The Renewal of Literature: Emerson Reflections*. New York, NY: Random House.

Rawls, J. (1996). *Political Liberalism(2nd ed)*. New York, NY: Columbia University Press.

Rawls, J. (1999a). *A Theory of Justice: A revised edition*. Cambridge, MA: The Belknap of Harvard University Press.

Rawls, J. (1999b). *The Law of Peoples: with the Idea of Public Reason revisited*. Cambridge, MA: Harvard University Press.

Said, E. (1979). *Orientalism*. New York, NY: Vintage Books.

Said, E. (1985). *Beginnings: Intention & Method*. New York, NY: Columbia University Press.

Said, E. (1991). *The World, the Text, and the Critic*. London, UK: Vintage Books.

Said, E. (1992). *The Question of Palestine*. New York, NY: Vintage Books.

Said, E. (1994). *Culture and Imperialism*. New York, NY: Vintage Books.

Said, E. (2001). *Reflections on Exile and Other Essays*. Cambridge, MA: Harvard University Press.

Said, E. (2003). *Culture and Resistance*. Cambridge, MA: South End Press.

Said, E. (2004a). *Humanism and Democratic Criticism*. New York, NY:

Columbia University Press.

Said, E. (2004b). *From Oslo to Iraq and the Road Map.* New York, NY: Vintage Books.

Said, E. (2006). *On late Style: Music and Literature Against the Grain.* New York, NY: Pantheon Books.

Said, E. & Said, M., (Trans.). (1969). 'E. Auerbach. Philologie der Weltliteratur'. *Centennial Review*, 13(1), 1-17.

Said, M. (2008). *Preface: Edward and Istanbul.* In M. G. Sokmen & B. Ertur(Eds.), *Waiting for the Barbarians: A Tribute to Edward W. Said* (p. viiii-xi). New York, NY: Verso.

Spitzer, L. (1948). *Linguistics and Literary History: Essays in Stylistics.* Princeton, N. J.: Princeton University Press.

Vico, G. (1999). *New Science: Principles of the New Science Concerning the Common Nature of Nations*(D. Marsh, Trans.). New York, NY: Penguin Books.

Williams, R. (1992). *The long revolution.* London, UK: The Hogarth Press.

Williams, R. (1993a). *Culture and society.* London, UK: The Hogarth Press.

Williams, R. (1993b). *The country and the city.* London, UK: The Hogarth Press.

網路與影像資源

1. 福特萬格勒被迫爲希特勒生日，前一天演奏貝多芬第九號交響曲。當時納粹德國將這場音樂會錄下，並拍成影片作爲宣傳片，向全世界進行實況轉播。《一個指揮家的抉擇》 電影，則將音樂轉接成第五號命運交響曲：

   https://www.youtube.com/watch?v=lrXa4CNY3AE

   沒有轉換音樂的原本聲音與畫面：

   https://www.youtube.com/watch?v=Yqff1F0Ijn0

2. U2在2009年《消失的地平線》中的 White As Snow：

   https://www.youtube.com/watch?v=X3itFCZ6Z58

3. U2在2009年《消失的地平線》中的 Cedars Of Lebanon：

https://www.youtube.com/watch?v=zQ_gi4ZF_jk

4. 動畫簡介以色列與巴勒斯坦的故事：

https://www.youtube.com/watch?v=jKiMf5PrBiU

5. 「西東詩篇管弦樂團」的專屬網站：

http://www.west-eastern-divan.org

6. 電影《教會》(The Mission, 1986 年)：

https://www.youtube.com/watch?v=0cs6Dd6bQVE

7. 西班牙泰瑞加 (F. Tarrega) 的古典吉他曲《阿蘭布拉宮的回憶》：

https://www.youtube.com/watch?v=AvC3Wgh7KIE

8. P. Smaczny 製作的 DVD「Knowledge Is The Beginning」：

https://www.youtube.com/watch?v=HIK0jHl5HJA&list=PLIEp275gmpQgZ
Lr_hK455b3n0d88p_ZWx&index=1

9. 巴倫波因 Speech at Ramallah concert 21-August-05：

https://www.youtube.com/watch?v=CzruBBAzLdE&list=RDCzruBBAzLdE
&start_radio=1&rv=CzruBBAzLdE&t=261

結語
民主與科學的政治思想

2013年9月的那一學期，「政治學與現代公民」兩個班都要閱讀《海峽兩岸服務貿易協議》51頁文本，並在12月於長庚大學圖書館《人文與社會專區》展覽與上課「需要亮光的服貿協議與世貿組織」主題。那個學期，時常與周遭的同學說，「這是打從我識字以來，影響我們未來最為深遠的公共政策，而竟然當時政府刻意不希望大多數民眾知曉。」

我們彷彿預知隔年2014年3月18日在立法院發生的大事。

一、對文化霸權的神聖憎恨

1998年完成政治學學業之後，竟然能夠全然不知格瓦拉（1928－1967）與教宗若望23世（Pope John XXIII, 1881－1963）是誰？前者是拉丁美洲家喻戶曉的大哥Che，作家沙特稱他是「人類有史以來最完美的人」；後者是我們歐洲唯一邦交國梵蒂岡的最重要教宗，因為如果沒有他，全世界都將會知道核子冬天會是如何景象。然後2014年透過《KANO》電影，讓作者這個小學在嘉義打棒球的農村小孩，終於恍然大悟為何村中長輩對我們小朋友打棒球視為理所當然。

神聖的憎恨積極地推演出個人極為強烈的獨立自主意識。那不只是訝異，甚至是驚歎：我們的教育，以至整個文化霸權的細膩運作。於是，學習開始對周遭的訊息拉出一個「距離」。這距離使自己清楚意識到，我們一般得知的絕大部分訊息是被「選擇」過的。

有著極大感召力的格瓦拉肖像照。

1.格瓦拉

在學校教學的前十年，作者總是刻意帶著《革命前夕的摩托車之旅》前往課堂上課，並拿著格瓦拉那一張在國際間流傳最廣的肖像照與大家分享我們的「無知」，甚至有一次看到有同學穿著格瓦拉

在古巴的大街小巷甚至田野間，隨時都可看到格瓦拉的塗鴉，可見這位阿根廷人在古巴人民心中的地位（謝謝劉峻豪同學提供的照片）。

肖像的 T 恤，請那位同學站起來給大家看，包括穿 T 恤的同學也不知道這個人是誰。隨著《革命前夕的摩托車之旅》一書與電影陸續在台灣問世與流傳[1]，這個國際政治認知的巨大缺口才慢慢補上。而這個單元的教學總結時總會唸著該書封底的「編輯筆記」，與同學共勉：

「什麼樣的人，會不怕肉體的痛苦而盡情探索世界？
什麼樣的人，會在自己也寒冷時還願意給出一條毯子？
又是什麼樣的人，放得下自身優越的經濟與社會條件，
而為自己所憐憫的普羅大眾戰鬥？
像拉丁美洲的革命英雄，切‧格瓦拉這樣的人。

我生得太晚，沒趕上那屬於格瓦拉的年代。
我是讀了這本書才認識格瓦拉的。
他以青春和熱情來探索世界，

---

1. 我們是1997年全世界紀念格瓦拉逝世30週年時，才出版他的第一本書。那一年非常戲劇性地透過 Jon Lee Anderson 的格瓦拉傳記，終於得知格瓦拉埋葬何地，然後遺骸送回古巴聖塔克拉拉。

用無私和堅持來實踐理想。

眞遺憾，成長於一個勸人向環境妥協的台灣社會，

生活於一個不懂浪漫爲何物的台灣社會——

沒有一個像格瓦拉這樣的人讓我嚮往。」

2.教宗若望23世

　　而在教書的後十年，在認識格瓦拉達成階段性任務後，於是轉而介紹這位教宗若望23世。1963年輔仁大學在台復校，即是他所批准的（項退結譯，2014，頁10）。事實上在西方宗教史上，像這樣立志當個「貧窮鄉間教士」，最後默默無名終此一生，應是不可勝數。但歷史哲學運作「必然」之餘，也會出現令人驚歎的「偶然」，隆加里（A. Roncalli）在1958年以77歲高齡出任教宗，就是純屬意外。那是在經歷十次投票還是沒有結果之下，妥協出一個暫時的過渡教宗。不過這位「過渡教宗」可不認爲自己是過渡，正如同他一直都認爲，他並非樞機主教團選出的教宗，而是樞機主教團執行上帝的意旨罷了。

　　而就像一位羅馬看護婦對著鄂蘭所說的：「夫人，這位教皇可

隆加里教宗。

是一位真正的基督徒呢！這怎麼可能呢，一位真正的基督徒怎麼可能真的坐上聖彼得大位？他究竟是一個什麼樣的人，難道他們真的都不知道嗎；他真的是從主教、大主教、樞機主教上來，最後才當上教宗的嗎」（鄧伯宸譯，2006，頁368）？

　　隆加里教宗不只主導從1962年召開的第二次梵蒂岡大公會議，讓基督教世界與當代世界與時俱進；同時最關鍵的當是1962年古巴飛彈危機時，美國甘迺迪與當時蘇聯赫魯雪夫（N. Khrushchev）彼此幾乎即將核彈相向，而在沒有後路下台階的危急時刻，正是這位和平教宗出面解除危機。這之中的相關詳細內容，在2002年才由公視出版這位教宗一生的DVD，幫我們做了完整的陳述。

3. 美是歷史的加法：電影《KANO》

　　1990年成立的中華職棒是國內第一個職業運動，當年3月17日的第一戰即是「統一獅對兄弟象」，在台北市立棒球場舉行（作者當年即坐在左外野記分板看台附近）。從以下的網路聯結的第一場職棒比賽，其中關於棒球的發展，我們看到主辦單位依舊從1960年代的台東紅葉少棒說起，然後經歷金龍少棒拿到在美國賓州威廉波特的冠軍後，終於帶領起少棒、青少棒與青棒三級棒球的全國風潮（https://www.youtube.com/watch?v=KMYiHdoJinU）。

　　在過去我們對棒球的理解，幾乎所有人都是這樣認識的，也幾乎都是從紅葉少棒說起。但真實的史實卻在2014年由馬志翔導演（陳嘉蔚與魏德聖編劇）上映的《KANO》得到補正。原來1931年日治時代，一支來自嘉義農林學校的野球隊打入甲子園資格賽，一路打到冠亞軍決賽，贏得當時日本關西大阪球迷高喊「天下嘉農」的美稱（周婉窈，2014，頁250）。電影裡講述KANO是一支

由原住民、日本人與漢人所組成的嘉義農林棒球隊,原本實力貧弱一勝難求,但在新教練近藤兵太郎的指導之下,拿下全島冠軍並遠征第十七屆夏季甲子園比賽的過程。當年《東京朝日新聞》引述日本小說家菊池寬的文章〈感極而泣……三民族的協調／甲子園印象記〉,菊池文章裡特別提到:「所謂內地人、本島人、高砂族這樣不同的人種,為了同一個目的,而協同而努力,這樣的事情讓我不由得興起感極而泣的感覺。」

菊池的感動呼應了近藤教練一開始對這支球隊的信心,近藤說:「高砂族跑得快、漢人打擊強以及日本人擅長防守,這樣的組合是求都求不來的。」令人遺憾的是,在2014年之前的棒球歷史,竟然是減法而非加法,全然忽略這個種族文化大融合也可以成就棒球美事的過往。

就像義大利的史學家克羅齊所說「所有的歷史都是當代史」,我們棒球的真正歷史還繼續等待發掘與理解。以下是這部電影在上映時,在網路上的六分鐘預告剪輯:https://www.youtube.com/watch?v=PvBvkp-r4C4。

二、雙元革命之外的民主與科學

西方世界的政治與經濟雙元革命,從十八世紀開始於歐洲至今席捲全世界。然而歐洲十八世紀另一個、也是最寶貴的思想啟蒙運動,融合牛頓科學與盧梭民主的德語系康德哲學,卻沒有跟著席捲全世界。而這民主與科學像黑暗空間裡的瑩瑩微光,依然能在世界各個角落時時閃亮。

事實上這民主與科學,在中國五四運動時透過陳獨秀的德先生與賽先生而曾經短暫成為主流[2]。即使現在的中國北京大學還

有一個德先生與賽先生的雕像，由字母 D 和 S 組成，S 上還頂著一顆球。相信世界各個角落，民主與科學分別被重視過、也被輕忽過。

李澤厚在其《中國現代思想史論》的〈啟蒙與救亡的雙重變奏〉裡即提到：戊戌前王照曾勸康有為先辦教育培養人才再變法改革，康有為回說局勢嚴重來不及了；辛亥前嚴復在倫敦遇到孫文，嚴也勸孫先辦教育，孫的回答也是俟河之清人壽幾何（李澤厚，1994，頁36）。前面提及陳獨秀倡導的民主德先生與科學賽先生，但另一方面他也感受到現實政治救亡的重要[3]。而遺憾的是最終救亡幾乎徹底掩蓋啟蒙，從抗日戰爭到國共內戰。而這導致中國共產黨1949年取得政權後，一黨專政加上毛澤東的正統民族主義，啟蒙空間所剩無幾。也因此當鄧小平取代毛澤東進行四個現代化改革開放並嚴守四項基本堅持時，啟蒙人文主義的民主科學事實上依然有名無實[4]。

---

2. 陳獨秀於1919年1月15日出刊的《新青年》第六卷第一號發表《〈新青年〉罪案之答辯書》，旨在批駁反對者的非難：「本誌同人本來無罪，只因為擁護那德莫克拉西（Democracy）和賽因斯（Science）兩位先生，才犯了這幾條滔天的大罪。要擁護那德先生，便不得不反對孔教、禮法、貞節、舊倫理、舊政治。要擁護那賽先生，便不得不反對舊藝術、舊宗教；要擁護德先生又要擁護賽先生，便不能不反對國粹和舊文學。」陳獨秀明白揭示新文化運動的二大基本原則，他「認定只有這兩位先生，可以救治中國政治上、道德上、學術上、思想上的一切的黑暗。」民國初年，中國的現代化運動受到挫敗，新建的共和體制無法深植於中國，政治混亂黑暗，國家危機日重，新知識分子感到憂心沉痛之際，積極思索拯救民族危亡的有效新途徑。在當時，民主和科學被視為現代西方國家進步的表徵，也正是陳獨秀為了使「吾人最後之覺悟」而鼓吹的新思想。

3. 《新青年》第八卷第一號，陳獨秀在〈談政治〉裡這樣論述「你談政治也罷，不談政治也罷，除非逃在深山人跡絕對不到的地方，政治總會尋著你的。」

318學運期間，許多年輕人聚集在立法院大院會旁的青島東路，有演講也有音樂會。

三、擋下服貿協議的學生運動

（一）大學生的純粹性

　　巴西教育家弗雷勒在《受壓迫者教育學》書中指出，當今社會仍是相當威權的，整個教育體系主要是為「壓迫者」服務，而學生的處境就是「受壓迫者」的具體而微。透過「覺醒」，開展出整個對話的行動理論。弗雷勒那一段關於學生角色的特殊獨特，在書的145頁註釋裡這麼寫著：「也就是這樣，壓迫者必須將農民與城市勞工分開，正如壓迫者也必須將農民勞工與學生分開。雖然學生在社會理論上並不是一個階級，但跡象證明，當學生也起身加入社會大眾反抗後，就會讓壓迫者感到情勢危急。」

由於大學生在求學階段已經是具有完全行為能力的成年人，但他們尚未進入社會工作，所以當他們形成普遍訴求時，會與其他利益團體的利己訴求不同，是一種認為理想世界理應如此的純粹性訴求，與非理想現實世界形成強烈對比。學生的「純粹性」會對社會其他領域的人們，形成巨大的感召力。也因此，壓迫者非常害怕大學生可以形成普遍訴求，極盡全力說，大學生應該好好念書、大學生涉世未深、容易被人煽動等，希望讓大學生與社會其他階級（特別是城市勞工與鄉村農民）分隔開來。

（二）服貿協議違反民主

〈海峽兩岸服務貿易協議〉2013年6月21日簽署，2014年3月立法院張慶忠立委以三十秒強行通過，引起318學運最終成功擋下。事實上，〈海峽兩岸服務貿易協議〉最關鍵的爭議條文是第十七條「不清不楚」但卻實實在在難以挽回的文字：

第十七條 承諾表的修改
一、在承諾表中任何承諾實施之日起三年期滿後的任何時間，一方可依照本條規定修改或撤銷該承諾。如該承諾不超出其在世界貿易組織承諾水準，則對該承諾的修改不得比修改前更具限制性。

---

4. 鄧小平路線是一個以經濟建設為中心，一方面改革開放進行四個現代化（即工業、農業、科學技術與國防的現代化），另一方面捍衛四項基本堅持（即堅持社會主義路線、人民民主專政、共產黨領導以及馬克思列寧主義毛澤東思想）（楊繼繩，1999，頁448-451）。雖然民主與科學都有提到，但只要一黨專政體制依舊，一切都是空話。

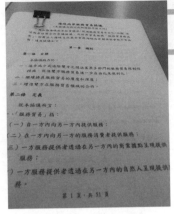

完整51頁的服貿協議文本。

這個條文刻意寫得彎彎繞繞，但隱藏真正確定意思就兩個：

1. 該協議通過後三年內，即使有天大問題，也不能修改。

2. 三年後如果要修改，只能修改得更開放，不能往回緊縮。

「海峽兩岸服務貿易協定」全文51頁的三個檔案，在當時立法院關鍵審查時，一般民眾要花很大的力氣，才能把以下三個檔案湊齊[5]：

一、本文

　　http://www.ecfa.org.tw/EcfaAttachment/ 海峽兩岸服務貿易協議文本 .pdf

二、附件一「服務貿易特定承諾表」（這是牽涉到各行業最重要的相關條文）

　　http://www.ecfa.org.tw/EcfaAttachment/ 附件一、服務貿易特定承諾表 .pdf

三、附件二「關於服務提供者的具體規定」

　　http://www.ecfa.org.tw/EcfaAttachment/ 附件二、關於服務提供者的具體規定 .pdf

（三）所有中國人都可以是「專家」

關於服貿協議中的「自然人呈現」，最讓人擔心的是我們全然不設防——協議文本中第12到13頁的「跨國企業內部人員調動的規定」。而裡面「專家」身分認定，文字是「專家係指組織內擁有先進的專業技術，且對該組織的服務、研發設備、技術或管理擁有專門知識的人員。專家包括，但不限於，取得專門職業證照者。」事實上，這樣的認定等於沒認定，所以中國如果要大量移民（如現在的香港困境），根本無法阻擋。如此之專家條款，等於是讓中國所有人都可以成為「專家」，完全不設防，然後許久之後就可以成為我們國民。而居然如此寬鬆的，所有人都可被認定為專家，是規定初次來台可停留三年，並可申請展延，每次不得逾三年，且展延次數無限制。

難怪這樣的條文不敢攤在陽光下接受大家檢驗，最後決定要由張慶忠黑箱包裹表決通過。

---

5. 2013年暑假參加的一場演講裡，其中「兩岸協議」監督聯盟的賴中強律師說著一段感性的話：「各位年輕朋友，你們知道嗎，兩岸已談判的服貿協議，有關律師部分，原本也是要開放的。但你們知道的，律師的訊息靈通、又不好惹，所以我們律師公會很快與政府部門對上話，明白表示，如果兩項『要求』不能確保，而協議卻執意開放的話，那我們大家就走著瞧！結果政府部門，在這次的談判中，律師的部分就不敢動。自己的行業自己救，各位年輕朋友，在這次被開放的行業中，有很多很多行業，他們資訊不夠，也不知道如何捍衛即將被傷害的權益。能不能拜託各位年輕朋友，在立法院審到他們『被迫開放』的協議內容時，你們一定要站出來幫他們救……。」因為這場演講，作者於是決定2013年9月開學的那個學期，兩個班「政治學與現代公民」的同學主要閱讀服貿協議文本51頁，同時向學校圖書館申請兩週的全校展覽活動。

（四）沒有先簽署最重要的「爭端解決協議」

中國與香港在2003年簽的CEPA，英文全稱是Close Economic Partnership Arrangement。而我們與中國在2010年簽的ECFA，英文全稱是Economic Cooperation Framework Agreement。「安排」Arrangement與「協定」Agreement，感覺沒什麼差異，但實質上真的差很多。在CEPA中，因為是「安排」，所以排除WTO的國際爭端解決機制，由國內性質的「指導委員會」解決可能爭端。而在ECFA中，雖然是「協定」，但我們當時政府卻遲遲不啟動談判（ECFA第十條規定），要在六個月內，盡速達成「爭端解決協議」的雙方承諾。

令人驚訝的是，幾乎同一時間2013年7月我們與紐西蘭簽署的〈台紐經濟合作協定〉，就有明白的「爭端解決協議」規定。當時政府簽服貿協議時，但卻迴避簽署最重要的「爭端解決協議」，主要原因是中國不願意國際機構介入，打算把未來可能發生的爭端，視同與香港一樣的國內「指導委員會」應對。而不可思議的是，當時的政府竟然默許兩岸關係是國內事務進而排除國際機構介入，如此成為國內事務後，爭端如何解決就只會由拳頭大的那邊說的算。

四、科學可以讓我們養成良好的問答習慣

香港學者梁啟智在《香港第一課》中提及，在中國探索問題的空間日益萎縮。書中梁啟智轉述：

> 我記得曾經有一個來自中國大陸的同學在學期末的時候跟我說，上了我的課之後對香港感到很同情。其實同情不

同情，從來不應該是重點。我在乎的，是同學有沒有通過研討香港問題，養成良好的問答習慣。畢竟，很多事情今天在香港爆發，可能只是比中國大陸早了幾步。同樣的問題，可能很快就要在中國大陸以困難百倍的方式發生，而我很擔心中國社會尚未準備好回答這些問題，甚至未能提供探索的空間（梁啓智，2020，頁417）。

　　當梁啓智說著要養成良好的問答習慣時，他不僅悲鳴著香港從過去可以答問到如今的一言堂；同時也對於習近平主導2018年3月透過全國人大會議的憲法修正案，讓他可以打破不得超過兩屆的任期限制，使中國步步走向沒有答問的異議修正空間。而如此將造成，社會流動階梯愈見忠誠先行，而非唯才是用實事求是。2020年1月初，很早就提出疫情狀況且不幸過世的中國武漢李文亮醫生，即使在生前被警告卻仍依然說著「一個健康的社會不該只有一種聲音」。缺乏民主與科學的中國系統性敗壞[6]，這次不僅傷害了自己與香港，甚至波及全世界。

　　梁啓智說「答問作為一種異議」，是因為答問需要空間，但任何權力本質上都不喜歡受到質疑，專制政權尤甚。答問是一種異議，因為專制只能容許他們認可的答案，不容其他解讀。對比之下，我們台灣在「答問」這一方面，早已是公民社會的日常生活。

五、繼續錘鍊公民社會的良知

---

6. 中國的政治系統性敗壞，其關鍵在當每一重要職務任命時，對上級的忠誠度遠高於個人專業能力，如此專業失效便會延伸到整個系統性敗壞。

曾經在閱讀喬伊斯的《一位青年藝術家畫像》時，作者看到書的第二、三章，有些好奇與納悶，何以這書是英美文學長期百大的第三名？而閱讀來到書的最後第五章時，前面的鋪陳在此燦爛綻放，特別是喬伊斯將年輕人的希冀獨立自主形象清楚描繪，終於若有所悟。這裡引述第五章幾段重要話語：

> 「我可以肯定只要所有的思想被它本身的規律所禁錮，那麼，就不會有自由思想。」
> 「我不想伺候我不再相信的事。」（I will not serve that in which I no longer believe.）
> 「我不怕孤獨，我不怕被遺棄，我不怕丟掉我必須丟掉的一切。」

甚至這本書的最後結語是：

> 「歡迎，哦，生活！我將百萬次地迎接現實的經驗，在我靈魂的作坊裡去鍛冶我這一類人尚未被創造出來的良知。」（Welcome, O life! I go to encounter for the millionth time the reality of experience and to forge in the smithy of my soul the uncreated conscience of my race.）

薩依德曾引述狄恩（S. Deane）對《一個青年藝術家的畫像》的評述，說這是「英文中第一部完完全全呈現思想熱情（a passion for thinking）的長篇小說」（Said, 1996, p. 16）。英美世界的年輕人是熟悉這書的，而且最重要的是熟悉這獨立自主與思想熱情。

然而華文世界嚴格說，至今還尚未出現一本與之等量齊觀的

作品。作者寫作思想政治學的核心價值即是指向民主與科學，並鼓舞著正在形成中的社會良知，那是即使知道眼前有再多的榮華富貴，也不會卑躬屈膝地被聲明、被道歉。而這是在我們社會的靈魂作坊裡，尚未創造完成的「國民性」良知，冀望每一個人能創造多少就算多少。

六、民主與科學的政治思想

歐美國家新自由主義的資本統治，以資本家的利益爲第一優先，透過震撼主義差一點摧毀公部門應有的重要功能。我們從歐美國家公部門發布戴口罩政策以控制新冠疫情，竟引發一定比例的人民示威抗議──認爲公部門無權干預個人自由；甚至即使疫情嚴峻時，歐美國家人民遵從配戴口罩、保護自己也保護別人的觀念也非常薄弱，從中我們可看出新自由主義摧毀公部門的遺緒，至今還多麼清晰可見。相反地，中國以其專制資本主義的官僚統治，一黨專政的公部門全然沒有讓私部門公民社會可以發揮不同意見的監督功能，如今不僅「一國一制」於香港，同時疫情不透明也重創全世界。

而我們在近十年的整體發展，由於私部門公民社會力量愈加強大，護衛民主使得黑箱服貿協議得以被擱置。另一方面在民主支撐下的公部門，其以科學實事求是方式有效應對眾多艱難公共議題，加上民眾的高度監督（權利）以及接續的積極配合（義務），如今發展出公部門與私部門取得有效動態平衡的獨特模式，非常值得世人借鏡與學習。

這是思想的政治學在觀察上述政治現象後，提出台灣的民主與科學的政治思想解釋，還請讀者批評指教。

參考書目

朱世達譯（2011）。《一個青年藝術家的畫像》。上海：上海譯文。

李澤厚（1994）。《中國現代思想史論》。合肥：安徽文藝。

周婉窈（2014）。《少年台灣史》。許書寧（繪圖）。台北：玉山社。

梁永安等譯（1997）。《革命前夕的摩托車之旅》。台北：大塊文化。

梁啓智（2020）。《香港第一課》。台北：春山。

項退結譯（2014）。《靈心日記：教宗若望二十三世》再版。台北：光啓文化。

楊繼繩（1999）。《鄧小平時代》。香港：三聯。

鄧伯宸譯（2006）。《黑暗時代群像》。台北：立緒。

Anderson, Jon Lee(1997). *Che Guevara: a revolutionary life*. New York, NY: Grove Press.

Said, E.(1996). *Representations of the Intellectual*. New York, NY: Vintage Books.

網路與影像資源

1. 格瓦拉「革命前夕的摩托車之旅」電影介紹：
   https://www.youtube.com/watch?v=-9_VC-b32XA
2. 教宗若望23世的介紹：
   https://www.youtube.com/watch?v=bOYbqKl8hnU
3. 1962年教宗若望23世著名的月亮演說：
   https://www.youtube.com/watch?v=1WLKOvFmT5s
4. 台灣公視2002年播出的超過兩百分鐘的教宗若望23世完整影片：
   https://www.youtube.com/watch?v=MRquvkGEOtc

附錄

一、書中收錄照片主要為作者拍攝，公共領域授權以外的圖片出處如下：

0.1 original author: Elke Wetzig; cropped by: Rlevente, CC BY-SA 4.0, via Wikimedia Commons

0.2 Rappler, CC BY-SA 4.0, via Wikimedia Commons

0.3 Olaf Kosinsky , CC BY-SA 3.0 DE, via Wikimedia Commons

2.1 readingcapital, CC BY 3.0, via Wikimedia Commons

2.2 South Africa The Good News / www.sagoodnews.co.za, CC BY 2.0, via Wikimedia Commons, KOGL Type 1, via Wikimedia Commons

2.3 대한민국 국가기록원 , KOGL Type 1, via Wikimedia Commons

3.1 Moizsyed, CC BY-SA 4.0, via Wikimedia Commons

3.2 Annie Leibovitz / Released by White House Photo Office, Public domain, via Wikimedia Commons

3.3 The White House from Washington, DC., Public domain, via Wikimedia Commons

3.4 Photo by Lauren Gerson. Public domain

3.5 2016© U.S. Embassy London, "Election Night" @ Flickr, CC BY-ND 2.0

3.6 2012© Mike Morbeck, "Colin Kaepernick" @ Flickr, CC BY-SA 2.0

4.1 Mark Hirschey, CC BY-SA 2.0, via Wikimedia Commons

5.1 Published by the Belknap Press of Harvard University Press. Photograph taken by Alec Rawls, John's son, Public domain, via Wikimedia Commons

5.2 Marcello Casal Jr/ABr/Wikimedia/CC BY 3.0 BR

6.1 Kirk Hargreaves, CC BY 4.0, via Wikimedia Commons

6.2 New Zealand Government, Office of the Governor-General, CC BY 4.0, via Wikimedia Commons

6.3 Laura Kotila, valtioneuvoston kanslia, CC BY 4.0, via Wikimedia Commons

9.1 Barenboim-Said Akademie gGmbH, CC0, via Wikimedia Commons

9.2 2006© spDuchamp, "glenn" @ Flickr,CC BY 2.0 Generic.

9.3 Alkan at English Wikipedia, CC BY 3.0, via Wikimedia Commons

10.1 De Agostini Editore , Public domain, via Wikimedia Commons

二、書中各章節曾在期刊論文發表的出處說明（皆有一定程度的改寫）：

1. 第一章　亞里斯多德德性優越意識批判
   1996〈亞里斯多德德性優越意識之批判〉，台灣《中央研究院社科所人文及社會科學集刊》8(1): 115-148。

2. 第四章　從傳統走向開放的貴族托爾斯泰
   2014〈從傳統走向開放的貴族——試論托爾斯泰的晚期風格〉，中國黑龍江大學《俄羅斯語言文學與文化研究》45: 61-80。

3. 第八章　古希臘史詩精神的韋依思想
   2015〈韋依思想的當代意義：一種對新自由主義的古希臘史詩精神反思〉，台灣《傳播文化與政治》2: 99-135。

4. 第七章　走出地下室悲劇的卡拉馬佐夫少年
   2017〈走出地下室悲劇的卡拉馬佐夫少年〉，中國華東師範大學《俄羅斯研究》206(4): 116-147。

5. 第九章　真善美的人文主義者薩依德
   2019〈民主與批判的美學人文主義如何可能：試論薩依德的人文主義〉，台灣《傳播文化與政治》10: 1-42。

6. 第五章　停留在單一民族國家的羅爾斯正義論
   2021〈全球基本結構的公平正義如何可能——試回應羅爾斯未完成的國際正義論述〉，台灣《長庚人文社會學報》14(2): 105-147。

索引

國家圖書館出版品預行編目資料

思想的政治學：朝向民主與科學的台灣政治學 = Politics of
thinking：Taiwan politics towards democracy and science / 王
賀白著. -- 初版. -- 臺北市：蓋亞文化有限公司, 2023.10
　　面；　公分

　　ISBN 978-986-319-634-1(平裝)
　　1.CST: 政治

570　　　　　　　　　　　　　　　111000009

Politics *of* Thinking

Taiwan Politics towards Democracy and Science

思想的政治學　　朝向民主與科學的台灣政治學

作　　者　王賀白
封面裝幀　莊謹銘
本書法律顧問　仲鼎法律事務所蔡政憲律師

總 編 輯　沈育如
發 行 人　陳常智
出 版 社　蓋亞文化有限公司
　　　　　地址：台北市103大同區承德路二段75巷35號
　　　　　電話：02-2558-5438　　傳眞：02-2558-5439
　　　　　電子信箱：gaea@gaeabooks.com.tw
　　　　　投稿信箱：editor@gaeabooks.com.tw
　　　　　郵撥帳號 19769541　戶名：蓋亞文化有限公司
法律顧問　宇達經貿法律事務所
總 經 銷　聯合發行股份有限公司
　　　　　地址：新北市新店區寶橋路235巷6弄6號2樓
　　　　　電話：02-2917-8022　　傳眞：02-2915-6275
港澳地區　一代匯集
　　　　　地址：九龍旺角塘尾道64號龍駒企業大廈10樓B&D室
　　　　　電話：+852-2783-8102　　傳眞：+852-2396-0050
初版一刷　2023年10月
定　　價　新台幣520元
Published and printed in Taiwan